Architectuur in Nederland

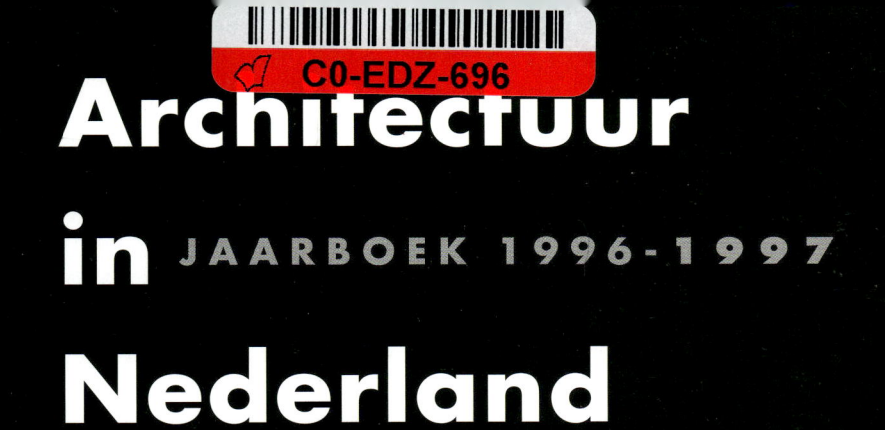

JAARBOEK 1996-1997

NAi UITGEVERS PUBLISHERS

Architecture in the Netherlands

YEARBOOK 1996-1997

Omslag Cover
Wozoco, Amsterdam
Architect: MVRDV
FotoPhotoTeo Krijgsman

Samengesteld door Edited by
Ruud Brouwers hoofdredacteur editor
Hans van Dijk
Hans Ibelings
Ton Verstegen

Inhoud Contents

4 **Bouwput Nederland**
The Netherlands as Building Site
Ruud Brouwers

Werken Works

14 **Herinrichting Centrum Tilburg**
New Layout for the Centre of Tilburg
Masterplan en uitvoering
Masterplan and Execution
Jo Coenen & Co

16 Kunstcluster
Arts Cluster
Jo Coenen

21 Woningbouw
Housing
Jacq. de Brouwer

22 Kantoorgebouw
Office Building
Jo Coenen

26 Teylers Museum
Hubert-Jan Henket

30 Appartementen, bedrijfsruimte, parkeerdak
Dwellings, Commercial Space, Car Park Roof
**de architectengroep/Dick van Gameren,
Bjarne Mastenbroek**

34 **Schouwburgplein Rotterdam**
Inrichting en aankleding van plein boven parkeergarage
Layout and Design of Square above Car Park
West 8/Adriaan Geuze

37 Multiplextheater
Multiplex Cinema
Koen van Velsen

42 Uitbreiding en renovatie raadhuis
Extension and Renovation Town Hall
Koen van Velsen

48 Universiteitsmuseum
University Museum
Koen van Velsen

52 **Amsterdam Zuid-Oost**
Stedenbouwkundig plan en detaillering
Urban Design and Details
**Dienst Ruimtelijke Ordening Amsterdam
de Architekten Cie./Pi de Bruijn**

54 Stadion en transferium
Stadium and Transferium
Rob Schuurman/Grabowsky & Poort/Sjoerd Soeters

58 Entreegebouw
Entrance Building
Sjoerd Soeters

59 Viaducten en tunnels
Fly-overs and Tunnels
Paul Wintermans

60 Sportpark De Toekomst
Rene van Zuuk

62 Woningbouw
Housing
de Architekten Cie./Frits van Dongen

66 Woningbouw
Housing
de Architekten Cie./Frits van Dongen

72 Erasmusbrug
Erasmus Bridge
Ben van Berkel

76 Theater
Theatre
Herman Hertzberger

Berichten Reports

148	**Dienstbaar gebouwd** Serviceably Built
150	**Drie portiersloges voor De Hoge Veluwe** Three Porter's Lodges for De Hoge Veluwe
151	**Entreegebouw De Efteling** Entrance Building De Efteling
151	**Klimhal Kardinge, Groningen** Kardinge Climbing Hall, Groningen
152	**Openluchtfestival A Star is Born** Openair Festival A Star is Born
154	**Kaartenrage** The Rage for Mapping
155	**HSL in Holland**
158	**Van groen naar duurzaam bouwen** From Green to Durable Building

Rubrieken Sections

163	**Benoemingen** Appointments
163	**Evenementen** Events
164	**Prijsvragen en meervoudige opdrachten** Competitions and Multiple Commissions
168	**Prijzen** Prizes
171	**Tentoonstellingen** Exhibitions
174	**Literatuur** Literature

---

80 **Laakhaven Hollands Spoor, Den Haag**
Masterplan/Stedenbouwkundig plan en detaillering
Urban Design and Details
Atelier PRO

82 Haagse Hogeschool
Atelier PRO

88 Kantoortoren
Office Tower
Kees Christiaanse

90 Agrarisch Onderwijs Leeuwarden
Atelier PRO

94 Peutersoos
Toddler's Centre
Marx & Steketee

98 Natuurmuseum
Erick van Egeraat

100 **Overbouwing Building Over Utrechtsebaan, Den Haag**
Masterplan
Joan Busquets

102 Kantoortoren
Office Tower
Benthem Crouwel

108 World Trade Center Amsterdam Airport
Benthem Crouwel

112 Woonhuis met boothuis
House with Boathouse
Baneke, van der Hoeven

114 Studentenhuisvesting
Student Housing
de Architekten Cie./Carel Weeber

116 Woningbouw
Housing
Willem Jan Neutelings

120 Woonzorgcomplex
Sheltered Housing Complex
MVRDV

124 Directiegebouw
Management Building
Meyer en Van Schooten

128 **Beurstraverse Rotterdam**
Uitwerking stedenbouwkundige opzet
Execution Urban Design
de Architekten Cie./Pi de Bruijn

130 Verdiepte passage
Sunken Street
The Jerde Partnership

132 Schielandtoren
de Architekten Cie./Pi de Bruijn

134 Waagstraat en omgeving
Waagstraat and surroundings
Adolfo Natalini

138 Nieuwe vleugel Belastingkantoor
New Wing Tax Office
Rijksgebouwendienst/Ruurd Roorda

142 Seniorenwoningen
Dwellings for the Elderly
Cees Dam

144 Woongebouw met bedrijfsruimten
Housing with Commercial Premises
DKV

Foto Photo **Teo Krijgsman**

Bouwput Nederland
Ruud Brouwers
The Netherlands as Building Site

In Nederland is de afgelopen vijftig jaar enorm veel gebouwd en aangelegd. Zelfs de oude binnensteden en de meeste monumenten zijn het resultaat van wederopbouw na 1945, renovatie en restauratie. Thans wordt het land opnieuw onder handen genomen met verstrekkende consequenties voor het brede terrein van ruimtelijke ordening, stedenbouw en architectuur. Krantenkoppen spreken van 'De verbouwing van Nederland'. Terwijl omvangrijke investeringsprogramma's nog in uitvoering zijn dienen zich onder de vlag Nederland Distributieland voor de zeehaven Rotterdam-Europoort en de luchthaven Amsterdam-Schiphol al weer nieuwe grootscheepse plannen aan. Met een economische groei van drie procent per jaar en een doorgaande herschikking van de collectieve uitgaven vinden in relatie tot de mainports grote infrastructurele werken plaats. Bouwen in de Noordzee is daarbij niet uitgesloten. Voor snelle treinen en goederentransport worden nieuwe spoorlijnen aangelegd, gedeeltelijk ondergronds, zelfs wordt serieus gedacht aan ondergrondse transportbanden, een soort buizenpost voor verschillende producten.

Bij en tussen bestaande steden zijn complete nieuwe stadsgewesten met alles wat daarbij hoort aan wegen en voorzieningen in aanbouw (VINEX-locaties). Tegelijkertijd wordt agrarisch productieland omgewoeld tot nieuwe natuurgebieden, onderdelen van de zogenoemde ecologische hoofdstructuur (EHS). Naast een verhevigde verstedelijking moet daarmee de idylle van het landschap en het buitenleven in stand blijven. In de bestaande stedelijke gebieden worden grootschalige vernieuwingen uitgevoerd. Om zicht te verkrijgen op wat zich voltrekt is in kringen van stedenbouwkundigen het initiatief genomen om 'De Nieuwe Kaart van Nederland' te maken, naar de geest van de tijd een digitaal product, waarin alle plannen zijn opgenomen die in uitvoering zijn en waarover reeds besluiten zijn genomen. Duidelijk is alvast dat Nederland, althans het grootste deel van dit relatief kleine land, als een specifieke dichtbevolkte en nijvere regio raakt ingepast in het grote Europa.

In het licht van deze grensoverschrijdende ontwikkeling doet het enigszins geforceerd aan om een glazen stolp over het land te plaatsen en vervolgens te bekijken wat daaronder op het gebied van de architectuur en stedenbouw wordt gepresteerd. Aan de andere kant rechtvaardigt de eigenzinnige bestuursstructuur van Nederland, die gekenmerkt wordt door een sterke gemeentelijke autonomie en daaruit voortgesproten tradities ten aanzien van inrichten en bouwen, zo'n wijze van beschouwen nog steeds. Dan wordt in één oogopslag duidelijk dat zich een golf van schaalvergroting voordoet. Tevens valt op dat bruggen, spoorlijnen, autowegen, landschappen en waterbouwkundige werken, die voorheen als min of meer op zichzelf staande onderdelen van de infrastructuur werden beschouwd in toenemende mate onder de noemer van het stedelijk ontwerp vallen. Het overheidsbeleid draagt daartoe bij, als een logisch gevolg van de werkelijkheid die zich aandient. Zoals werkgelegenheid, emancipatie en onderwijs is architectuur een onderdeel van het landsbeleid. Kenmerkend voor de ruimtelijke ontwikkeling en de opvattingen daarover wordt de jongste nota over het architectuurbeleid voor de periode 1997-2000 door vier ministeries gedragen: Onderwijs, Cultuur en Wetenschappen (OC&W); Volkshuisvesting, Ruimtelijke Ordening en Milieubeheer (VROM); Landbouw, Natuurbeheer en Visserij (LNV); Verkeer en Waterstaat (V&W). Veelzeggend is ook de titel: *De Architectuur van de Ruimte*, een speelse variant op de titel van de voorgaande nota *Ruimte voor Architectuur*. Meer dan ooit

An enormous amount has been built and laid out in the Netherlands over the last fifty years. Even the old inner cities and most monuments are the result of the reconstruction after 1945, renovation and restoration. The country is now once again being taken in hand, with far-reaching consequences for the broad field of planning, urban design and architecture. Headlines speak of 'Rebuilding the Netherlands'. While substantial investment programmes are still being built, new large scale plans are being announced for the seaport of Rotterdam-Europort and Amsterdam-Schiphol airport, under the banner of the Netherlands as Distribution Centre. With economic growth running at three percent annually and an ongoing redeployment of public spending, large infrastructural works are taking place in relation to the mainports. Building in the North Sea is not being ruled out. New rail lines are being built for rapid train and goods transport, partly underground, and even underground transport connections, a sort of pneumatic despatch for various products, are being seriously considered.

Beside and between existing cities completely new city suburbs are being built (VINEX locations) with all the accoutrements of roads and facilities. At the same time, agrarian productive land is being converted into new nature reserves, parts of the so-called ecological main structure (EHS). Alongside an accelerated urbanization, this must ensure that the idyllic landscape and the outdoor life remain intact. Large scale renewal is underway in the existing urban areas. In order to get an overview of what is happening, the initiative came from urban design circles to make 'The New Map of the Netherlands', a digital product in the spirit of the age, which includes all the plans which are underway and which have already been decided upon. It is already clear that the Netherlands, or at least the larger part of this relatively small country, is becoming absorbed in the greater Europe as a specific densely populated and busy region.

In the light of this crossborder development it seems rather forced to place a bell jar over the country and to then examine what is being achieved under it in the field of architecture and urban design. On the other hand, the singular administrative structure of the Netherlands, characterised by strong municipal autonomy and traditions arising from this with regard to design and building, still justifies this way of looking at it. It then becomes clear at a glance that a wave of scale increases is appearing. It is also noticeable that bridges, railway lines, motorways, landscapes and works of hydraulic engineering, which used to be regarded as more or less autonomous components of the infrastructure are increasingly being covered by the term urban design. Government policy contributes to this, as a logical consequence of the reality which is developing. Like employment, emancipation and education, architecture is part of national policy. Characteristic of planning development and ideas about it, the most recent Government Policy Document on architectural policy for the period 1997-2000 is the work of four Ministries: Education, Culture and Sciences (OC&W); Public Housing, Planning and Environment (VROM); Agriculture, Conservation and Fisheries (LNV); Transport and Waterworks (V&W). Also significant is the title *The Architecture of Space*, a playful variation on the title of the preceding document *Space for Architecture*. More than ever, architecture, urban design and planning are merging into each other.

This is not a sudden development. Worth mentioning in this context is the prophetic view of Rem Koolhaas with his statements about 'bigness',

lopen architectuur, stedenbouw en ruimtelijke ordening in elkaar over.

Dit is geen ontwikkeling die zo maar uit de lucht komt vallen. De vooruitziende blik van Rem Koolhaas met zijn uitspraken over 'bigness', Large (L) en Extra Large (XL) mag in dit verband niet onvermeld blijven, terwijl tevens verwezen moet worden naar de verwevenheid van verschillende ontwerpniveaus bij het maken in Nederland van 'het nieuwe land uit water', de uitgestrekte Flevopolders met hun nederzettingen, en naar de grote droogmakerijen die daaraan voorafgingen, eveneens met stadjes en dorpen. Een aspect van de hedendaagse schaalvergroting is niettemin dat in toenemende mate sprake is van 'grote operaties', waarvan tal van werken deel uitmaken die nauwelijks meer autonoom beoordeeld kunnen worden. Zoals met La Défense in Parijs het geval is zijn ze slechts binnen de opzet van het grotere geheel volledig naar waarde te schatten. Dit verschijnsel vindt zijn weerslag in het jaarboek.

De grote operaties dringen zich op als een onvermijdelijke werkelijkheid die een stempel drukt op de architectuur. Er is immers sprake van een tweeledig programma. Een bouwwerk moet niet alleen geschikt zijn voor wat erin zal plaatsvinden, maar tegelijkertijd een impuls geven aan het functioneren van een gebied zoals dat op zijn beurt weer binnen het grote geheel van een stad of agglomeratie is gedacht. Een hecht stedenbouwkundig kader en de trefzekere inpassing van een bouwwerk zijn van oudsher belangrijk. Maar in het geval van een grote operatie raken deze twee gegevens meer dan ooit met elkaar versmolten. Voor de samenstelling van een jaarboek vloeien hieruit nieuwe criteria voort, een aanvulling op het instrumentarium waarmee architectuur beoordeeld kan worden. Zo zijn door de redactie grote operaties of zo men wil gebieden gekozen in Amsterdam, Rotterdam, Den Haag en Tilburg die door hun functioneren en door een daaraan dienstbare architectuur van vitaal stedelijk belang zijn.

Soms is zo'n gebied in zijn geheel gezichtsbepalend en vormen de aaneengeregen bouwwerken een entourage, zoals in hoge mate het geval is met de Beurstraverse in Rotterdam die onder de Coolsingel doorloopt. De bouwwerken vloeien in elkaar over zonder als afzonderlijke paradepaarden in het oog te springen, de slanke, kantige Schieland-woontoren daargelaten. De barrière die de Coolsingel vormt in het hart van Rotterdam tussen de winkelstraten Lijnbaan en Hoogstraat is intussen met succes genomen. Het idee van een onderdoorgang bestond weliswaar al, maar architect Pi de Bruijn en andere ontwerpers hebben voor een effectieve uitwerking gezorgd.

Geheel anders is de grote operatie in het centrum van Tilburg. De kunstcluster (voor muziek, zang en dans) van Jo Coenen is gezichtsbepalend, een ingetogen kristallisatiepunt in een eveneens door Coenen ontworpen stelsel van pleinen, routes en tuinen. Het bouwwerk vormt de uitnodigende schakel in een urbaan weefsel, een riant publiek domein. Zonder het te relateren aan zijn omgeving zou het gebouw onderbelicht blijven. Dit ensemble is een hoogtepunt in het oeuvre van Jo Coenen die met strategische blijmoedigheid samenhang brengt in een verbrokkelde stad.

Weer geheel anders is een andere grote operatie in Rotterdam, het Schouwburgplein. Het spannend gemodelleerde volume van de multibioscoop Pathé van Koen van Velsen staat luchtig op de hoek van een niet geheel verzonken parkeergarage waarvan het dak de pleinvloer is. Deze vloer, ontworpen door West 8/Adriaan Geuze, oogt als een

large (L) and Extra Large (XL), while the interaction of different levels of design in the Netherlands in making 'the new land from the water', the extensive Flevo polders with their settlements and the large-scale drainage which preceded this, also with towns and villages, must also be referred to. An aspect of the present-day increase in scale is nevertheless that there are increasingly 'big operations', which are made up of numerous works which can hardly be autonomously assessed any more. As is the case with the La Défense in Paris, they can only be truly evaluated within the structure of the greater whole. This phenomenon is reflected in the yearbook.

The big operations impose themselves as an unavoidable reality which make their mark on architecture. There is, after all, a bipartite programme. A building not only has to be suitable for what takes place in it, but at the same time lend an impetus to the functioning of an area, just as that in its turn has been envisaged within the greater whole of the city or agglomeration. A tight town planning context and the assured fitting in of a building have long been important. But in the case of a big operation these two facts fuse into each other more than ever. This leads to new criteria for the composition of a yearbook, a complement to the set of instruments with which architecture can be assessed. For example, the editors have chosen big operations or if you prefer areas, in Amsterdam, Rotterdam, The Hague and Tilburg which are of vital urban importance through their functioning and through an architecture in service to this.

Sometimes such an area as a whole determines the image and the linked buildings form an entourage, as is the case to a great extent with the Beurstraverse in Rotterdam which runs under the Coolsingel. The buildings merge into each other without catching the eye as separate outstanding buildings, apart from the slim, angular Schieland tower block. The barrier which is formed by the Coolsingel in the heart of Rotterdam between the shopping streets of Lijnbaan and Hoogstraat has in the meantime been successfully stormed. The idea of an underground passage already existed, but architect Pi de Bruijn and other designers have elaborated it effectively. The big operation in the centre of Tilburg is completely different. The arts cluster (for music, song and dance) by Jo Coenen defines the image, a restrained point of crystallization in a system of squares, routes and gardens, also designed by Coenen. The building forms the inviting link in an urban fabric, a magnificent public domain. Without relating it to its surroundings the building would be underexposed. This ensemble, which introduces cohesion into a fragmented city with strategic elan, is a high point in Jo Coenen's oeuvre.

Completely different again is another big operation in Rotterdam, the Schouwburgplein. The exceedingly modelled volume of the Pathé multiplex cinema by Koen van Velsen stands airily at the corner of a not entirely sunken car park whose roof is the floor of the square. This floor, designed by West 8/Adriaan Geuze, looks like an extended theatrical podium. The two buildings form an amazing tableau surrounded by the wings of the city. At least as spectacular are the advances in making buildings across the Utrechtsebaan, an important approach road to The Hague which has been made deep in the ground. Viaducts, railway and tram bridges and an arched bridge building already give The Hague a fiercely urban character here. The new steel, glass and concrete tower by Benthem Crouwel with the car park slid into the body of the building, adds something extra to that. The immediately legible construction and the sophisticated curtain

uitgestrekt theatraal podium. De twee bouwwerken vormen een verbazingwekkend tafereel omgeven door de coulissen van de stad. Minstens zo spectaculair zijn de vorderingen bij het maken van bouwwerken over de Utrechtsebaan, een belangrijke invalsweg van Den Haag die diepliggend is uitgevoerd. Viaducten, spoor- en trambruggen en een boogbruggenbouw geven Den Haag hier reeds een hevig stedelijk karakter. De nieuwe staal-, glas- en betontoren van Benthem Crouwel met zijn in het bouwlichaam gestoken parkeergarage doet daar nog een flinke schep bovenop. De direct afleesbare constructie en de fijnzinnige vliesgevel maken het gebouw tot een versmelting van robuuste infrastructuur en een elegante stedelijke bebouwing, waarvan juist op deze plaats een meervoudige symbolische werking uitgaat. De grote operatie waarvan deze toren deel uitmaakt is onder regie van Joan Busquets en stadsstedenbouwer Kees Rijnboutt nog in wording.

Tenslotte nog twee andere grote operaties die veel met elkaar gemeen hebben. In beide gevallen vormt een groot bouwwerk de aanleiding voor het veelbelovend inrichten of herinrichten van een deel van de stad. Het zijn eclatante voorbeelden van schaalvergroting met verrassende perspectieven. Van alle kanten bereikbaar met openbaar vervoer lokt het sport- en evenementenpaleis Amsterdam Arena (Rob Schuurman, Grabowsky & Poort, Sjoerd Soeters) in het centrumgebied Amsterdam Zuidoost een groot aantal andere gebouwen voor cultuur en vrije tijd uit. Deze thuisbasis van de voetbalclub Ajax met een enorm schuifdak is gebouwd bovenop een transferium waar automobilisten overstappen op openbaar vervoer. Het is een geavanceerde versie van een colosseum. Een on-Nederlandse stedelijke boulevard van zeventig meter breed sluit hierop aan. Op den duur zal het stadion geheel door andere gebouwen zijn omgeven. Ook al uitstekend met openbaar vervoer bereikbaar is de omvangrijke Haagse Hogeschool – 13.000 studenten – van Atelier PRO. De fusie tot mammoethogeschool kon gebruikt worden voor het tot leven brengen van het onttakelde Laakhaven/Hollands Spoorgebied in Den Haag. De hogeschool is een ensemble met een duidelijk entreegebouw. Hoewel nog niet volledig ingericht blijkt uit de arcades voor voetgangers, het water, de bestrating, de bomen, de verlichting en uit de vriendelijke ondergrondse tunnelgarage, alles uit één hand door Atelier PRO ontworpen, een uiterst zorgvuldige benadering van het openbare gebied.

Binnen de grote operaties zijn meestal verschillende architecten aan het werk. Dat kan gebouwen opleveren die een doeltreffende bijdrage aan het geheel betekenen en bovendien ook los van de context hoogwaardige architectuur genoemd kunnen worden. Zo is binnen het centrumplan voor Tilburg onder regie van Jo Coenen door Jacques de Brouwer een verbluffend strak gecomponeerd woongebouw gemaakt. Het is de eerste aanzet voor een complex van woningen dat evenals de kunstcluster voor een samenhangend urbaan weefsel zorgt. In Laakhaven/Hollands Spoor, Den Haag, heeft Kees Christiaanse met de kantoortoren Poseidon een krachtige markering gemaakt, die des te sterker zal werken als aan de andere kant van de voetgangers-entree tot het gebied een tweede toren in spiegelbeeld gereed is. Met de iets naar elkaar toegedraaide bovenstukken zullen ze als sfinxen de wacht houden en tevens een poort vormen. Bij het centrumgebied Amsterdam Zuidoost heeft Rene van Zuuk met het sportpark De Toekomst, voor de jeugdopleiding van Ajax, tegenover de mastodont Amsterdam Arena een zwierige toets aangebracht. De

wall make the building a fusion of robust infrastructure and an elegant urban building, which at this point especially has a multiple symbolic effect. The big operation of which this tower is part is still under construction, directed by Joan Busquets and the city urban designer Kees Rijnboutt.

Finally, two more big operations which have much in common. In both cases a large building formed the starting point for the promising layout or redesign of a part of the city. They are spectacular examples of increase in scale with surprising perspectives. Accessible from all sides with public transport the sports and multi-purpose Amsterdam Arena (Rob Schuurman, Grabowsky & Poort, Sjoerd Soeters) in the centre area of Amsterdam Zuidoost is enticing a large number of other buildings for culture and leisure. This home base of the Ajax football club with an enormous sliding roof is built above a transferium where drivers switch to public transport. It is an advanced version of a colosseum. An un-Dutch urban boulevard seventy metres wide links up to this. Eventually the stadium will be completely surrounded by other buildings. Also extremely accessible by public transport is the huge Haagse Hogeschool – 13,000 students – by Atelier PRO. The fusion which formed this mammoth school was used to enliven the rundown Laakhaven/Hollands Spoor area in The Hague. The college is an ensemble with a clear entrance building. Although not yet completely laid out, the arcades for pedestrians, the water, the paving, the trees, the lighting and the friendly underground tunnel parking, all designed by Atelier PRO, shows an extremely careful approach to the public domain.

Usually there are various architects working within the big operations. That can produce buildings which make an effective contribution to the whole and which can in addition also be called high quality architecture, separate from the context. For example, in the context of the centre plan for Tilburg under the direction of Jo Coenen an amazingly tightly composed residential building has been made by Jacques de Brouwer. It is the first step for a complex of dwellings which like the arts cluster will produce a cohesive urban fabric. In Laakhaven/Hollands Spoor, The Hague, Kees Christiaanse has put down a powerful marker with the Poseidon office tower, which will have an even stronger effect when a second tower in mirror image is ready on the other side of the pedestrian entrance. With the upper parts rotated somewhat towards each other they will keep guard like sphinxes and also form a gateway. In the centre area of Amsterdam Zuidoost Rene van Zuuk has added a light touch with his sports park De Toekomst, for the youth training of Ajax, opposite the Amsterdam Arena colossus. The roof of the main stand hangs by a thread. And an entrance building for the stadium by Sjoerd Soeters forms an angular gateway with a surprising content. These works are also included in the yearbook to complete the picture of the big operations.

A number of big operations are presented in this yearbook, with the force of arguments. This means that the concept of an annual harvest of architecture suffers a little. After all, it often takes many years before such a cluster of works is completely ready. It could be argued that only then is it possible to properly assess the various component parts and the whole. In one case a building which already forms in itself a completed whole could get a place in the annual selection, even if the value of the surroundings of which it is part can hardly yet be ascertained. In another case, buildings which have already long been in use must for the time being be kept out of the picture as the

overkapping van de hoofdtribune hangt aan een draadje. En een entreegebouw voor het stadion van Sjoerd Soeters vormt een hoekige poort met een verrassende inhoud. Deze werken zijn ook in het jaarboek opgenomen om het beeld van de grote operaties te completeren.

Met kracht van argumenten worden in dit jaarboek een aantal grote operaties opgevoerd. Hierdoor komt het begrip architectonische jaaroogst een beetje in het gedrang. Het duurt immers vele jaren voordat zo'n clustering van werken helemaal gereed is. Beweerd kan worden dat pas dan de verschillende samenstellende delen en het geheel goed zijn te beoordelen. In het ene geval zal een gebouw dat in zichzelf reeds een afgerond geheel vormt alvast in een jaarselectie een plaats kunnen krijgen, ook wanneer de omgeving waarvan het deel uitmaakt nog nauwelijks naar waarde is te schatten. In een ander geval zullen bouwwerken die al hoog en breed in gebruik zijn genomen nog even buiten beschouwing moeten blijven aangezien een mede gezichtsbepalende omgeving nog in aanbouw is. Dit laatste doet zich voor ten aanzien van de woningbouw op het Java-eiland in het voormalig Oostelijk Havengebied van Amsterdam en de kantorenbouw aan de Wilhelminahof op de Kop van Zuid in Rotterdam, eveneens voormalig havengebied. Het gaat hier om twee waarlijk grote operaties, maar in het eerste geval komt de indeling die het schiereiland krijgt nog onvoldoende uit de verf, in het tweede zijn een kantoortoren, een glazen dak boven een nieuw metrostation en nog andere elementen die onmisbaar zijn voor het definitieve beeld nog in aanbouw. Ook al is het niet als grote operatie, de Kop van Zuid is in het jaarboek wel aanwezig, in de rijzige gestalte van de Erasmusbrug, de harp, het nieuwe beeldmerk van Rotterdam als stad aan de rivier, en in de woningblokken van Frits van Dongen. Dat voert ons naar de motivering voor selectie in het jaarboek van de werken die buiten een grote operatie vallen, maar eerst nog een ander aspect van de heersende investerings- en bouwlust.

De dynamiek aan het bouwfront heeft een opzwepende werking ten aanzien van het ontwerpen. Het ene werk moet nog meer opzien baren en toekomst in zich dragen dan het andere. Uit behoefte om zich te onderscheiden heeft menig stadsbestuur en particuliere opdrachtgever reeds in de aanloop naar 'De verbouwing van Nederland' beroemde buitenlandse architecten in de arm genomen. Een lange rij is langs geweest, om enkele namen te noemen: Richard Meier, Alvaro Siza, Aldo Rossi, Norman Foster, Ricardo Bofill, Helmuth Jahn, Giorgio Grassi. Hoewel dit een stimulerende werking heeft gehad, zeker het woongebouw Piraeus in Amsterdam van Hans Kollhoff met Christian Rapp, hebben de buitenlanders toch in het algemeen in de Nederlandse situatie niet het niveau gehaald van hun werken elders. Deze ervaring en het omvangrijke opdrachtenpakket hebben ertoe bijgedragen dat van de opdrachtgevers steeds een oriëntatie is blijven uitgaan naar het veelkleurige veld van Nederlandse architecten, met name naar getalenteerde stoutmoedige jongeren. Een relatief jonge generatie architecten is hierdoor in korte tijd tot een volwassen praktijk gekomen.

In de bundel *Modernisme zonder dogma* bracht Hans Ibelings in 1991 'een jongere generatie architecten in Nederland' voor het voetlicht, tien namen van architecten, combinaties van architecten en architectenbureaus. Met gemak had hij er destijds nog een aantal namen van ontluikende en rijpende talenten aan kunnen toevoegen. Van vrijwel al deze architecten is werk in dit jaarboek aanwezig. Dat Wiel Arets, Jan Pesman (Cepezed), Mecanoo en Bert Dirrix/Rein van Wylick en

surroundings which partly determines the image are still under construction. The latter is the case with regard to the housing on the Java island in the former East Harbour area of Amsterdam and the office block on the Wilhelminahof on the Kop van Zuid in Rotterdam, also a former harbour area. These are two truly big operations, but in the first place the layout which the peninsula is being given is still not entirely achieved, in the second an office block, a glass roof above a new metro station and other elements which are indispensable for the definitive image are still under construction. The Kop van Zuid is indeed present in the yearbook, even if not as a big operation, in the imposing shape of the Erasmus bridge, the harp, Rotterdam's new trademark as a city on the river, and in the housing blocks of Frits van Dongen. That brings us to the motivation for selection in the yearbook of the works which fall outside the big operation category, but first another aspect of the prevailing drive to invest and build.

The dynamism on the building front has a stimulating effect with regard to the designing. Each work has to be more amazing and bear more of the future in it than the other. Out of a need to profile themselves many city authorities and private clients, in the run-up to 'The rebuilding of the Netherlands' have already embraced famous foreign architects. A long row has already passed in revue, including Richard Meier, Alvaro Siza, Aldo Rossi, Norman Foster, Ricardo Bofill, Helmuth Jahn, Giorgio Grassi. Although this has had a stimulating effect, certainly the residential block Piraeus in Amsterdam by Hans Kollhoff and Christian Rapp, in general the foreigners have not matched the level of their work elsewhere, in the Netherlands. This experience and the large package of commissions have contributed to the fact that the clients have become increasingly oriented to the multicoloured field of Dutch architects, especially its talented and daring younger ones. In this way a relatively young generation of architects has amassed a mature practice in a short period of time.

In the collection *Modernism without dogma* in 1991 Hans Ibelings turned the spotlight on 'a younger generation of architects in the Netherlands', ten architects, combinations of architects and architectural bureaus. At the time he could easily have added a number of names of unfolding and ripening talents. There is work by almost all these architects in this yearbook. That Wiel Arets, Jan Pesman (Cepezed), Mecanoo and Bert Dirrix/Rein van Wylick and also Rudy Uytenhaak are missing is due to the whimsicality of an annual harvest. They were strikingly present all the same in former yearbooks and considering the work they are currently engaged upon, will certainly return in the next editions. Ibelings noted the absence of a conflict between generations. There were not, and there still are not, rebellious talk by Young Turks and powerful statements by older young ones who had to fight for their place in the sun. But the new generation does not at all have to kick against the established order, they themselves are kicked upstairs. Clients eager for elan and cultural prestige are knocking on the doors, and they in their turn are being whipped along by the media who are untiringly in pursuit of the newest of the new and by the architectural policy which is to a large extent aimed at stimulating clients.

Incidentally, the term new generation requires further explanation, because it refers to a group with different age bands. The evening courses of the Schools of Architecture and the Architecture departments of the Universities of Technology, all linked to the actual practice, show an age difference of an average of ten years with

tevens Rudi Uytenhaak ontbreken ligt aan de grilligheid van een jaaroogst. Ze waren immers markant aanwezig in vorige jaarboeken en komen gezien het werk dat zij onder handen hebben vast en zeker terug in volgende edities. Ibelings constateerde de afwezigheid van een generatieconflict. Opstandige praat van jonge helden en krachtige statements van oudere jongeren die zich een plaats onder de zon moeten verwerven deden en doen zich niet voor. Maar de nieuwe generatie hoeft dan ook helemaal niet tegen de gevestigde orde aan te schoppen, ze wordt voortgeschopt. Aan de deur melden zich op elan en cultureel prestige beluste opdrachtgevers, die op hun beurt weer worden opgestuwd door de media die onverdroten op jacht zijn naar het nieuwste van het nieuwste en door het architectuurbeleid dat in sterke mate gericht is op het stimuleren van opdrachtgevers.

De aanduiding nieuwe generatie vergt overigens een nadere toelichting, want ze slaat op een in leeftijd gelaagde groep. De aan het werken in de praktijk gekoppelde avondopleidingen van de Academies van Bouwkunst en de afdelingen Bouwkunde van de Technische Universiteiten laten voor wat de afstudeerders betreft een leeftijdsverschil zien van gemiddeld tien jaar. Zo zit nieuw en nog nieuwer elkaar constant op de hielen, hetgeen een rijke voedingsbodem betekent. Deze gelaagde nieuwe generatie heeft een op bouwen gerichte mentaliteit. Door stipendia en startsubsidies aangezet wordt zo snel mogelijk een eigen bureau begonnen om een hoogst persoonlijk oeuvre te scheppen. Individualisme is het meest in het oog springende kenmerk, geënt op de stam van het functionalisme maar niet gevangen in conventies. Gevoed door impulsen uit de bouwtechniek en uitgedaagd door beperkende regels en budgetten wordt met grote vindingrijkheid gestalte gegeven aan een eigenzinnig beeld. Een treffend voorbeeld daarvan is het woonzorgcomplex in Amsterdam van MVRDV. Gemeenschappelijk is een afkeer van een gebureaucratiseerd productieproces waarin voorbijgegaan wordt aan inspiratiebronnen die in een locatie, de geschiedenis en de techniek aanwezig zijn. Radicaal doorgevoerde programma's, frappante constructies, ongebruikelijke materiaaltoepassingen en opvallende detailleringen of juist het opvallend ontbreken daarvan zijn de resultaten die voor een belangrijk deel dit jaarboek vullen.

In het Jaarboek 1994-1995 heeft Hans van Dijk met bijdragen van de andere redactieleden drie richtingen aangegeven van waaruit vernieuwing in de architectuur plaatsvindt: opdrachtgevers die iets nieuws willen; maatschappelijke voorwaarden die zich fundamenteel wijzigen; ontwerpers die op andere referenties willen afstemmen. Met dit laatste doelde hij op een hernieuwde aandacht voor het programma, een a-esthetische houding om aan de bedwelming van een stilistische fijnproeverij te ontkomen, vormvernieuwing door het absorberen van inzichten en krachten buiten de eigen discipline en op het intelligent benutten van een dynamiek die de architectuur- en bouwpraktijk van binnenuit beïnvloedt. Hij motiveerde daarmee de selectie in het jaarboek en ontwaarde nogal deftig uitgedrukt een paradigmawisseling ten aanzien van het in de Nederlandse architectuur overheersende 'esthetisch pragmatisme' dat een smorende convergentie te zien geeft. In het Jaarboek 1995-1996 gaf Hans Ibelings onder de titel 'De onbekende term' daarop een aanvulling. Waarmee laten reeksen zich uitbreiden en wanneer doet zich een term voor die onverenigbaar is met het voorgaande zodat een nieuwe reeks aanvangt? Hij toonde vervolgens de geldigheid van de selectie aan door een aantal werken aan te wijzen die de verkondigde paradigmawis-

regard to the graduates. In this way the new and the hyper-new are constantly breathing down each others' necks which means a rich feeding ground. This layered new generation has a mentality focussed on building. Encouraged by bursaries and starting subsidies, they start their own bureaus as quickly as possible in order to create a highly personal oeuvre. Individualism is the most eye-catching characteristic, grafted onto the trunk of functionalism but not trapped in conventions. Fed by impulses from engineering and challenged by limiting regulations and budgets, shape is given to an individual image with great ingenuity. A striking example of this is the residential nursing complex in Amsterdam by MVRDV. They share an aversion to a bureaucratized production process in which the sources of inspiration present in a location, history and technology are passed over. Radically implemented programmes, remarkable constructions, unusual applications of material and striking details or on the contrary their striking absence, are the results which to a large extent fill this yearbook.

Hans van Dijk, with contributions from the other editors, indicated three directions in the 1994-1995 Yearbook, from which renewal in architecure is taking place: clients who want something new; social conditions which are fundamentally changing; designers who want to get attuned to other references. By the latter he was referring to a renewed attention for the programme, an a-aesthetic stance, to escape the stupor of a stylistic dilettantism, formal renewal through absorbing the insights and forces outside one's own discipline and the intelligent exploitation of a dynamism which influences architectural and building practice from the inside out. With this he justified the selection in the yearbook and to put it mildly unravelled a change of paradigm with regard to the 'aesthetic pragmatism' which dominated Dutch architecture, and which showed a smothering convergence.

Hans Ibelings complemented this in the 1995-1996 Yearbook, under the title 'The unknown term'. How do series expand and when does a term appear which is incompatible with the foregoing so that new series begins? He then showed the validity of the selection by pointing to a number of works which gave shape to the announced change of paradigm. He justified the choice of the other works by placing them in one or two series: a surprising transformation on the level of an architect's own oeuvre and the stretching of conventions governing a type of building or a genre. Under the influence of the advancing building production, in this report two criteria have been explicitly added to this already well-filled set of instruments for judging recent architecture. This actually concerns a further development of the dynamic already indicated by Hans van Dijk, which influences architectural and building practice from the inside out. That dynamic shows an increase in scale, the growing fusion in the Netherlands of planning, urban design, infrastructure, architecture and big operations which arise from this. The criteria for selection in this yearbook are therefore the ability to make a city function properly and an architectural interpretation which contributes to this, if it does not initiate it.

With these tools, every reader can now test for himself the validity of the composition of the 1996-1997 Yearbook. By way of an accompaniment to this invitation to work for oneself, another couple of remarks are added here. The presence of Koen van Velsen is very eye-catching with three works, the Pathé cinema complex in Rotterdam, the University Museum in Utrecht and the renovation and

seling gestalte geven. De keuze van de overige werken rechtvaardigde hij door ze in een of twee reeksen onder te brengen: een verrassende transformatie op het niveau van het eigen oeuvre van een architect en het oprekken van conventies die ten aanzien van een type bouwwerk of binnen een genre gelden. Onder de invloed van de stuwende bouwproductie zijn in dit relaas aan deze reeds welgevulde gereedschapskist voor het beoordelen van recente architectuur twee criteria expliciet toegevoegd. Het betreft in feite een nadere uitwerking van de door Hans van Dijk al aangewezen dynamiek die de architectuur- en bouwpraktijk van binnenuit beïnvloedden. Die dynamiek laat een schaalvergroting zien, het in toenemende mate ineenvloeien in Nederland van ruimtelijke ordening, stedenbouw, infrastructuur en architectuur en de daaruit voortspruitende grote operaties. De criteria voor selectie in het jaarboek zijn dan het goed laten functioneren van een stad en een architectonische vertolking die daaraan bijdraagt zo niet daartoe aanzet.

Met dit instrumentarium in de hand kan nu iedere lezer zelf de geldigheid van de samenstelling van het Jaarboek 1996-1997 testen. Ter begeleiding van deze uitnodiging tot zelfwerkzaamheid volgt hier nog een aantal constateringen. Sterk in het oog lopend is de aanwezigheid van Koen van Velsen met drie werken, het Pathé bioscoopcomplex in Rotterdam, het Universiteitsmuseum in Utrecht en de renovatie en uitbreiding van het raadhuis in Terneuzen. Zou je een vreemdeling langs deze gebouwen voeren, dan zou hij ze niet direct als van één en dezelfde architect herkennen. Een pragmatisch getint streven van Van Velsen om elke opgave een geëigende uitwerking te geven is hieraan niet vreemd. Een nadere beschouwing leert echter dat van een nauwe verwantschap sprake is, ook al lopen materiaal- en kleurtoepassingen en detailleringen uiteen. De aanwending van het principe van een doos in een doos maakt de gebouwen reeds familie van elkaar. Sterker nog spreekt bij tweede lezing de consequente wijze waarop bij de omgeving wordt aangehaakt, niet door aanpassing maar telkens door subtiele toevoegingen, waardoor de omgeving meer betekenis krijgt. Op die manier wordt met de in zichzelf hoogwaardige uitbreiding het expressieve raadhuis van Terneuzen van Jaap Bakema uit 1972 nieuw leven ingeblazen. Hoe paradoxaal het ook klinkt, met een toenemende eigenzinnigheid weet Van Velsen een steeds grotere vanzelfsprekendheid te bereiken. Hij is dan ook de held van dit jaarboek, op de voet gevolgd door een reeks collega's. In de eerste plaats door Jo Coenen, behalve door zijn werk in Tilburg ook door een kantoorgebouw in Roermond. Met een horizontaal gelaagd en verticaal ingesneden bouwwerk wordt aan een rafelige stadsrand allure verleend, het alledaagse uitzonderlijk gemaakt.

Hoewel de locaties sterk van elkaar verschillen, alsmede de aard en de omvang van de opgaven, kan iets soortgelijks gezegd worden van drie andere kantoorgebouwen. Het KEMA directiegebouw in Arnhem van Meyer en Van Schooten, het World Trade Center Amsterdam Airport van Benthem Crouwel NACO en de nieuwe vleugel van het belastingkantoor in Enschede van Ruurd Roorda/Rijksgebouwendienst vallen op door uitgesproken vormen en materiaaltoepassingen. Ze werken weldadig uit op hun omgevingen. Bovendien is sprake van verbluffende interne ruimtelijke organisaties. In het belastingkantoor is op low-tech wijze een aanzienlijke besparing op energiegebruik bereikt zonder een nadrukkelijk ecologische uitmonstering. Dit laatste is eveneens het geval met het Agrarisch Onderwijs Leeuwarden van Atelier PRO, waarin niettemin

expansion of the town hall in Terneuzen. If you were to visit these buildings with a stranger, he would not immediately recognise them as coming from one and the same architect. Not surprisingly Van Velsen attempts, with some pragmatism, to give every task an individual elaboration. However, closer examination shows that there is a close resemblance, even if the uses of material and colour and details diverge. The use of the principle of a box within a box already makes the buildings members of a family. Furthermore, a second look reveals the logical manner in which the surroundings are involved, not by adjustment but always by subtle additions, which give the surroundings more significance. In this manner, new life is breathed into the expressive Terneuzen town hall by Jaap Bakema from 1972, with the new extension which is in itself of a high quality. Paradoxical as it may sound, with a growing individualism Van Velsen is able to achieve an ever greater naturalness. He is therefore the hero of this yearbook, closely followed by a series of colleagues. In the first place by Jo Coenen, for an office block in Roermond as well as his work in Tilburg. With a horizontally layered and vertically indented building, a ragged urban periphery is made attractive, the everyday made special.

Although the locations differ sharply from each other, as well as in the nature and size of the tasks, something similar can be said about three other office buildings. The KEMA management building in Arnhem by Meyer and Van Schooten, the World Trade Center Amsterdam Airport by Benthem Crouwel NACO, and the new wing of the tax office in Enschede by Ruurd Roorda/Rijksgebouwendienst are striking for their pronounced form and applications of material. They have a positive effect on their surroundings. In addition there are amazing internal spatial organizations. In the tax office, considerable savings in energy have been made in a low-tech manner, without being emphatically ecologically equipped. The latter is also the case with the Agrarisch Onderwijs Leeuwarden by Atelier PRO, in which the application of native wood nevertheless sets the tone. The location of this building creates order in a messy area at the edge of the centre of Leeuwarden, while inside, closely related to the outer area, big and small spaces flow effortlessly into each other.

Buildings for art and culture demand a realization and layout which escape everyday domesticity. The yearbook shows three buildings which respond appropriately to this demand. Wedged into the small town of Uden, Herman Hertzberger has made a small theatre, inviting and open on the Markt. With well-shaped stairs and a bridge the foyer offers plenty of space. The delicate Teylers Museum in Haarlem has been given a restrained extension by Hubert-Jan Henket, carefully fitted into the urban fabric. Striking here are the rationing of light and the elegant details, built in wood, steel and glass. The extension and renovation of the Natuurmuseum by Erick van Egeraat in the Museumpark in Rotterdam also shows a sophisticated organization of daylight. Austerely built in hard materials, a neoclassical wink is given here.

Then there are works which stand alone, self-sufficient, through type or interpretation of a type or a genre. The very closed house with an organically shaped boathouse in Loosdrecht by Baneke and Van der Hoeven is, with its projections, a highly personal interpretation of the country house of former times. With the Waagstraat and surroundings in the heart of Groningen Adolfo Natalini paraphrases a theme handed down to him in a completely different manner. With distorted

de aanwending van inlands hout de toon zet. De situering van dit gebouw schept orde in een rommelig gebied aan de rand van het centrum van Leeuwarden, terwijl binnen nauw gerelateerd aan het buitengebied grote en kleine ruimten vloeiend in elkaar overgaan.

Gebouwen voor kunst en cultuur roepen om een uitvoering en inrichting die ontsnappen aan een alledaagse huiselijkheid. Het jaarboek toont drie bouwwerken waarmee deze roep passend beantwoord is. Ingeklemd in het kleinstedelijke Uden heeft Herman Hertzberger een kleine schouwburg gemaakt, uitnodigend en open aan de Markt. De foyer levert met welgevormde trappen en een brug volop ruimte. Het kwetsbare Teylers Museum in Haarlem heeft van Hubert-Jan Henket een ingetogen uitbreiding gekregen, nauwkeurig in het stadsweefsel gevoegd. Opmerkelijk zijn hier de dosering van het licht en de sierlijke detaillering, uitgevoerd in hout, staal en glas. De uitbreiding en verbouwing van het Natuurmuseum door Erick van Egeraat in het Museumpark in Rotterdam laat ook een verfijnde organisatie van daglicht zien. Strak uitgevoerd in harde materialen wordt hier een neoklassieke knipoog gegeven.

Dan zijn er de werken die als eenlingen op zichzelf staan, door type of interpretatie van een type of een genre. Het sterk besloten woonhuis met een organisch gevormd boothuis in Loosdrecht van Baneke en Van der Hoeven is met zijn overstekken een eigenzinnige vertolking van het landhuis van weleer. Met de Waagstraat en omgeving in het hart van Groningen parafraseert Adolfo Natalini op geheel andere wijze een overgeleverd thema. Met vervormde stijlfragmenten haakt hij in op het vertekende beeld dat van een binnenstad van vroeger opgeld doet. Het betekent niettemin een genezende pleister op een wond in het centrum van de stad. De peutersoos van Annette Marx en Ady Steketee in Terheijden is een op kinderkijkhoogte uitgevoerde uitnodiging om de wereld te verkennen. Verten doemen op, beschutting dient zich aan en altijd lokt het spel.

Tenslotte is er een rijkdom aan woningbouw. Uit deze oogst spreekt een vermetele vindingrijkheid van MVRDV, Willem Jan Neutelings en van Dick van Gameren en Bjarne Mastenbroek (de architectengroep), een vrolijke radicaliteit van Carel Weeber (de Architekten Cie.) samen met Peter Struycken, een virtuoze beheersing van Frits van Dongen (de Architekten Cie.) en van Dobbelaar de Kovel de Vroom (DKV) en een comfortabele ingetogenheid van Cees Dam en Partners. We lopen hier niet al de woningbouw langs. Met het reeds gegeven instrumentarium voor beoordeling en de toelichtingen bij de werken moet er voor de lezer iets aan zelfwerkzaamheid overblijven. Vastgesteld kan in elk geval worden dat midden jaren negentig in de voorhoede van de architectuur in Nederland een verandering optreedt, van verfraaid functionalisme naar meer eigenzinnige vertolkingen en niet te vergeten naar inpassingen in tal van grote operaties.

stylistic fragments he zooms in on the distorted image of a former inner city which is currently in vogue. Nevertheless, it means a healing bandage on a wound in the city centre. The toddlers' centre by Annette Marx and Ady Steketee in Terheijden is an invitation, built at children's eye level, to explore the world. Distances loom up, shelter is offered and play is always enticing.

Finally, there is a wealth of housing. To the fore in this harvest are the bold ingenuity of MVRDV, Willem Jan Neutelings and of Dick van Gameren and Bjarne Mastenbroek (de architectengroep), the jolly radicalism of Carel Weeber (de Architekten Cie.) together with Peter Struycken, the virtuoso mastery of Frits van Dongen (de Architekten Cie.) and of Dobbelaar de Kovel de Vroom (DKV) and the comfortable restraint of Cees Dam and Partners. We are not going to run through all the housing here. With the set of tools already provided for judging, and the commentaries on the works, there must be something left for the reader to do himself. In any case, it can be stated that in the mid-1990s a change is taking place in the vanguard of architecture in the Netherlands, from embellished functionalism to more individual interpretations and, not to be overlooked, to fitting into the numerous big operations.

Werken Works

Herinrichting Centrum Tilburg
Pleinen en routes

New Layout for the Centre of Tilburg
Squares and Routes

Stadhuisplein

Willemsplein

Koningsplein

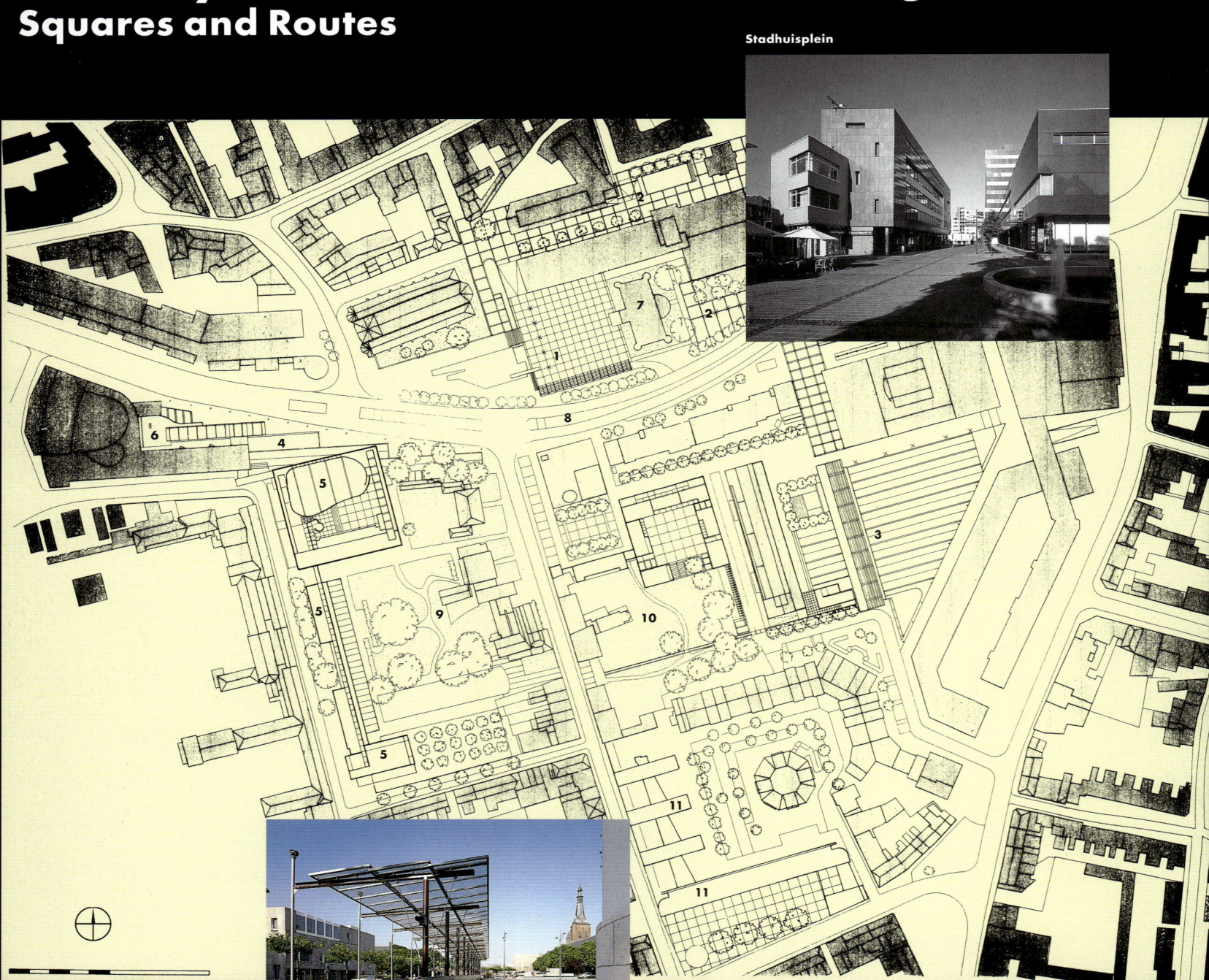

1 **Willemsplein**
2 **Stadhuisplein**
3 **Koningsplein**
4 **Schouwburgplein**
5 **Kunstcluster**
   Arts Cluster
6 **Schouwburg**
   Theatre
7 **Paleis-stadhuis**
   Palace-Town Hall
8 **Paleisring**
9 **Kloostertuin-park**
10 **Park**
11 **Woningbouw Bisschop Zwijsenstraat**
   Housing Bisschop Zwijsenstraat

Masterplan en uitvoering
Masterplan and Execution

Jo Coenen & Co Maastricht

Opdrachtgever Commissioned by
Gemeente Tilburg

Fotografie Photography **Christian Richters**

Centrumplan

De herinrichting van het openbare gebied bij de drie Stadskantoren van Tilburg vormt een onderdeel van het stedenbouwkundig plan dat Jo Coenen ontwierp in het kader van het ontwikkelingsplan Centrum-Zuid. Uitgangspunt is dat het gebied ten zuiden van het stadscentrum weer bij het centrum moet aansluiten. Daarvoor is een stelsel van pleinen gecreëerd, elk met een eigen karakter en onderling verbonden door een netwerk van voetgangers- en fietsroutes.

De oost-westrichting in het openbare gebied wordt verduidelijkt door de Schouwburg en het Kunstcluster te verbinden met het Koningsplein, waar een markt wordt gehouden. In zuid-noordrichting wordt vanaf het Koningsplein de route naar het centrum over de Paleisring heen verbeterd door de herinrichting van het Willemsplein en het Stadhuisplein. De toegang naar de parkeergarage onder het Willemsplein werd naast de Paleisring gelegd en geaccentueerd door een pergola, die het plein afschermt van de drukke verkeersweg. Dit plein is aan de zuidzijde verhoogd en met trappen toegankelijk gemaakt waardoor het een podium lijkt. Het Stadhuisplein rondom het stadskantoor heeft een informele inrichting gekregen.

Kunstcluster

Dit complex voor muziek, zang en dans maakt deel uit van het door Coenen ontworpen plan voor de herinrichting van het centrum. Aan de Paleisring is tegelijk met de restauratie van de Schouwburg (Bijvoet en Holt, 1963) en de nieuwbouw van de Kunstcluster het Schouwburgplein ingericht. Aan de zuidzijde vormt deze nieuwbouw een toegangspoort tot een voormalige kloostertuin, die daarmee een openbaar karakter krijgt. De tuin sluit aan op een binnenplein, begrensd door de gevels van het Conservatorium en de concertzaal. Het complex bevat behalve een concertzaal het Brabants Conservatorium en de Dansacademie Brabant. Aan de buitenzijde is de concertzaal een eenvoudige, elegante, houten doos. Maar vanaf de patio, waar zich alle toegangen tot het complex bevinden, zijn de verschillende functies als duidelijke sculpturale bouwdelen herkenbaar: de foyer, de concertzaal, het gebied achter het toneel en het conservatorium.

De concertzaal met 840 zitplaatsen is zes meter opgetild. De trappen ernaartoe bieden fraaie uitzichten op het inwendige van het gebouw, op de patio en het park naar de stad. Uiteindelijk komt de bezoeker in de concertzaal met de drie opvallende, witte balkons. Achter de half doorzichtige lamellen, waarmee de wanden om akoestische redenen zijn bekleed, zijn naar een ontwerp van Marc van Gelder en Peter Struycken verschillend gekleurde buislampen aangebracht. Aan het plafond zijn de lampen in een kruispatroon opgehangen.

De Dansacademie en het Conservatorium vormen een eenheid met de concertzaal doordat de gevels grotendeels zijn bekleed met dezelfde houten panelen. Aan de straatzijde wordt bij dit gebouw de monotonie van de lange gevel doorbroken door een terugspringend glazen trappenhuis. En aan de tuinkant komen de dansstudio's met hun gebogen zinken dak uit het hout naar voren. Dit deel is door een brug met het Conservatorium verbonden. De buitenwandpanelen bestaan uit massief hout en lamellen of zijn volledig transparant.

Zwijsencluster

In het kader van zijn stedenbouwkundig plan voor Tilburg Centrum-Zuid heeft Jo Coenen ideeënschetsen gemaakt voor woongebouwen aan de Bisschop Zwijsenstraat, die door Jacques de Brouwer architectonisch zijn uitgewerkt. Uitgangspunt was een ensemble in een rustige en groene omgeving; een gedistingeerde gebouwengroep als waardige begrenzing van het Tilburgse stadscentrum. Het ensemble vormt een schakel tussen de lintbebouwing aan de zuidzijde van de locatie en het stadshart aan de noordzijde. Kenmerkend voor de vrijstaande gebouwen is een open erf. Een wandelpad verbindt de nieuwe parkjes, ontworpen door Buys en Van der Vliet Landschapsarchitecten, met de omgeving.

Delen van het ensemble zijn in aanbouw. Een schijfvormig woongebouw kwam in 1996 gereed, evenals een groepje van drie atelierwoningen. De schijf is een rank woongebouw op poten, als baken aan de rand van het stadshart. Op begane-grondniveau onder het gebouw kon naast het voetpad een aantal parkeerplaatsen worden aangelegd. Het gebouw bevat 45 luxe appartementen over zes lagen en twee penthouses op het dak. De parkzijde, tevens zuidzijde van het gebouw, is voorzien van een open gevel met balkons en twee trappenhuizen met grote glaswanden. De noordgevel heeft een gesloten karakter, met een patroon van horizontale en verticale strookramen.

De drie atelierwoningen staan haaks op de schijf aan de parkachtige voorruimte, die aan de andere kant wordt begrensd door een rond paviljoen. Elke woning is drie lagen hoog, refererend aan statige herenhuizen. Op de begane grond bevindt zich aan de parkzijde de atelierruimte. De woonkamers liggen op de eerste etage. Op de bovenste etage bevinden zich aan een vide de slaapkamers en de badkamer.

Centre Plan

The new layout for the public space at the three civic offices of Tilburg is part of the urban plan which Jo Coenen designed in the context of the Centrum-Zuid development plan. The point of departure is that the area to the south of the city centre has to link up once more with the centre. To this end a system of squares has been created, each with its own character and mutually connected by a network of pedestrian and bicycle routes.

The east-west direction in the public space is made clear by linking the Theatre and the Arts cluster with the Koningsplein, where a market is held. In the south-north direction, the route to the centre from the Koningsplein across the Paleisring is being improved by redesigning the Willemsplein and the Stadhuisplein. The entrance to the car park under the Willemsplein was made next to the Paleisring and accentuated by a pergola, which screens off the square from the busy road. This square has been raised on the south side and made accessible by steps so that it is like a podium. The Stadhuisplein around the civic offices has been given an informal layout.

Arts Cluster

This complex for music, song and dance is part of the plan designed by Coenen to give the centre a new layout. On the Paleisring, the Schouwburgplein has been laid out simultaneously with the restoration of the Schouwburg (Bijvoet and Holt, 1963) and the new building of the Arts cluster. On the south side this new building forms an entrance to a former monastery garden, which thus acquires a public character. The garden links up with an inner courtyard, bordered by the façades of the Conservatory and the concert hall. Apart from a concert hall the complex includes the Brabant Conservatory and Brabant Dance Academy. On the exterior, the concert hall is a simple, elegant, wooden box. But from the patio, where all the entrances to the complex are located, the various functions are recognizable as clear sculptural building parts: the foyer, the concert hall, the backstage area and the conservatory.

The concert hall, which seats 840 people, is elevated six metres. The stairs up to this provide splendid views of the interior of the building, the patio and the park to the city. The visitor finally ends up in the concert hall with the three striking, white balconies. Behind the semi-transparent slats with which the walls are clad for acoustic reasons, various coloured strip lights have been fitted, after a design by Marc van Gelder and Peter Struycken. The lamps are suspended from the ceiling in a cruciform pattern.

The Dance Academy and the Conservatory form a unity with the concert hall as the walls are for the most part clad in the same wooden panels. On the street side, with this building the monotony of the long façade is interrupted by a receding glass stairway. On the garden side the dance studios with their curved zinc roof spring forward out of the wood. This part is linked to the Conservatory by a bridge. The exterior wall panels are made of massive wood and plates or are completely transparent.

Zwijsen Cluster

In the context of his urban plan for Tilburg Centrum-Zuid Jo Coenen made ideas sketches for residential buildings on the Bisschop Zwijsenstraat, which were architecturally elaborated by Jacques de Brouwer. The starting point was an ensemble in quiet, green surroundings; a distinguished group of buildings as a worthy boundary for the Tilburg city centre. The ensemble is a link between ribbon building on the south side of the location and the urban heart on the north side. The detached buildings are characterised by an open court. A footpath joins the new parks, designed by Buys and Van der Vliet Landscape Architects, with the surroundings.

Parts of the ensemble are under construction. A slab-shaped residential building was completed in 1996, as well as a group of three atelier dwellings. The slab is a slender building on stilts, like a beacon on the edge of the city's heart. A number of parking spaces were laid out on the ground floor level under the building, beside the footpath. The building contains 45 luxury apartments on six storeys and two penthouses on the roof. The park side, also the south side of the building, is provided with an open façade with balconies and two stairways with big glass walls. The north façade has a closed character, with a pattern of horizontal and vertical strip windows.

The three atelier dwellings are at right angles to the slab on the park-like forecourt, which is bordered on the other side by a round pavilion. Each dwelling is three storeys high, referring to majestic mansions. The atelier space is on the ground floor, on the park side. The living rooms are on the first floor. The bedrooms and bathroom are on the top floor, on a lightwell.

Kunstcluster Arts Cluster

Schouwburgplein Tilburg

Architect
Jo Coenen & Co Maastricht

Architect
Jo Coenen
Projectarchitecten Job Architects
Bettina Sättele, Geert Coenen,
Mathias Gußmann, Ad Roefs
Medewerkers Contributors
Dick Beeftink, Andreas Eckmann,
Rolo Fütterer, Stefanie Hesse,
Anne Helene Hornhaver,
Thomas Kemme, Pieter Kruisbergen,
Ron Steiner, Ralf Sträter, Lika Valentien
Ontwerp-oplevering Design-Completion
1992-1996
Opdrachtgever Commissioned by
Gemeente Tilburg; Fontis Hogeschool
Aannemer Contractor
Albouw – BBM bv
Constructeur Structural Engineer
D3BN Ingenieurs
Kunstenaar Artist
Peter Struycken

Trappenhuis en gevel concertzaal (rechts) aan binnenplein
Staircase and façade concert hall (right) on courtyard

Doorgang van Paleisring naar Kloostertuin-park
Passage from Paleisring to Kloostertuin park

Doorgang van Kloostertuin-park naar Paleisring
Passageway from Kloostertuin park to Paleisring

Kunstcluster noordgevel aan Paleisring
North façade Arts Cluster on Paleisring

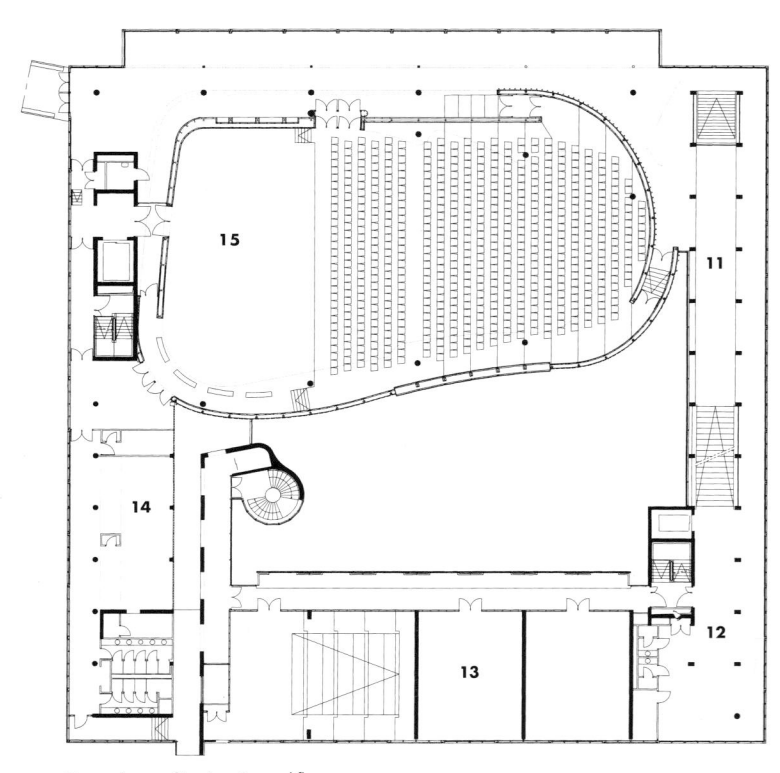

Tweede verdieping Second floor

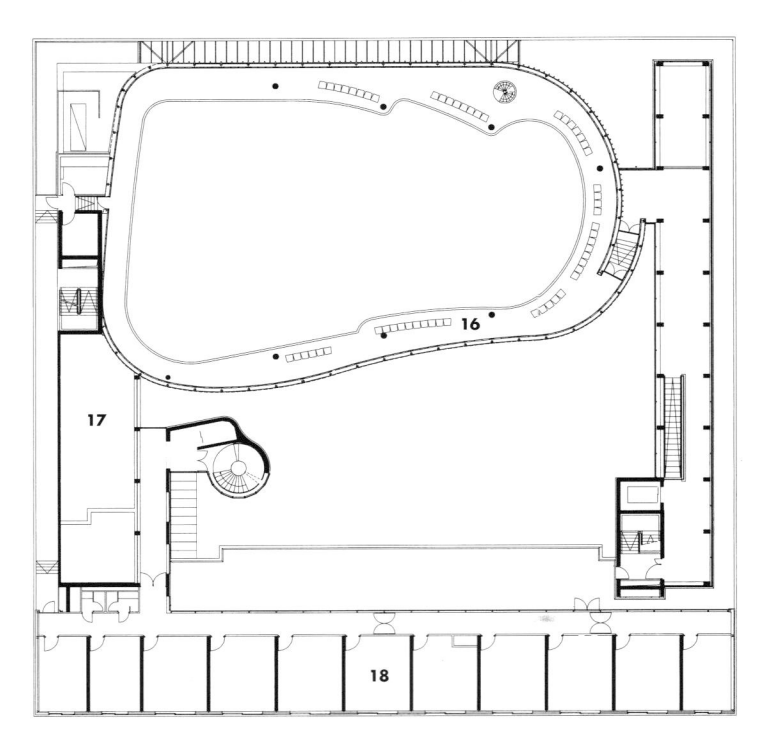

Vijfde verdieping Fifth floor

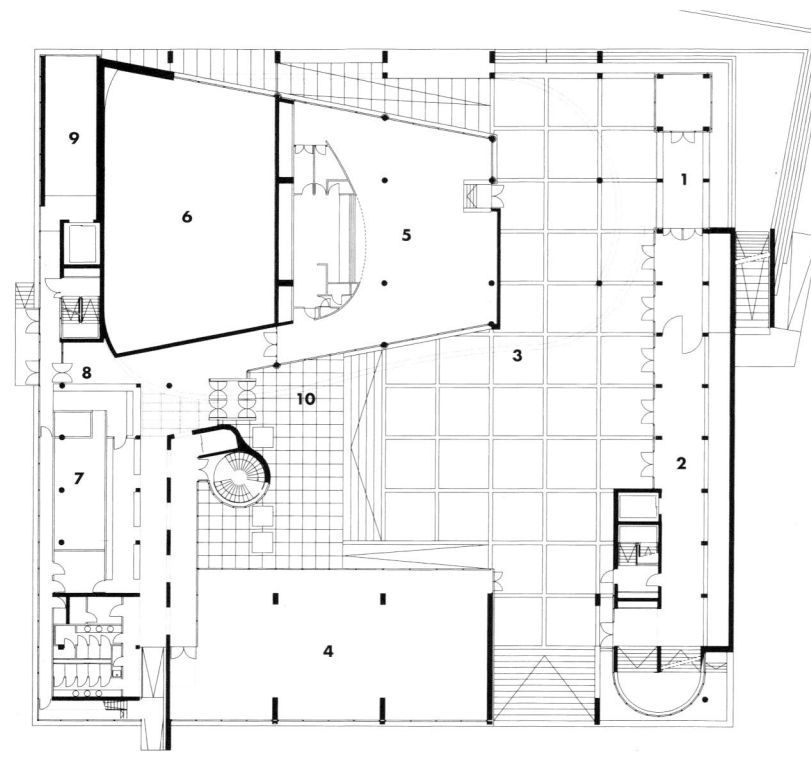

1 **Ingang concertzaal** Entrance concert hall	8 **Artiesteningang** Artists' entrance	14 **Artiestenfoyer** Artists' foyer
2 **Garderobe** Cloakroom	9 **Laden en lossen** Deliveries	15 **Concertzaal** Concert hall
3 **Binnenplein** Courtyard	10 **Hoofdingang conservatorium en balletacademie** Main entrance conservatory and ballet school	16 **Tweede balkon** Second balcony
4 **Mediatheek** Multimedia centre		17 **Technische ruimte** Technical space
5 **Kantine** Canteen		18 **Leskamer conservatorium** Classroom conservatory
6 **Vide ensemblezaal** Lightwell ensemble room	11 **Foyer** 12 **VIP foyer**	
7 **Instrumentenberging** Instrument storeroom	13 **Collegezalen** Lecture halls	

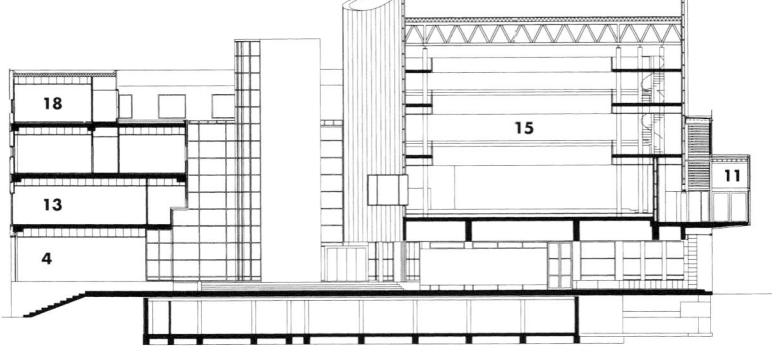

Begane grond Ground floor

Doorsnede, links conservatorium en rechts concertzaal
Cross section, conservatory on the left and concert hall on the right

Concertzaal Concert hall

VIP foyer

Artiestenfoyer Artists' foyer

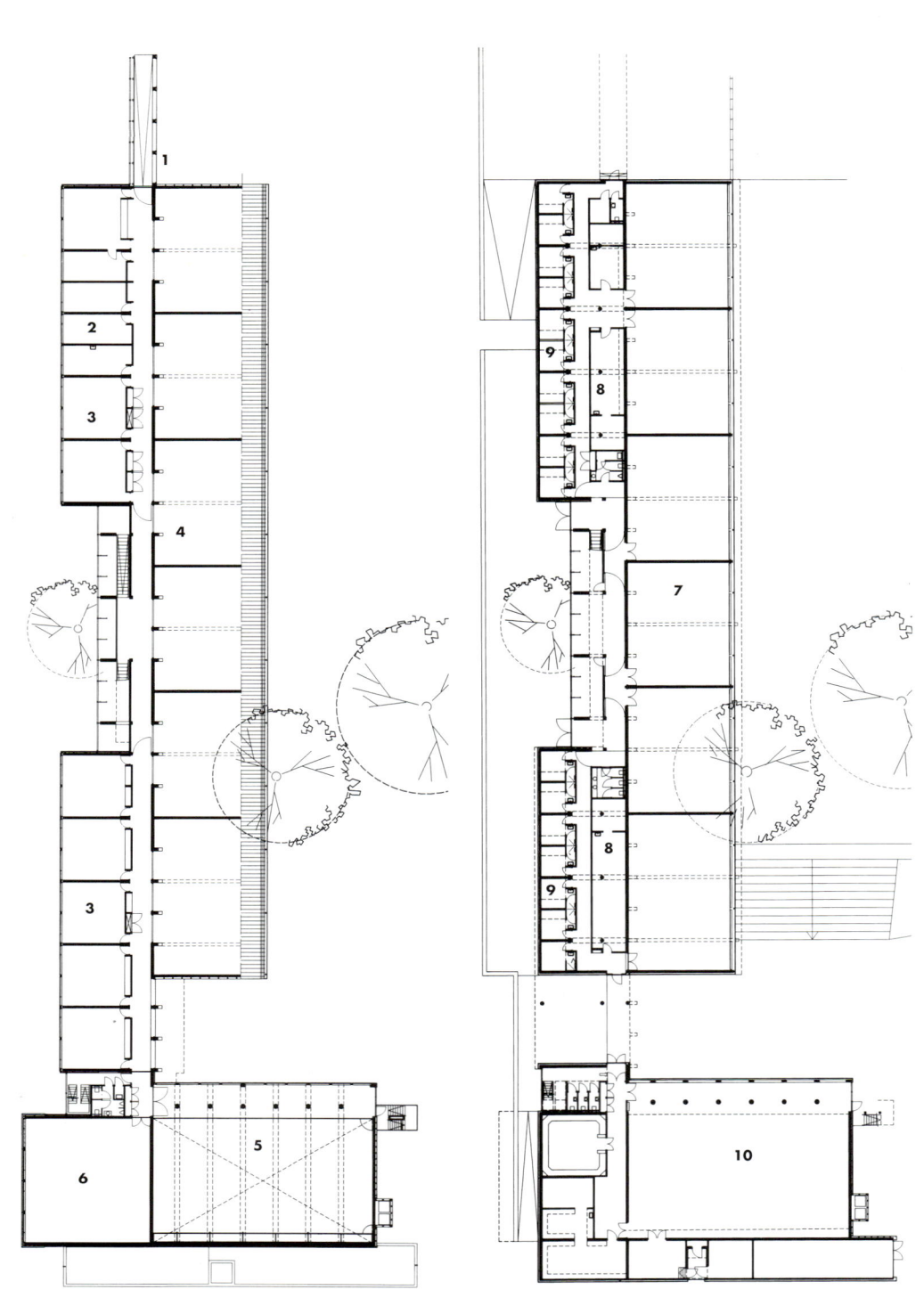

Balletacademie begane grond Ballet school ground floor

Balletacademie niveau -1 Ballet school level -1

Balletacademie straatzijde met op de voorgrond de studio
Ballet school streetside with studio in the foreground

1 **Verbinding naar hoofdingang balletacademie en conservatorium**
   Connection to main entrane ballet school and conservatory
2 **Administratie**
   Administration
3 **Theorielokalen**
   Theory classrooms
4 **Vide dansstudio's**
   Lightwell dance studios
5 **Vide werkplaats studio**
   Lightwell workshop studios
6 **Balletstudio**
   Ballet studio
7 **Dansstudio's**
   Dance studios
8 **Kleedruimten**
   Dressing rooms
9 **Kleed- en rustruimten docenten**
   Dressing rooms and restrooms for teachers
10 **Werkplaats studio**
   Studio workshop

Insnoering balletacademie
Constriction ballet school

Balletacademie, aan Kloostertuin-park op de achtergrond het conservatorium
Ballet school, in the background in the Kloostertuin park the conservatory

Woningbouw Housing

Bisschop Zwijsenstraat Tilburg

Architect
Bedaux De Brouwer Architecten bv Tilburg

Projectarchitect Job Architect
Jacq. de Brouwer
Medewerker Contributor
André van de Ven
Ontwerp-oplevering Design-Completion
1992-1996
Opdrachtgever Commissioned by
Stichting Bedrijfspensioenfonds voor
Bouwnijverheid Amsterdam
Aannemer Contractor
Van Wijnen Zuid Waalwijk
Constructeur Structural Engineer
Goudstikker De Vries bv Den Bosch
Tuinarchitect Landscape Architect
Buys en Van der Vliet Den Bosch
Kunstenaar Artist
Barbara Broekman Amsterdam

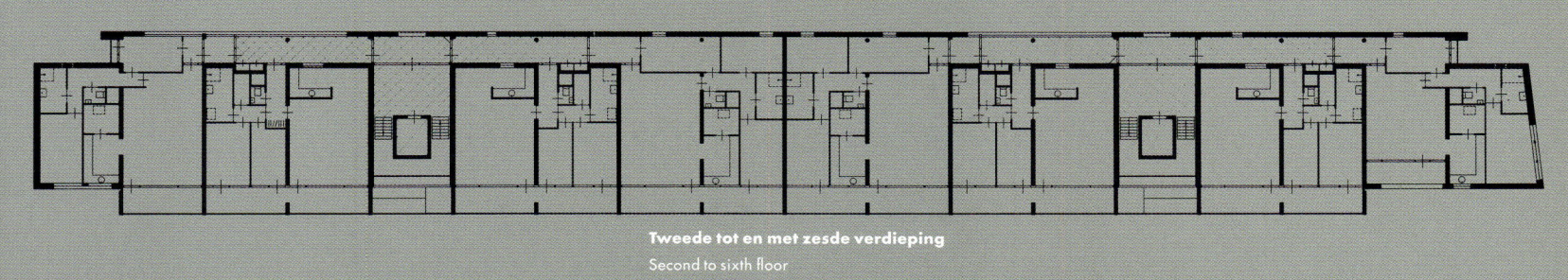

Gesloten gevel op het noorden
Closed façade to the north

Tweede tot en met zesde verdieping
Second to sixth floor

Begane grond
Ground floor

Fotografie
Photography
Ger van der Vlugt

Beëindiging zuidgevel
Ending southern façade

Zuidgevel aan parkstrook
South façade on park strip

Kantoorgebouw Office Building Mega Roermond

Westhoven 7 Roermond

Architect
Jo Coenen & Co Architekten Maastricht

Projectarchitect Architect
Jo Coenen
Medewerkers Contributors
D. Beeftink, R. Fütterer, H. Hornhaver,
M. v.d. Hulst, B. Jeurissen, J. Lemmens,
M. Maas, B. Sättele, R. Steiner
Ontwerp-oplevering Design-Completion
1993-1996
Opdrachtgever Commissioned by
Mega Limburg Maastricht
Aannemer Contractor
Jongen Scheepers Roermond
Constructeur Structural Engineer
Palte bv Valkenburg
Interieurarchitect Interior Architect
Jo Coenen & Co Architekten,
H. Hornhaver
Tuinarchitect Landscape Architect
Taken landschapsarchitect Roermond
Kunstenaar Artist
Desiree Tonnaer Maastricht

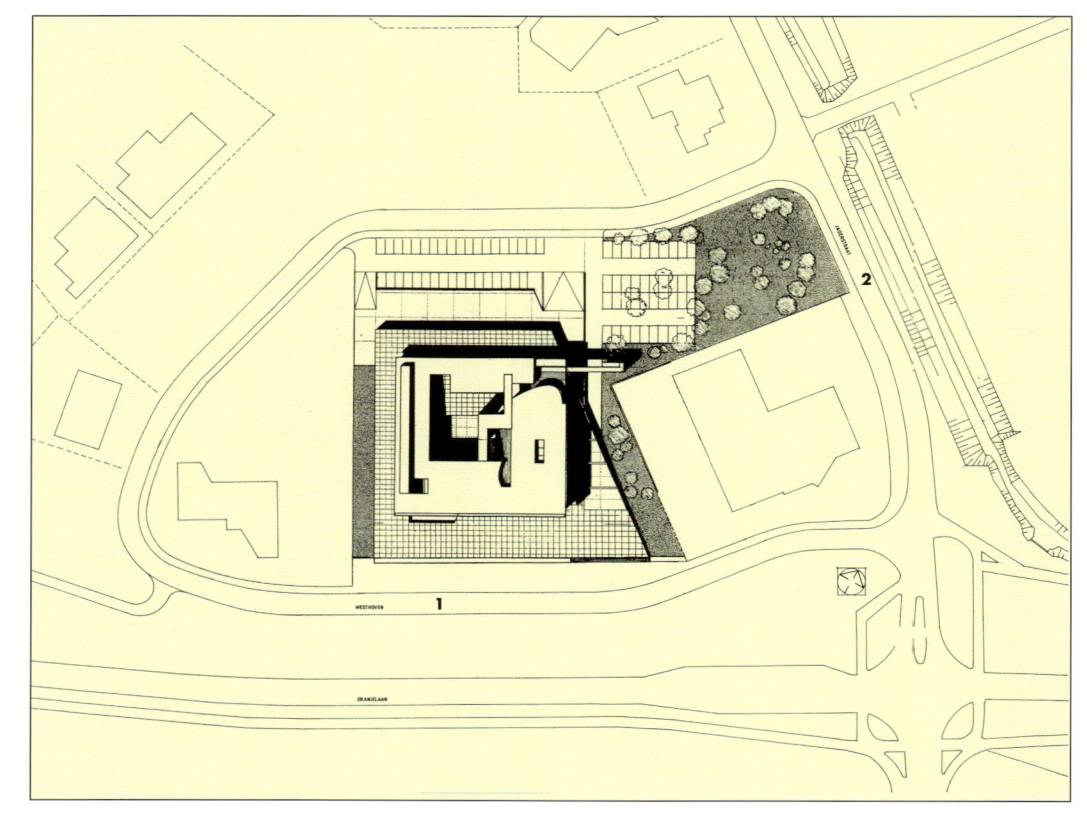

1 Westhaven
2 Jagerstraat

Gevel op het zuiden aan Westhaven en westgevel
Façade to the south on Westhaven and west façade

Het gebouw bevindt zich aan de rand van een buitenwijk en herbergt kantoren en het servicecentrum van het provinciale energiebedrijf. Het ontwerp is gebaseerd op logistieke en functionele verschillen tussen de afdelingen. Onder in het gebouw bevindt zich de parkeergelegenheid, met de toegang aan de achterzijde, en het servicecentrum. Daarboven bevindt zich het publieksgedeelte van het gebouw, transparant en in een vrije vorm. De twee bovenlagen bevatten de kantoorruimte met flexibele inrichtingsmogelijkheden. Bepaalde zones verschaffen ruimten voor bijeenkomsten. Bezoekers betreden het gebouw vanaf de straat over een oplopend dek, dat naar een centrale vide leidt. Dit open, door kolommen gedragen deel van het gebouw biedt fraaie doorzichten door het gebouw en in de verschillende lagen: het hellende vlak, met daarin uitgesneden een verdiepte laag voor logistieke functies en een transparant deel met de centrale vide, doorsneden door schijfkolommen, waarop het doosvormige kantoorgedeelte in twee lagen rust.

The building is on the edge of a suburb and houses offices and the service centre for the provincial energy company. The design is based on logistical and functional differences between the departments. The parking is below in the building, with the entrance at the back, and the service centre. The public section of the building is above this, transparent and free in form. The two top floors contain the office space which can be laid out flexibly. Certain zones provide spaces for meetings. Visitors enter the building from the street along a rising deck leading to a central lightwell. This open part of the building, borne by columns, offers splendid views through the building and into the various storeys: the sloping surface, with a sunken floor for logistical functions and a transparent part with the central lightwell, intersected by circular columns, on which rests the box-shaped office part over two floors.

Fotografie Photography **Christian Richters**

Hellingbaan naar ingang
Ramp to entrance

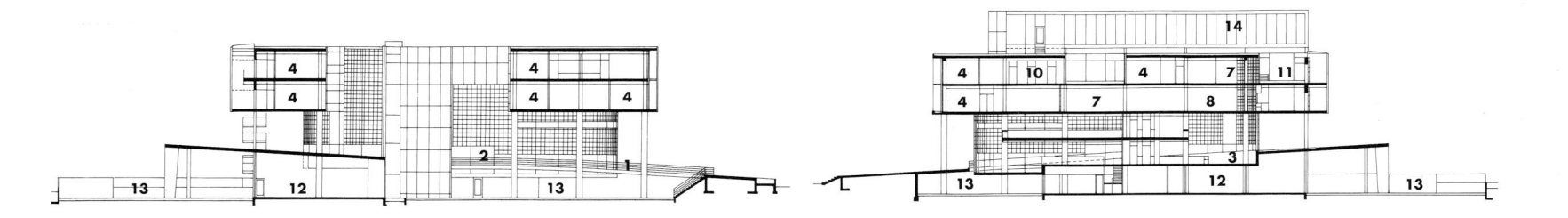

1	**Hellingbaan** Ramp	8	**Restaurant** Restaurant
2	**Ingangszone** Entrance zone	9	**Keuken** Kitchen
3	**Receptie** Reception	10	**Projectzone** Project zone
4	**Kantoren** Offices	11	**Terras** Terrace
5	**Spreekkamer** Consulting room	12	**Opslag** Storage
6	**Corridor** Corridor	13	**Parkeren** Car park
7	**Vergaderruimte** Conference room	14	**Techniek** Technical

Vergaderruimte op niveau 3
Conference room on level 3

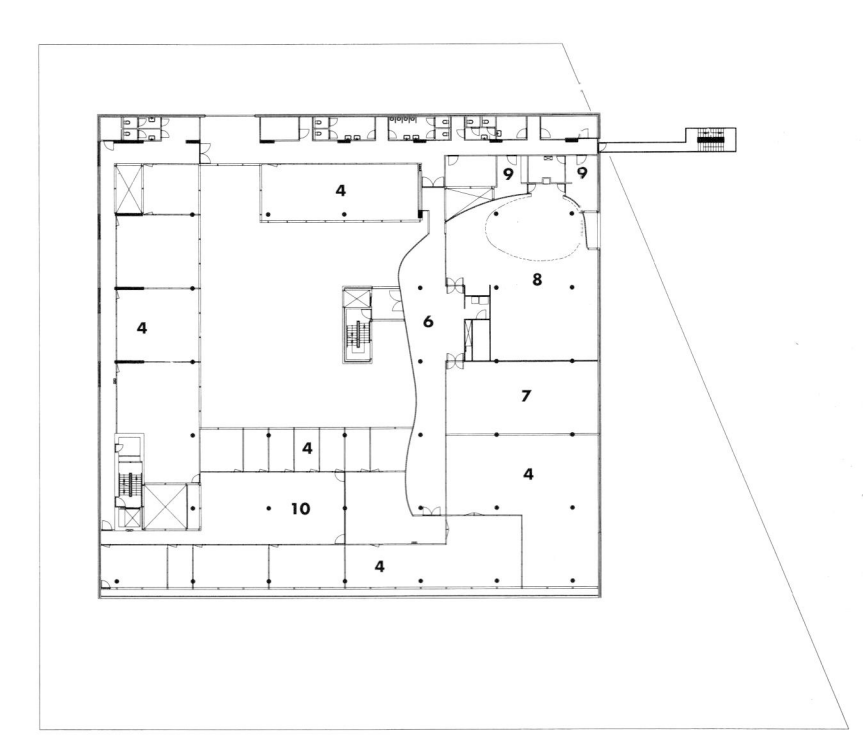

Plattegrond niveau 2
Floor plan level 2

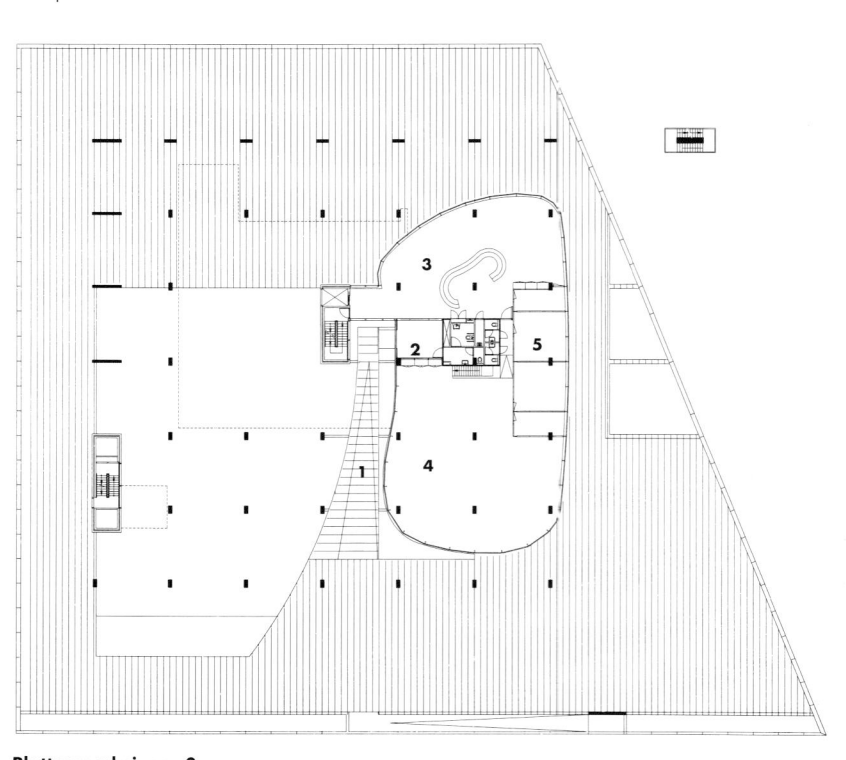

Plattegrond niveau 0
Floor plan level 0

Aanzicht voorgevel met hellingbaan naar ingangszone
View of façade with ramp to entrance

Receptie
Reception

Binnenzijde oostgevel op niveau 2
Interior east façade on level 2

Teylers Museum

Spaarne 16 Haarlem

Architect
Hubert-Jan Henket bna architecten bv Esch

Projectarchitecten Job Architects
Hubert-Jan Henket,
Henk van Laarhoven,
Teresa van Rosmalen, Jan Veldman
Ontwerp-oplevering Design-Completion
1992-1996
Opdrachtgever Commissioned by
Stichting tot Steun aan Culturele
Instellingen Haarlem
Aannemer Contractor
Thunnissen Heemstede bv
Constructeur Structural Engineer
ABT Adviesbureau voor bouwtechniek bv
Velp
Daglichtadviseur Natural Light Consultant
LITE daglicht/kunstlicht Amsterdam
Kunstlichtadviseur Artificial Light Consultant
Hans Wolff & Partners bv Amsterdam
Interieurarchitect Interior Architect
Bureau Van der Wijst Interieur-
architecten bni Amsterdam
Tuinarchitect Landscape Architect
Buys en Van der Vliet bnt Den Bosch
Kunstenaar Artist
Marc Ruygrok

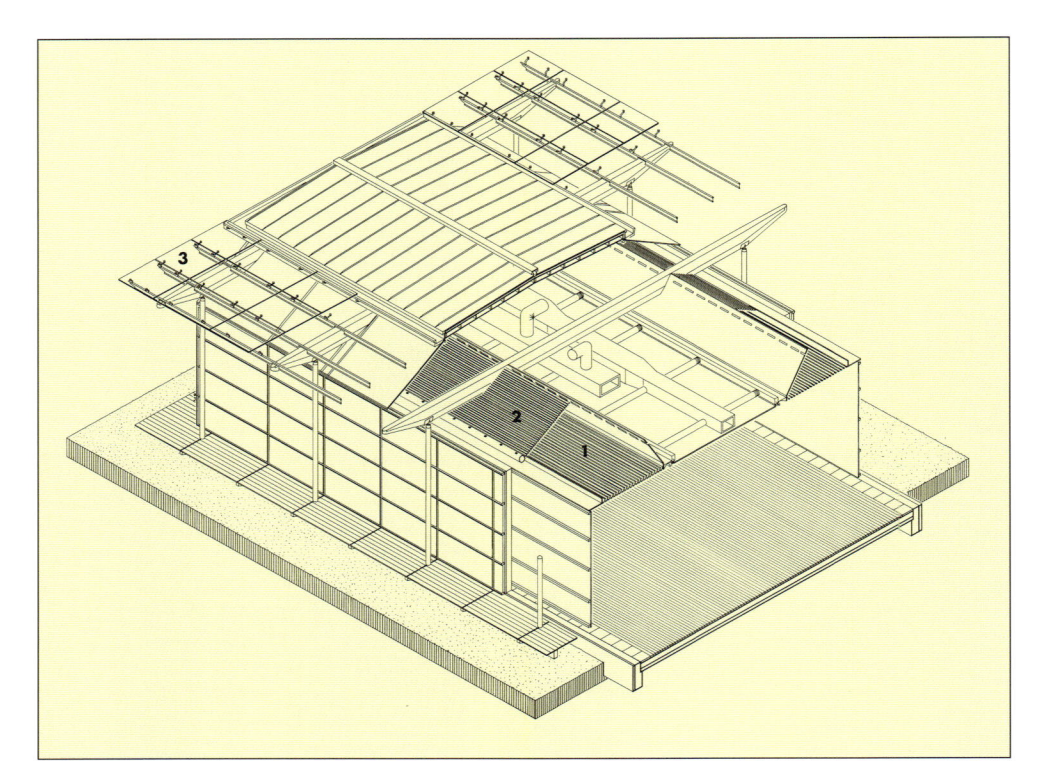

1 **Vaste jalouzieën**
  Fixed blinds
2 **Kantelbare jalouzieën**
  Adjustable blinds
3 **Lichtreducerend glas**
  Light-reducing glass

Oostgevel East façade

'Teylers' is een gaaf gebleven vroeg museum, gewijd aan de natuurwetenschappen en de kunsten met een rijke collectie, waaronder natuurkundige instrumenten, boeken en dertigduizend tekeningen en prenten. Juist om dit authentieke museum met een wassende stroom bezoekers intact te houden moest uitbreiding plaatsvinden. Een precaire opgave, mede door de gevoelige locatie. Het oude museum staat in de binnenstad van Haarlem met een voornaam front aan het Spaarne. Loodrecht op deze rivier loopt een as tot in de befaamde ovale zaal, gelegen op het binnenterrein van een gesloten bouwblok. Dwars daarop is de uitbreiding ingepast, die een verbinding maakt met het gebouw 'Zegelwaarden', waarin de kantoren, archieven en andere dienstruimten van het museum zijn geplaatst. De nieuwe as koppelt bestaande zalen en kabinetten en aanvullende ruimten, waaronder de nieuwe entreehal en het café met glazen toegangsdeuren naar de tuin. Om de subtiele toetreding van het daglicht in de bestaande bebouwing niet te verstoren en om zicht te bieden op de oude gebouwen en de bomen in de tuin, is de uitbreiding zoveel als mogelijk los gehouden. De nieuwbouw is open geconstrueerd met een welsprekende technische detaillering. Panelen van grijs glas en elektronisch gestuurde louvres brengen hier het licht op gewenste sterkte.

'Teylers' is an early museum which has remained intact, devoted to the natural sciences and the arts with a rich collection, including scientific instruments, books and thirty thousand drawings and prints. Extension was necessary precisely in order to keep intact this authentic museum with a rising stream of visitors. A precarious task, partly due to the sensitive location. The old museum is in the inner city of Haarlem with a splendid façade on the Spaarne. At right angles to this river, an axis runs to the famous oval hall, situated on the inner courtyard of a closed block. The extension has been fitted in diagonally to this, and makes a connection to the 'Zegelwaarden' building in which are placed the offices, archives and other service areas of the museum. The new axis links existing halls and rooms and additional spaces, including the new entrance hall and the café with glass doors to the garden. In order not to disturb the subtle access of daylight in the existing buildings, and to offer a view of the old buildings and the trees in the garden, the extension has been kept apart as much as possible. The new building has an open construction with eloquent technical details. Grey glass panels and electronically operated louvres bring the light to the desired strength.

Fotografie Photography **Sybolt Voeten**

Verbinding tussen nieuwe expositieruimte en oudbouw
Connection between new exhibition space and old building

Doorsnede van nieuw entreegebied met koffieruimte en oostgevel nieuwe expositiezaal met op de achtergrond de oudbouw
Cross section of new entrance with coffee space and east façade of new exhibition hall with the old building in the background

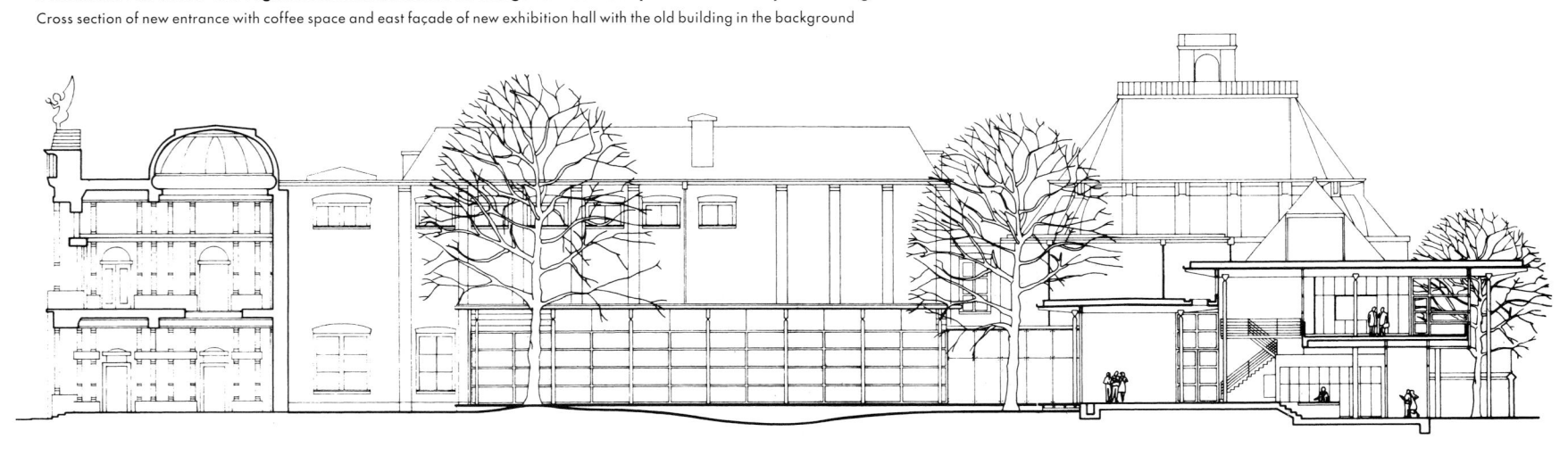

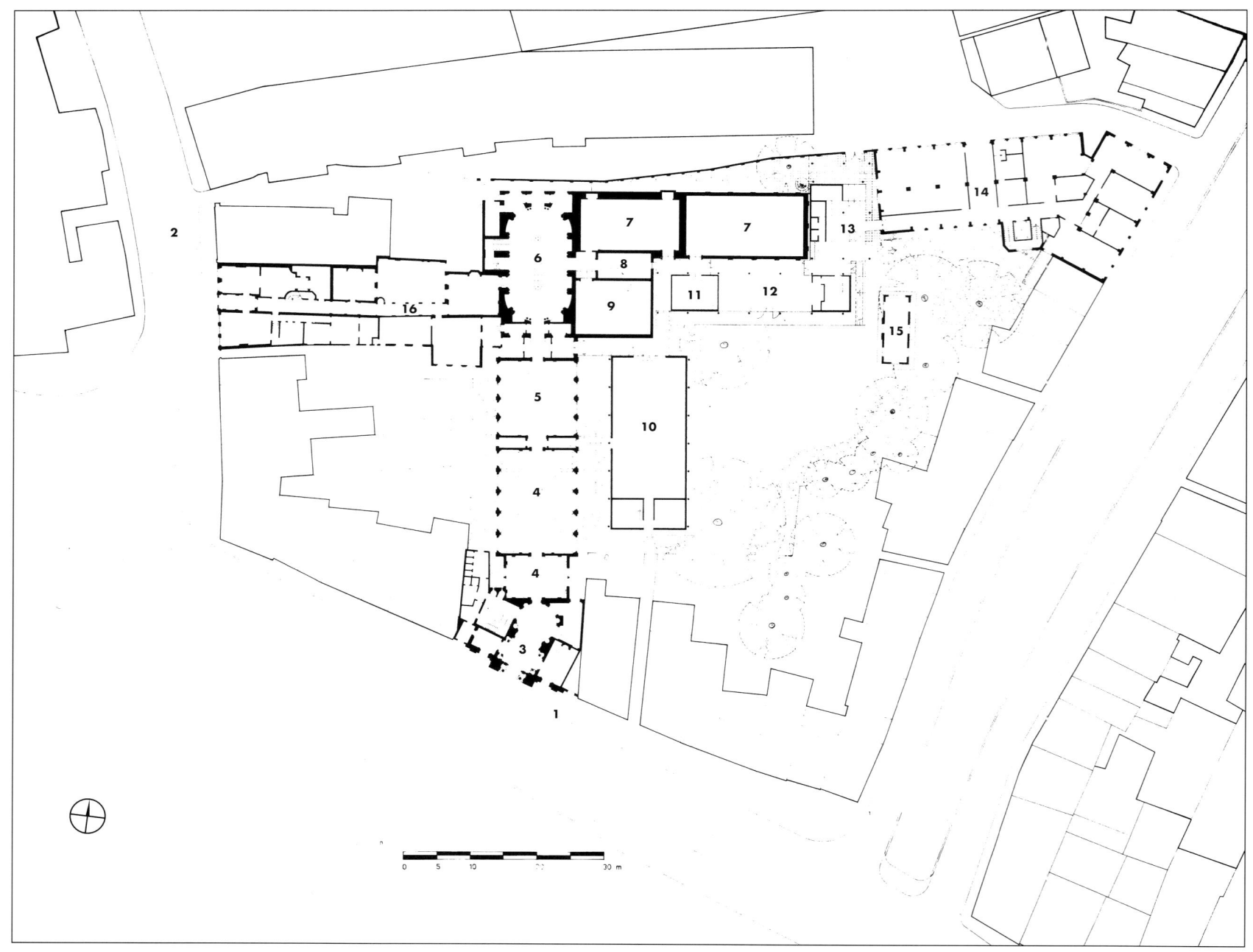

Begane grond
Ground floor

1	**Spaarne**	5	**Instrumentenzaal** Instruments hall	8	**Penningenkabinet** Medal cabinet	11	**Boekenexpositie** Books exhibition
2	**Damstraat**	6	**Ovale zaal** Oval hall	9	**Prentenkabinet** Print cabinet	12	**Koffieruimte** Coffee space
3	**Hoofdentree** Main entrance	7	**Schilderijenzaal** Paintings hall	10	**Nieuwe expositiezaal** New exhibition room	13	**Balie en nieuwe ingang** Desk and new entrance
4	**Fossielen** Fossils					14	**Gebouw Zegelwaarden** Zegelwaarden building
						15	**Observatorium** Observatory
						16	**Fundatiehuis**

Gang tussen oud en nieuw met links het prentenkabinet en rechts de nieuwe expositiezaal
Corridor between old and new with on the left the print cabinet and on the right the new exhibition hall

Verbindingsgang tussen oud en nieuw
Connecting corridor between old and new

Doorgang naar nieuwe zaal
Passageway to new hall

Nieuwe expositiezaal
New exhibition hall

Appartementen, bedrijfsruimte, parkeerdak
Dwellings, Commercial Space, Car Park Roof

Gerard Noodtstraat Nijmegen

Architect
de architectengroep loerakker rijnboutt ruijssenaars hendriks van gameren mastenbroek Amsterdam

Projectarchitecten Job Architects
Dick van Gameren, Bjarne Mastenbroek
Medewerkers Contributors
Hans Goverde, Eric Heeremans
Ontwerp-oplevering Design-Completion
1992-1996
Opdrachtgever Commissioned by
Woningvereniging Kolping Nijmegen
Aannemer Contractor
Tiemstra Nijmegen bv
Constructeur Structural Engineer
Heijckman Huissen

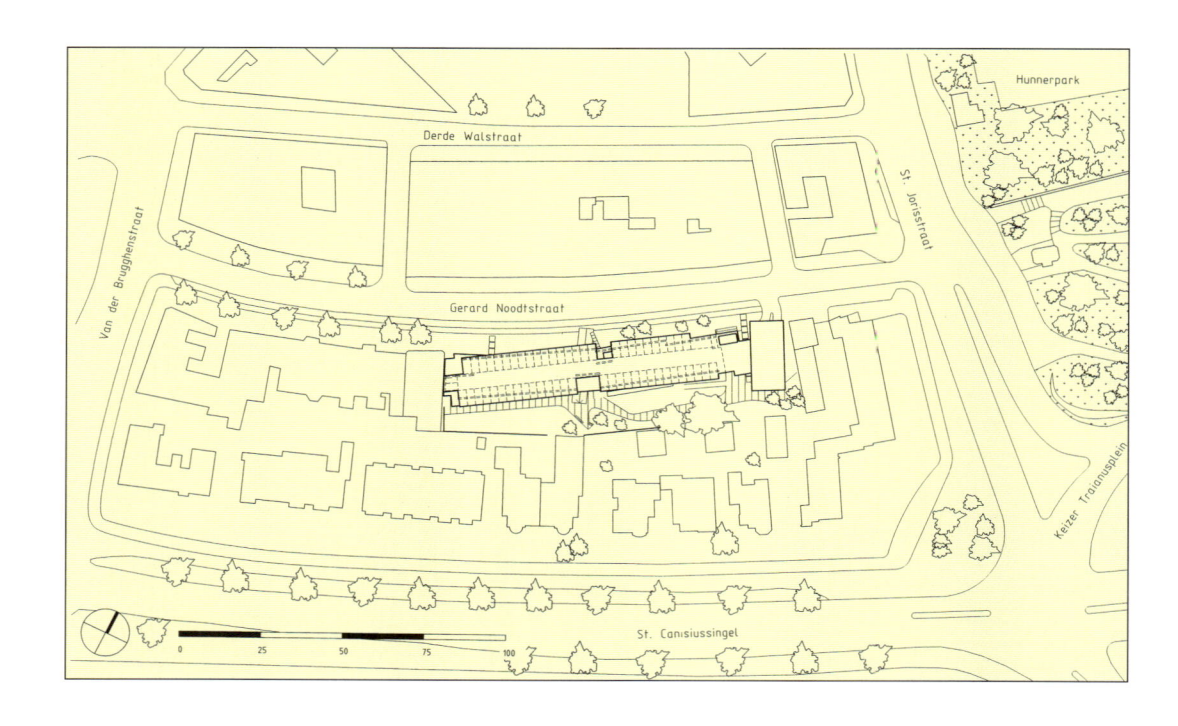

Met nog een park en een verkeersplein vormt de locatie een scharnierpunt in de stad, waar de binnenstad en de negentiende-eeuwse uitleg elkaar ontmoeten. Uitgangspunt was het opheffen van barrières. Dit is opgelost door het parkeren naar een dek boven het woongebouw te brengen en daarmee van het straatniveau weg te halen en een grote, publiek toegankelijke tuin aan te leggen. Poorten en trappenhuizen aan de tuin dragen er mede toe bij dat afsluiting van de omgeving wordt voorkomen.
Het woongebouw, voortgekomen uit een Europanprijsvraag, bevat hoogwaardige appartementen voor ouderen. Om lange galerijen te voorkomen en een tweezijdige oriëntatie vanuit de woningen te bereiken (zon aan de tuinkant; uitzicht aan de stadskant), is een combinatie van portiek- en galerijontsluiting toegepast. Aansluitend op de trappenhuizen liggen korte galerijen afwisselend aan tuin- en straatkant. Door deze 'bajonetgalerij' ontstaat een geleding van bouwmassa en gevels.
De doorschijnende schacht voor de autolift markeert de 'koppoort'. Het parkeerdak 'zweeft' op betonnen liggers boven het dak van het woongebouw, ter vermijding van geluidsoverlast in de woningen.

With another park and a traffic roundabout the location is a hinge in the city, where the inner city and the nineteenth century expansion meet up. The starting point was the abolition of barriers. This has been solved by moving parking to a deck above the residential building and thus away from street level, and the laying out of a big garden accessible to the public. Portals and stairways on the garden also contribute to avoiding closing off the surroundings.
The residential building, which originated in a Europan competition, contains high quality apartments for the elderly. In order to avoid long galleries and to achieve a two-sided orientation from the dwellings (sun on the garden side; view on the city side), a combination of portico and gallery has been used. Linking up with the stairways, short galleries are located alternately on garden and street side. This 'bayonet gallery' creates an articulation of building mass and façades.
The translucent shaft for the car lift marks the 'end portal'. The parking roof 'floats' on concrete girders above the roof of the housing building, to avoid noise nuisance to the dwellings.

Achtergevel naar het oosten gezien
Rear façade seen to the east

Fotografie Photography **Rik Klein Gotink**

Voorgevel naar het oosten gezien
Front façade seen to the east

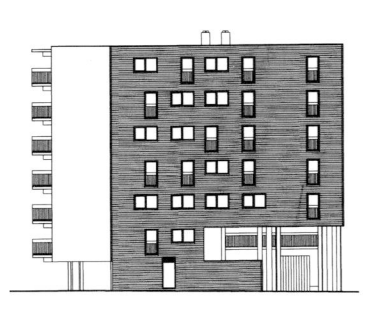

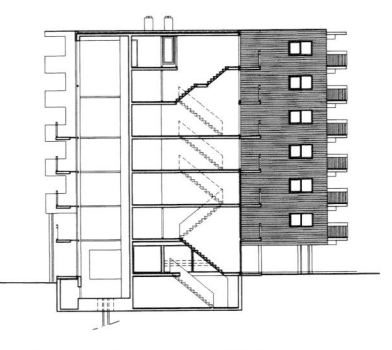

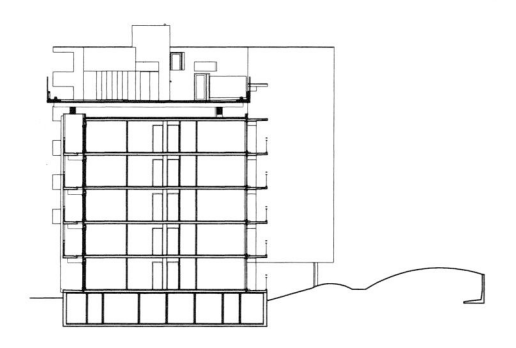

Oostelijke kopgevel
Eastern façade

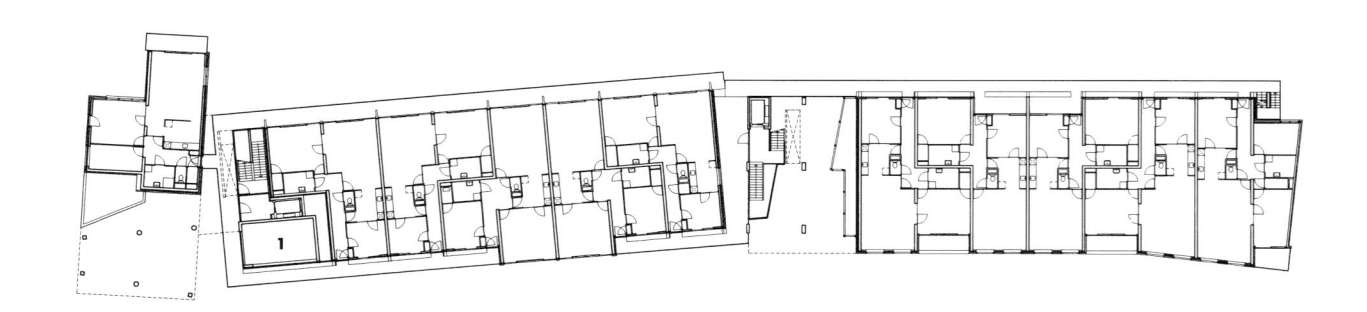

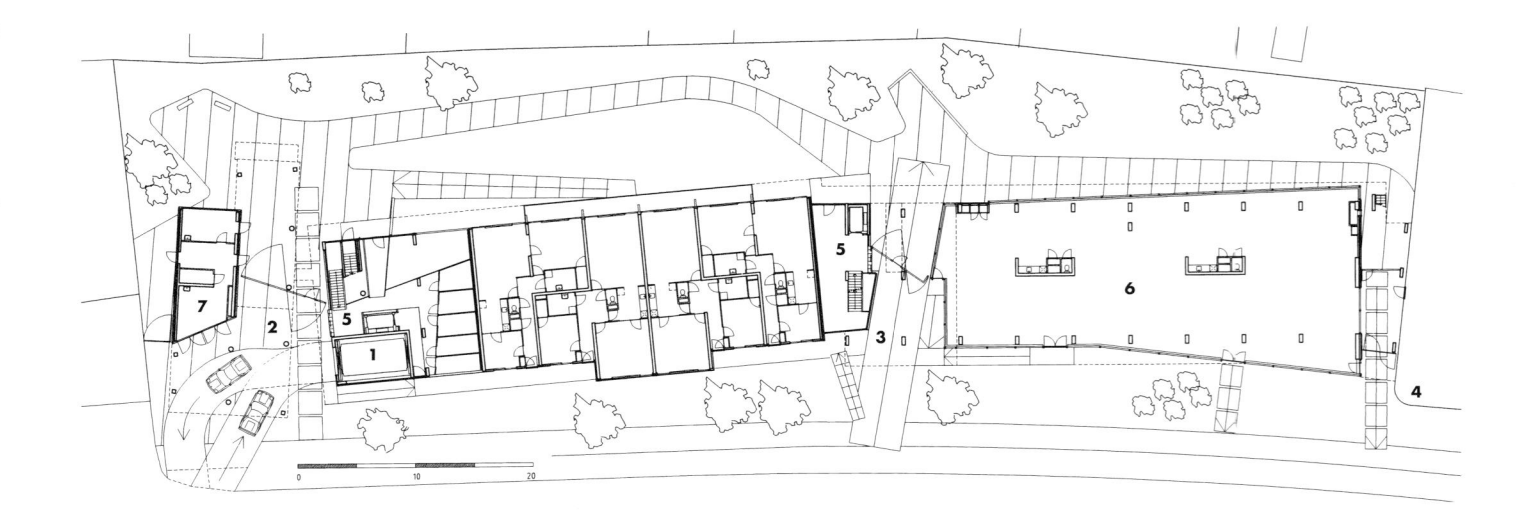

Doorsnede over oostelijk trappenhuis
Cross section on eastern staircase

Vijfde verdieping en parkeerdak
Fifth floor and car park roof

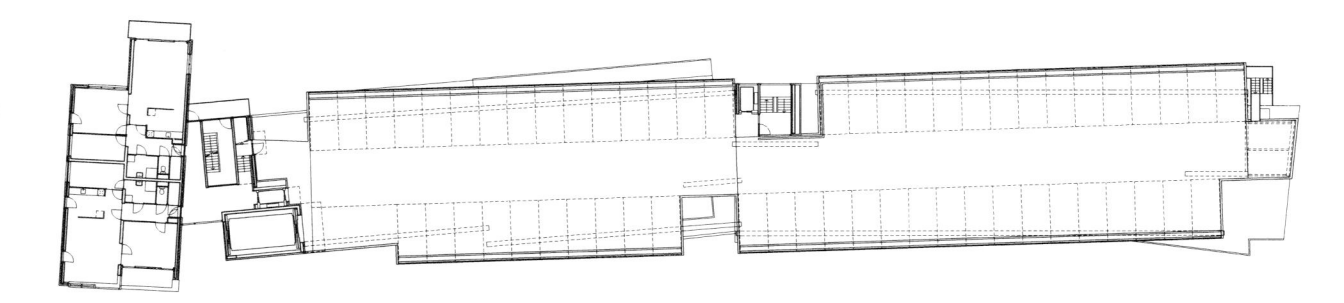

Vierde verdieping
Fourth floor

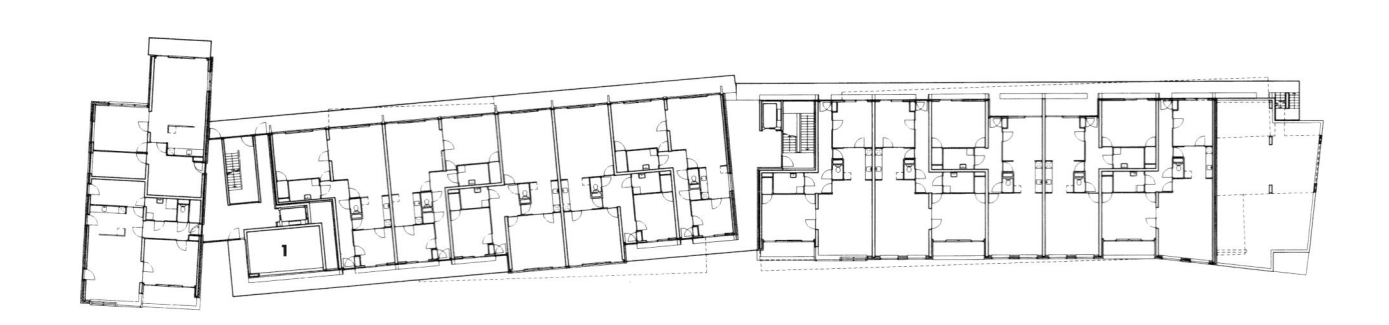

Eerste verdieping
First floor

1 **Autolift**
   Car lift
2 **Oostelijke poort**
   Eastern gate
3 **Middenpoort**
   Middle gate
4 **Westelijke poort**
   Western gate
5 **Entree**
   Entrance
6 **Bedrijfsruimte**
   Commercial space
7 **Containerruimte**
   Container space

Begane grond
Ground floor

Doorsnede over middenpoort
Cross section on middle gate

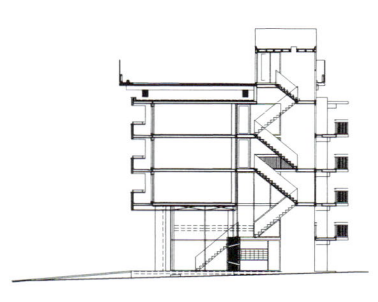

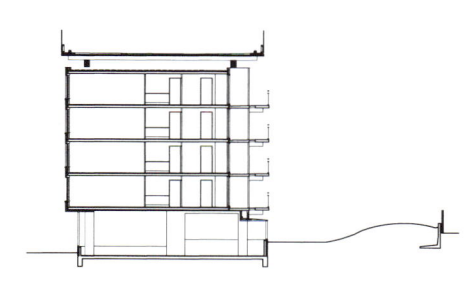

Doorsnede over westelijke poort
Cross section on western gate

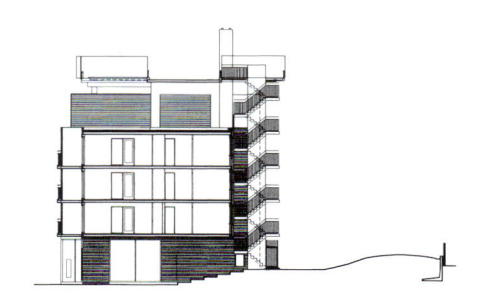

Galerij aan voorzijde direct onder het parkeerdak
Gallery at the front directly below the car park roof

Parkeerdak naar het oosten gezien
Car park roof seen to the east

Middenpoort
Middle gate

Oostelijk entreegebied met rechts ingang van de autolift
Eastern entrance area with entrance to the car lift to the right

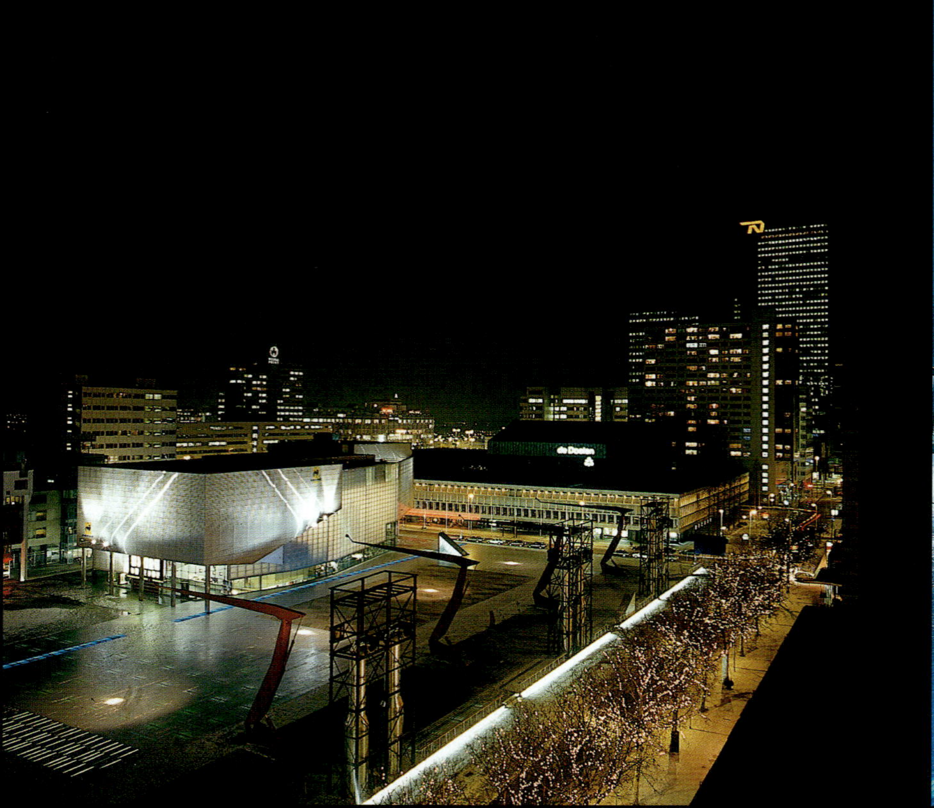
de Doelen

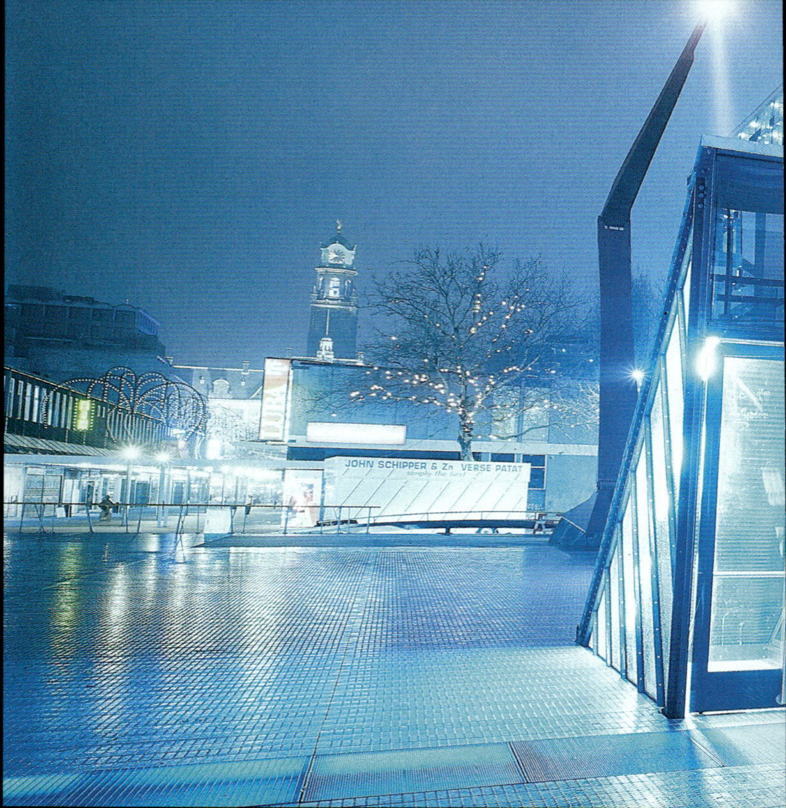
JOHN SCHIPPER & Zn VERSE PATAT
simply the best

Plein

Aan het rechthoekige plein dat aansluit op het Lijnbaangebied liggen ondermeer de Schouwburg en de café-restaurants met terrassen, die een zijwand van het concertgebouw De Doelen vormen. De pleinvloer is het dak van de verzonken parkeergarage, die niet zwaar belast kan worden. Op een hoek rijst uit de pleinvloer een megabioscoop op. Pleinvloer en bioscoopcomplex zijn in nauwe samenhang met elkaar ontworpen. Het plein is verhoogd ten opzichte van het straatniveau, waardoor een podium ontstaat, met de skyline van Rotterdam als decor. Het plein is uitgaande van bezonning en gebruiksvormen ingedeeld in drie zones. Aan de westzijde wordt met een epoxyhars gietvloer de aansluiting op de entree van de bioscoop gemaakt. De zone aan de zuidzijde, bestemd voor uiteenlopende activiteiten, bestaat uit geperforeerde metalen platen. Aan de oostzijde bevindt zich een strook met hout en rubber en met eveneens door West 8 ontworpen banken. De randen van het pleinvlak worden 's avonds verlicht, zodat het plein een zwevend en lichtgevend vlak lijkt te worden. Vier grote lichtmasten aan de rand van het plein, geknikte pneumatische armaturen, in hun vorm verwijzend naar hijskranen, kunnen door het publiek in verschillende standen worden gebracht, zodat wisselende plekken van het plein aangelicht worden. Opvallende elementen zijn hier ook de grote ventilatietorens, die voor de ontluchting van de parkeergarage zorgen.

Square

The Theatre and the bars/restaurants with terraces, among others, which form a sidewall of the De Doelen concert hall, are located on the rectangular square which connects up with the Lijnbaan area. The floor of the square is the roof of the sunken car park, and cannot bear heavy loads. A multiplex cinema rises out of the square floor at the corner. Square floor and cinema complex were designed in close relation to each other. The square is raised with regard to the street level, so that a podium is created with the Rotterdam skyline as decor. The square is laid out with sun and forms of use in mind, into three zones. On the west side, the connection to the cinema entrance is made with an epoxy moulded floor. The zone on the south side, intended for diverse activities, consists of perforated metal plates. On the east side there is a strip with wood and rubber and benches also designed by West 8. The edges of the square plane are illuminated at night, so that the square seems to become a floating and radiant plane. Four big lampposts on the edge of the square, geniculated pneumatic brackets, referring in their form to cranes, can be adjusted by the public, so that different spots on the square are lit up. Striking elements here are also the big ventilation towers, which drain off exhaust from the car park.

Cinema

Het ontwerp voor de bioscoop sluit aan op dat voor de herinrichting van het Schouwburgplein. De grote foyer in het gebouw is opgevat als semi-openbaar gebied en daarmee als een verlengstuk van het plein. Het gebouw is vormgegeven als een grote lichtgevende sculptuur, waarvan sommige hoeken zijn afgeschuind om belangrijke doorzichten te bewaren. De gevel bestaat uit opalen en heldere lexaan golfplaten rondom de witte volumes van de zalen, waarbij de luchtkanalen en brandtrappen deels worden verhuld. Het gevelmateriaal zorgt voor reliëf; de verspringende gevelvlakken voor wisselende reflecties. Overdag laat de golfplaat het daglicht door, terwijl het gebouw zelf 's avonds licht uitstraalt. De bioscoop rust op de fundering van de parkeergarage, waarvan een hoek is gesloopt en ingericht als restaurant. Een strook glas in de onderste laag van het volume zorgt ervoor dat het zich van het plein lijkt te verheffen. De bioscoop telt zeven zalen, waarvan de grootste zevenhonderd en de kleinste tweehonderd zitplaatsen heeft (totaal 2700). De bezoekers komen door één ingang in een hal met de kassa's. Een brede trap voert naar de foyer, vanwaar alle zalen, herkenbaar aan hun ingangen, direct bereikbaar zijn. De toeschouwer wordt vanuit deze foyer over trappen naar de zalen geleid en hij keert er na de voorstelling ook terug. Vanaf dit platform is er in de hoogte het abstracte lijnenspel van trappen en volumes. Naar beneden zijn er allerlei doorzichten. Bij het kiezen van de materialen en kleuren, alsmede in de detaillering, is terughoudendheid betracht, om de ruimtelijkheid optimaal tot zijn recht te laten komen.

Cinema

The design for the cinema links up with that for the new layout of the Schouwburgplein. The big foyer in the building is interpreted as a semi-public area and thus as an extension of the square. The building has been designed as a big light-giving sculpture, some of whose corners are bevelled off to preserve important vistas. The façade consists of opal and clear lexan corrugated plates around the white volumes of the cinemas, so that air pipes and fire escapes are partly hidden. The façade material provides relief; the staggered wall surfaces provide changing reflections. In the daytime the corrugated plats allow sunlight in, while at night the building itself radiates light. The cinema is standing on the foundations of the car park, a corner of which has been demolished and laid out as a restaurant. A strip of glass in the lowest level of the building ensures that it seems to rise above the square. The cinema has seven screens, the biggest seating seven hundred and the smallest two hundred (total 2700). Visitors enter through a single entrance into a hall with the box offices. A broad stairs leads to the foyer, from which all the cinemas are directly accessible, recognizable by their entrances. From this foyer the visitor is led along stairs to the cinemas and after the film, back again. From this platform, above there is the abstract play of lines, of stairs and volumes. Looking down there are all kinds of vistas. It was attempted when choosing materials and colours, as well as in the details, to be restrained and thus do full justice to the spatiality.

Inrichting en aankleding van plein boven parkeergarage
Layout and Design of Square above Car Park

Architect
West 8 landscape architects bv Rotterdam

Projectarchitecten Project Architects
Adriaan Geuze, Wim Kloosterboer,
Dirry de Bruin, Cyrus B. Clark,
Erwin Bot, Dick Heydra, Huub Juurlink,
Nigel Sampey, Erik Overdiep,
Jurgen Beij, Jerry van Eyck

Ontwerp-oplevering Design-Completion
1990-1997

Opdrachtgever Commissioned by
Gemeente Rotterdam

Aannemer Contractor
Bouwbedrijf Gebr. van der Heijden bv Schaijk;
Machinefabriek Duyvis Koog aan de Zaan
(lichtmasten lampposts)

Constructeur Structural Engineer
Gemeentewerken Rotterdam

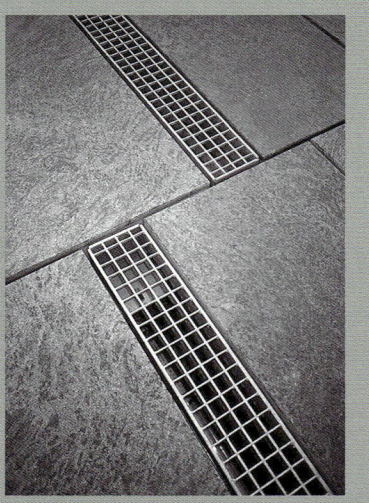

Fotografie Photography **Jeroen Musch**

Multiplextheater
Multiplex Cinema **Pathé**

Schouwburgplein Rotterdam

Architect
Architektenburo Koen van Velsen bv Hilversum

Projectarchitect Job Architect
Koen van Velsen
Medewerkers Contributors
Lars Zwart, Gero Rutten,
Marcel Steeghs, Okko van der Kam
Ontwerp-oplevering Design-Completion
1992-1995
Opdrachtgever Commissioned by
Pathé Cinema's Amsterdam
Aannemer Contractor
Van Hoorn bv Capelle a/d IJssel
Constructeur Structural Engineer
D3BN Den Haag
Interieurarchitect Interior Architect
Koen van Velsen

Oostwand Eastern façade

Fotografie Photography **Kim Zwarts**

1 Schouwburgplein
2 Multiplextheater
3 Schouwburg
4 Doelen
5 Kruisplein
6 Weena

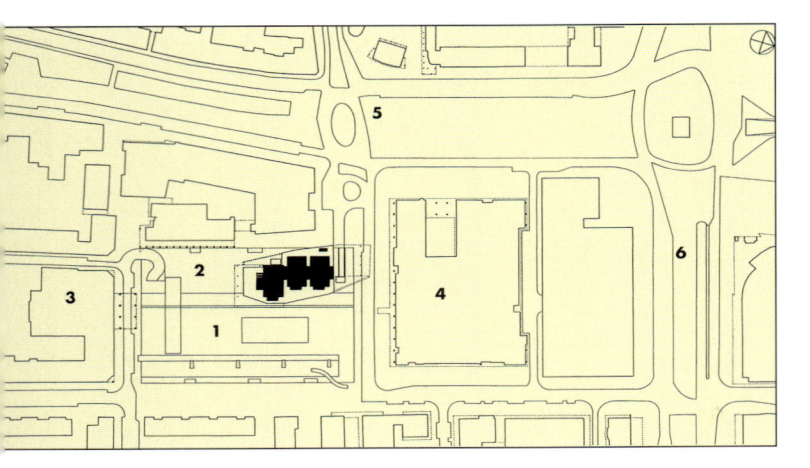

Westwand
Western façade

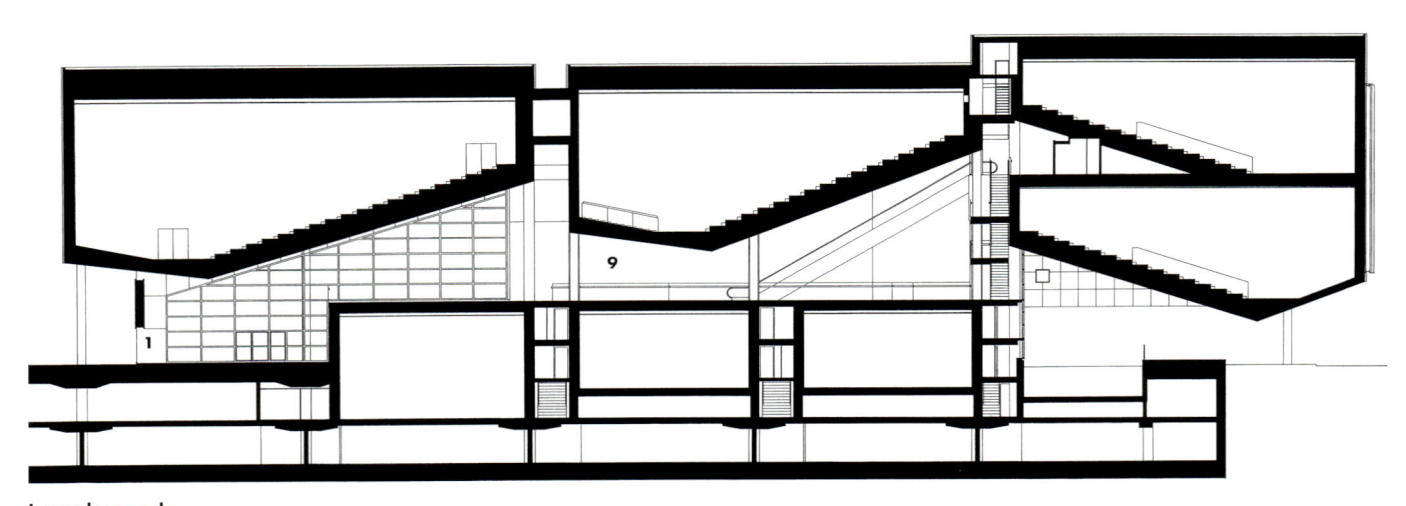

Langsdoorsnede
Longitudinal section

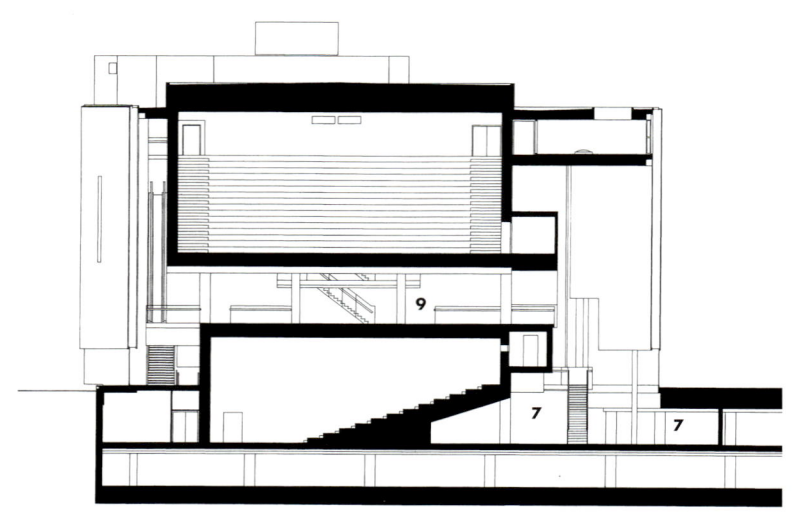

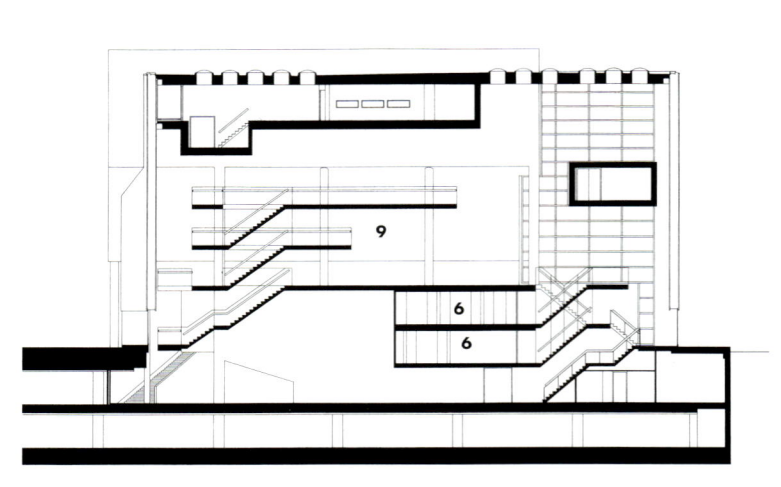

Dwarsdoorsneden
Cross sections

Niveau 1
Level 1

Niveau 0
Level 0

Niveau -1
Level -1

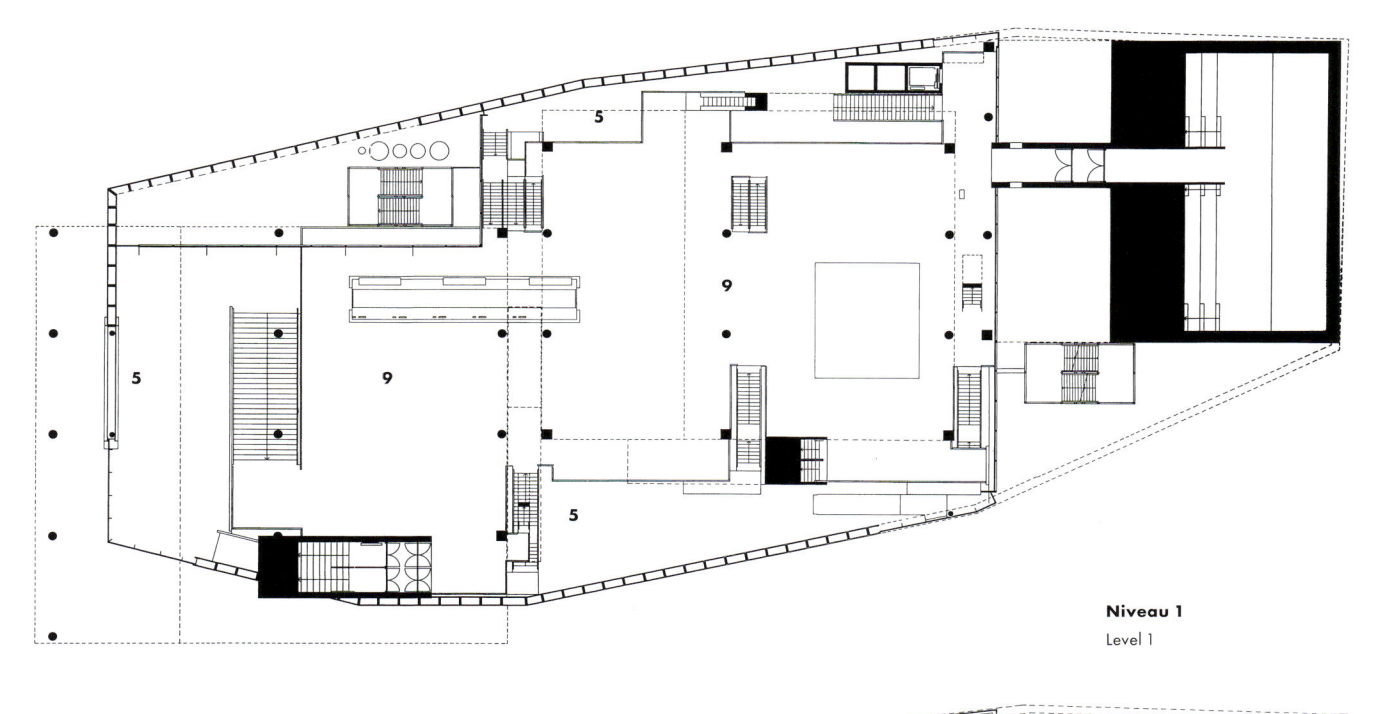

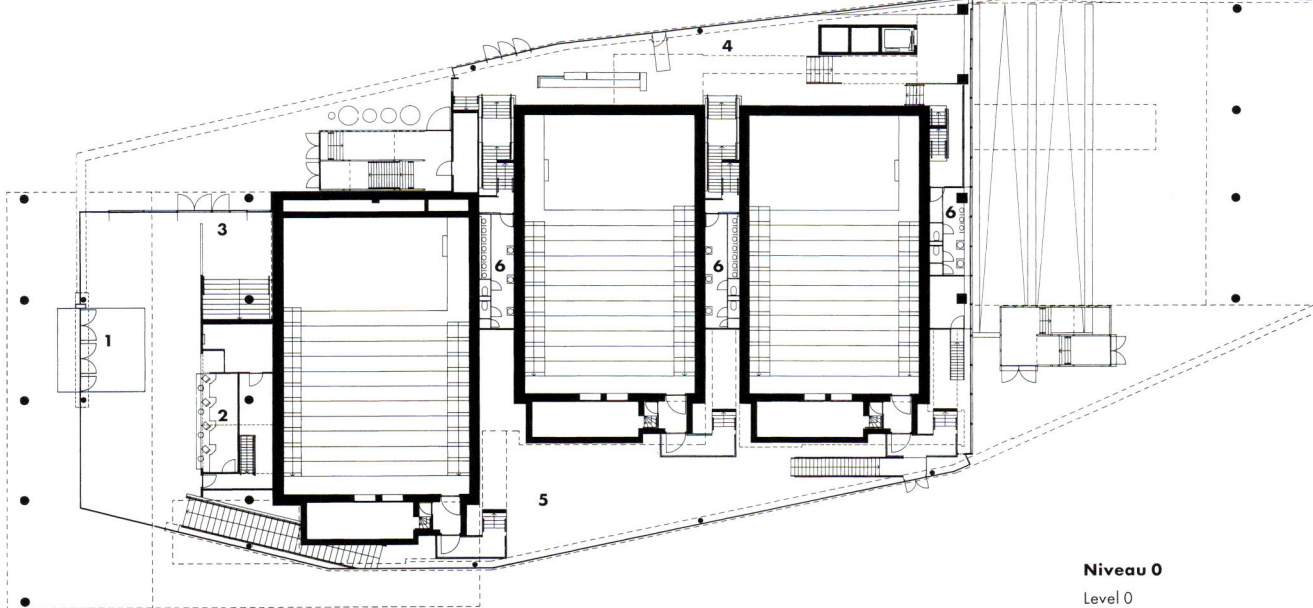

1 **Entree**
  Entrance
2 **Kassa's**
  Box offices
3 **Trap naar foyer en de zalen**
  Stairs to foyer and the theatres
4 **Café**
  Café
5 **Vide**
  Lightwell
6 **Toiletten**
  Toilets
7 **Grand café**
8 **Ingang parkeergarage**
  Entrance to car park
9 **Foyer**

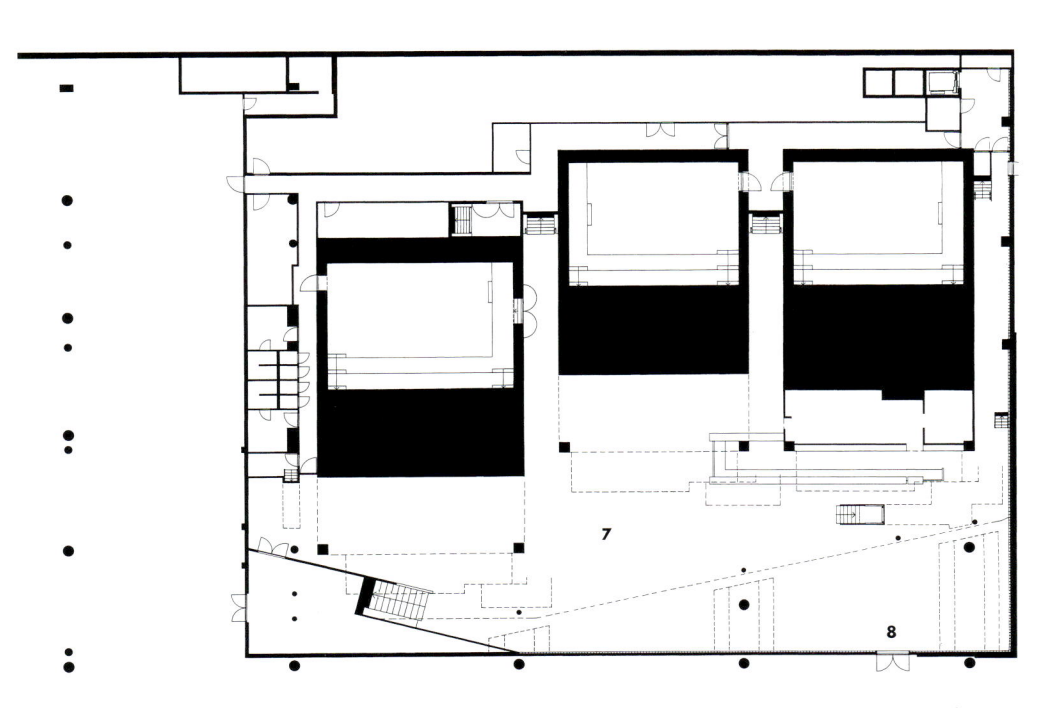

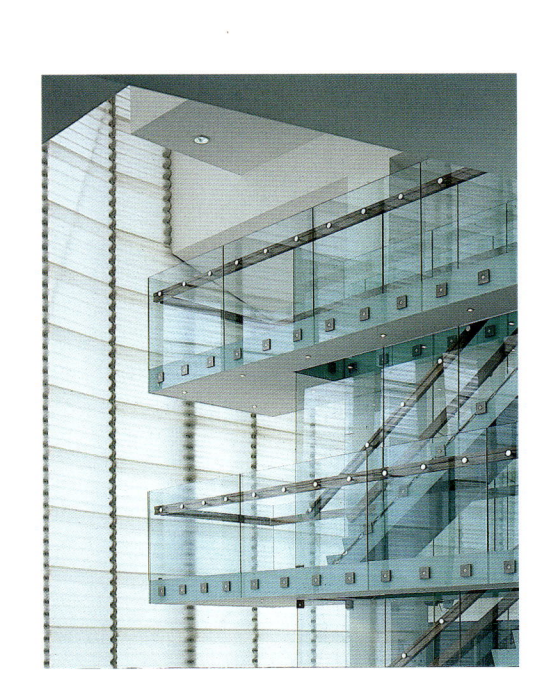

Foyer

Foyer met op achtergrond roltrap naar zalen
Foyer with escalator to cinemas in the background

Noordzijde met op de achtergrond het Kruisplein en rechts de Doelen
North side with Kruisplein in the background and the Doelen on the right

Uitbreiding en renovatie raadhuis
Extension and Renovation Town Hall

Oostelijk Bolwerk 4 Terneuzen

Architect
Architektenburo Koen van Velsen bv Hilversum

Projectarchitect Job Architect
Koen van Velsen

Medewerkers Contributors
Gideon de Jong, Okko van der Kam, Lars Zwart, Marcel Steeghs

Ontwerp-oplevering Design-Completion
1993-1996

Opdrachtgever Commissioned by
Johan Matser Projektontwikkeling bv Hilversum; gemeente Terneuzen

Aannemer Contractor Bouwcombinatie Stenen Beer Terneuzen

Constructeur Structural Engineer
Van Rossum Almere

Interieurarchitect Interior Architect
Koen van Velsen

Ontwerp openbare ruimte Design Public Space
Koen van Velsen

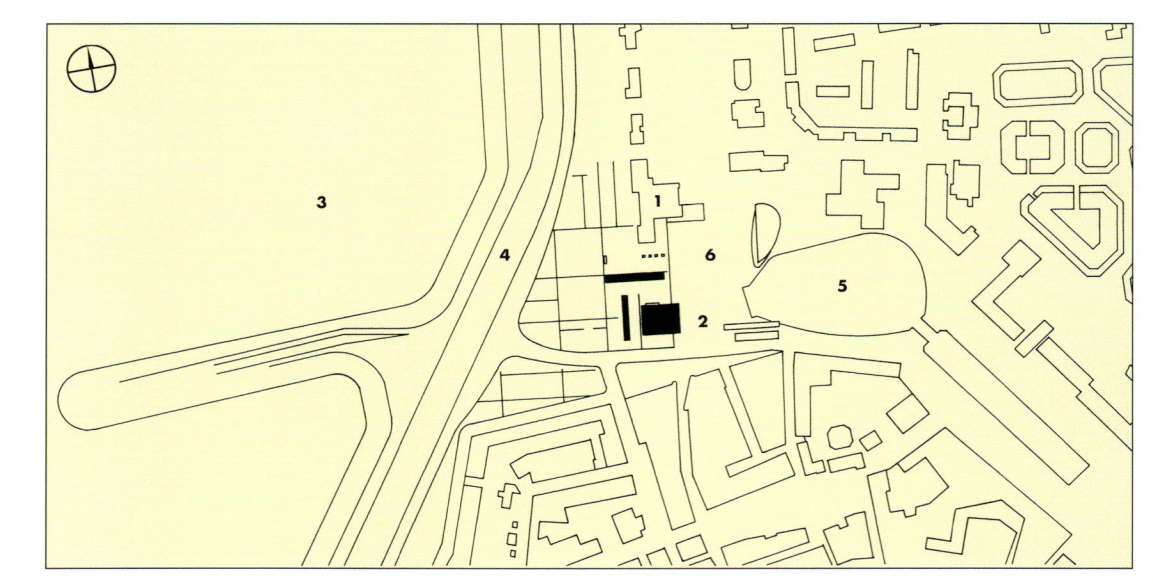

Kunstenaar Artist
Thom Puckey

1 **Stadhuis van Jaap Bakema**
  Town hall by Jaap Bakema
2 **Nieuw stadskantoor**
  New civic offices
3 **Westerschelde**
4 **Scheldedijk**
5 **De Kolk**
6 **Stadhuisplein**

Nieuwbouw gezien vanuit stadhuis van Bakema
New building seen from Bakema's town hall

Fotografie Photography **Michel Boesveld**

Het stadskantoor vormt een uitbreiding van het markante stadhuis (1972) van architect Bakema, dat als de brug van een schip boven de Scheldedijk uitrijst. Na renovatie, het terugbrengen in de oorspronkelijke staat, zal het zijn representatieve functies behouden. De nieuwe gebouwen vormen de aanzet tot een stadsdeel, dat de verbinding moet vormen tussen het kleinschalige historische centrumgebied en een grootschaliger deel van de kern. Belangrijke elementen in het gebied zijn de Scheldedijk aan de noordzijde en een voormalige schutsluis, de Kolk, aan de zuidzijde. Gekozen is voor de toevoeging van een autonoom object. Dat betekent dat vanaf de dijk het doorzicht naar de oude kern bewaard blijft, evenals het contact van de Kolk met de Schelde. Het nieuwe stadskantoor is daartoe gedeeltelijk in het dijklichaam geschoven. Hierdoor ontstaat een half ondergrondse verbinding tussen het oude en nieuwe gebouw. Het nieuwe stadhuisplein wordt door dit verbindende deel begrensd. Als voortzetting van de dijk vormt het een laag met bijzondere functies, waarvan het dak, bestemd voor parkeren, is geperforeerd met patio's. Stadhuis en uitbreiding vormen in architectonisch opzicht een contrast, als elkaar versterkende tegendelen. Terwijl het oude stadhuis lijkt te zweven rijst het nieuwe deel op uit de voet van de dijk. Tegenover de expressieve vorm van het oude stadhuis staat de gladde, efficiënte vorm van de uitbreiding, met zijn abstracte, aan zee en lucht refererende gevel.

The civic office is an extension of the striking town hall (1972) by architect Bakema, which rises above the Scheldedijk like the bridge of a ship. After renovation, and return to its original state, it will keep its public-oriented functions. The new buildings must lend impetus to a part of the city which must connect the small-scale historic centre area and a larger-scale part of the centre. Important elements in the area are the Scheldedijk on the northern side and a former canal lock, the Kolk, on the southern side. It has been chosen to add an autonomous object. That means that the vista from the dike of the old centre is preserved, as is the Kolk's contact with the Schelde. For this reason the new civic offices have partly been slid into the body of the dike. This creates a half-underground connection between the old and new building. The new town hall square is bordered by this connecting element. As a continuation of the dike it forms a layer with special functions, whose roof, intended for parking, is perforated with patios. In architectural terms town hall and extension form a contrast, as each others' reinforcing contraries. While the old town hall seems to float, the new part rises up out of the foot of the dike. Opposed to the expressive form of the old town hall is the smooth, efficient form of the extension with its abstract façade referring to sea and sky.

Receptie Sociale Zaken in ondergronds gedeelte
Social Affairs reception in underground part

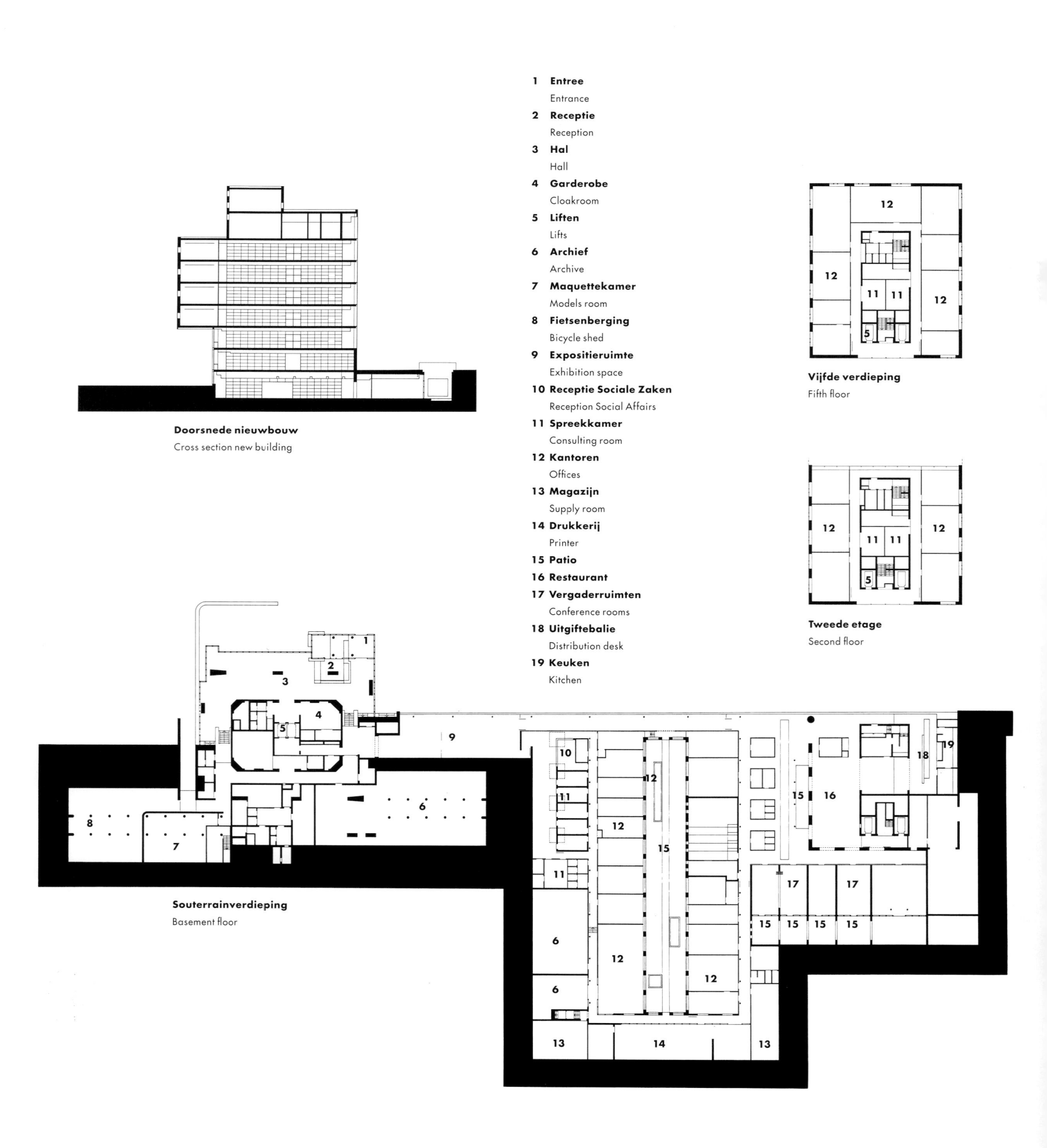

#	Dutch	English
1	**Entree**	Entrance
2	**Receptie**	Reception
3	**Hal**	Hall
4	**Garderobe**	Cloakroom
5	**Liften**	Lifts
6	**Archief**	Archive
7	**Maquettekamer**	Models room
8	**Fietsenberging**	Bicycle shed
9	**Expositieruimte**	Exhibition space
10	**Receptie Sociale Zaken**	Reception Social Affairs
11	**Spreekkamer**	Consulting room
12	**Kantoren**	Offices
13	**Magazijn**	Supply room
14	**Drukkerij**	Printer
15	**Patio**	
16	**Restaurant**	
17	**Vergaderruimten**	Conference rooms
18	**Uitgiftebalie**	Distribution desk
19	**Keuken**	Kitchen

Doorsnede nieuwbouw
Cross section new building

Vijfde verdieping
Fifth floor

Tweede etage
Second floor

Souterrainverdieping
Basement floor

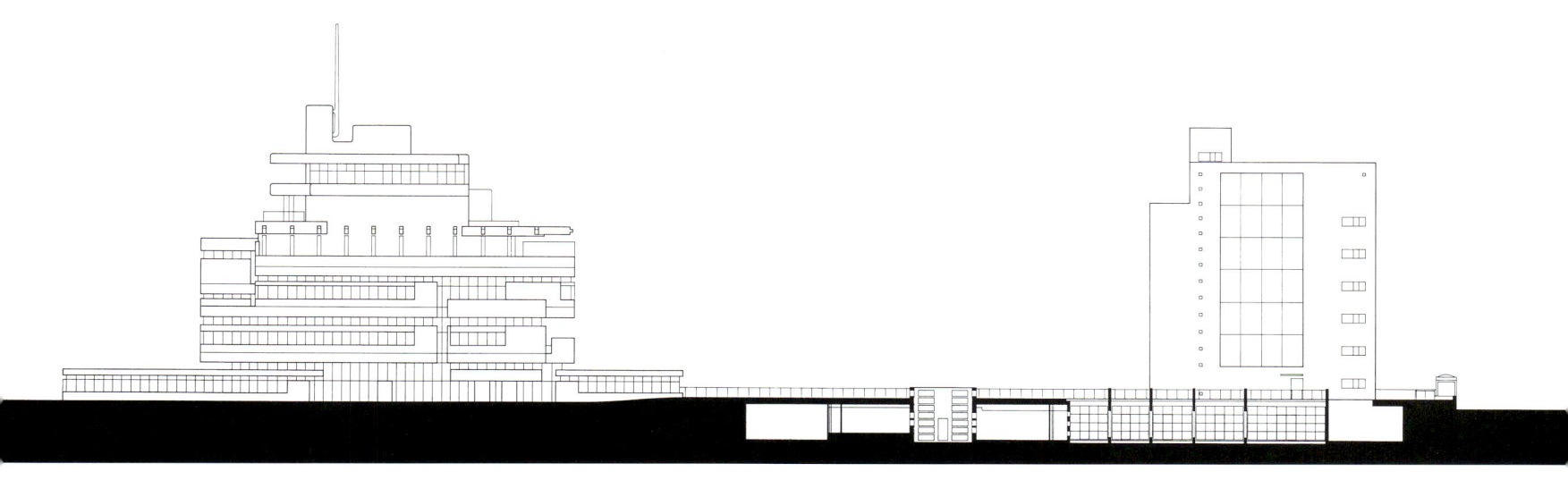

Langsdoorsnede van souterrainverdieping
Longitudinal section of basement floor

Het nieuwe stadskantoor tegenover het raadhuis met op de achtergrond de Westerschelde
The new civic offices opposite the town hall with the Westerschelde in the background

Grote patio
Large patio

Kleine patio met rechts het restaurant
Small patio with the restaurant on the right

Verbindingsgang tussen het stadhuis en het nieuwe stadskantoor met uitzicht op het Stadhuisplein
Connecting passageway between the town hall and the new civic offices with a view on the Stadhuisplein

Universiteitsmuseum
University Museum

Lange Nieuwstraat 106 Utrecht

Architect
Architektenburo Koen van Velsen bv Hilversum

Projectarchitect Job Architect
Koen van Velsen

Medewerkers Contributors
Lars Zwart, Gero Rutten, Willeke Rotteveel, Marcel Steeghs, Heijckmann Bouwadviesbureau, FBU Utrecht

Ontwerp-oplevering Design-Completion
1993-1996

Opdrachtgever Commissioned by
Universiteit Utrecht Utrecht

Aannemer Contractor
Boele & Van Eesteren Den Haag

Constructeur Structural Engineer
D3BN Utrecht

Interieurarchitect Interior Architect
Koen van Velsen

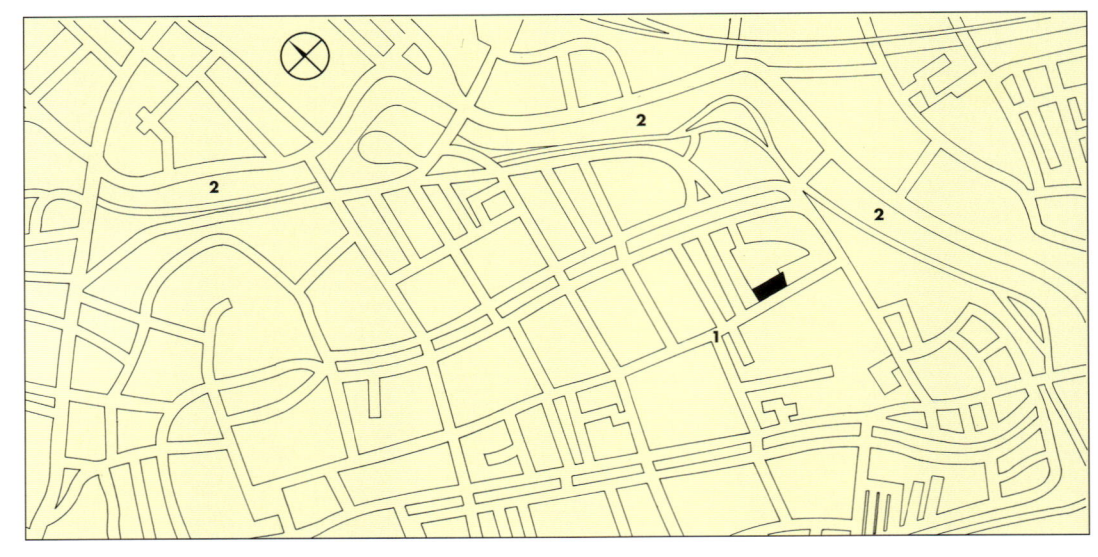

1 Lange Nieuwstraat
2 Singels

Gang achter de voorgevel
Corridor behind the façade

Het museum is ondergebracht in het oude pand van het Botanisch Laboratorium aan de Lange Nieuwstraat. Daarmee betrekt het zijn plaats in het hart van het nog verder te ontwikkelen museumkwartier. Van het voor exposities bestemde pand is een deel geheel gesloopt en opnieuw ontworpen, het andere deel is hergebruikt door de gevels en vloeren te bewaren en de rest te vernieuwen. Verbindend element tussen beide delen is een kersenhouten doos, omgeven door glazen puien. In de doos bevinden zich de tentoonstellingsruimten, die worden opgedeeld door de zes kolommen waarop het gebouw rust, nadat de dragende wanden waren gesloopt. Plint, zijwand en dakrand van het gebouw verbinden oud en nieuw tot één geheel. Met het principe van de doos in een doos ontstaat een transparant en toch gesloten gebouw, waarbij van buiten niets het zicht op de houten binnendoos belemmert; in de nieuwbouw zijn de omliggende vloeren van glas, in de oudbouw is het glas in de ramen helder.
De keuze transparant versus gesloten kwam mede voort uit het gegeven dat veel objecten van de collectie niet aan het daglicht mogen worden blootgesteld. Bovendien brengt de eenvoudige doosvorm orde aan in de veelvormigheid van de collectie. Tussen doos en pui kan het publiek over deels glazen galerijen circuleren. Aan de achterzijde bieden ze uitzicht op het 'buitenmuseum', de in ere herstelde botanische tuin. Omdat de doos de ingangspartij vrijlaat ontstaat hier een belangrijke verbinding tussen straat en tuin.

The museum is housed in the old building of the Botanical Laboratory on the Lange Nieuwstraat. In doing so it takes its place in the heart of the museum district which is still to be developed. A part of the building, intended for exhibitions, has been completely demolished and redesigned, the other part has been recycled by keeping the floors and walls and renovating the rest. A cherry wood box, surrounded by glass walls, is the binding element between the two parts. The box contains the exhibition spaces, which are divided up by the six columns on which the building stands, after the loadbearing walls were demolished. Base, sidewall and eaves of the building connect old and new into a single whole. The principle of the box within a box creates a transparent yet closed building, with nothing restricting the view of the wooden inner box from outside; in the new building the surrounding floors are glass, in the old building the glass in the windows is clear.
The choice of transparent versus closed was partly due to the fact that many objects of the collection cannot be exposed to daylight. In addition the simple box form introduces order in the multiplicity of the collection. Between box and glass wall the public can circulate along partly glass galleries. At the rear they offer a view of the 'outer museum', the refurbished botanical gardens. As the box leaves the entrance clear, an important connection is created here between street and garden.

Fotografie Photography **Michel Boesveld**

Entreegebied
Entrance area

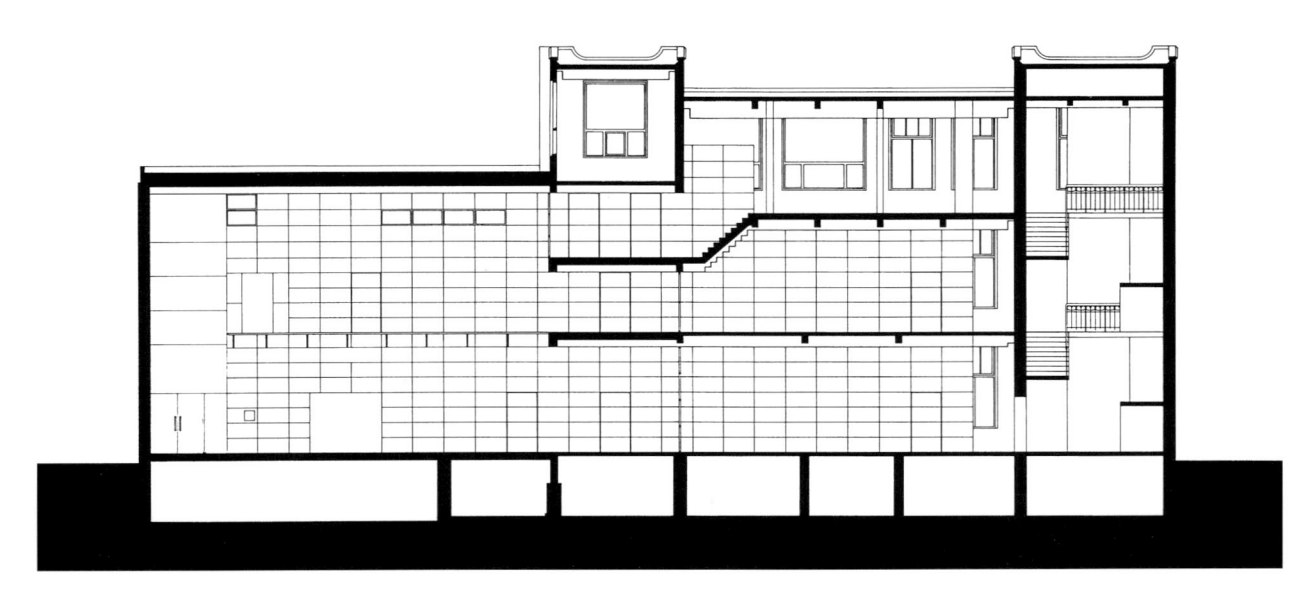

Langsdoorsnede
Longitudinal section

1 **Tochtportaal/entree**
  Enclosed porch/entrance
2 **Garderobe**
  Cloakroom
3 **Balie**
  Desk
4 **Koffieruimte**
  Coffee space
5 **Expositieruimte**
  Exhibition space
6 **Dienstentree**
  Services entrance
7 **Lift**
  Lift
8 **Vide**
  Lightwell

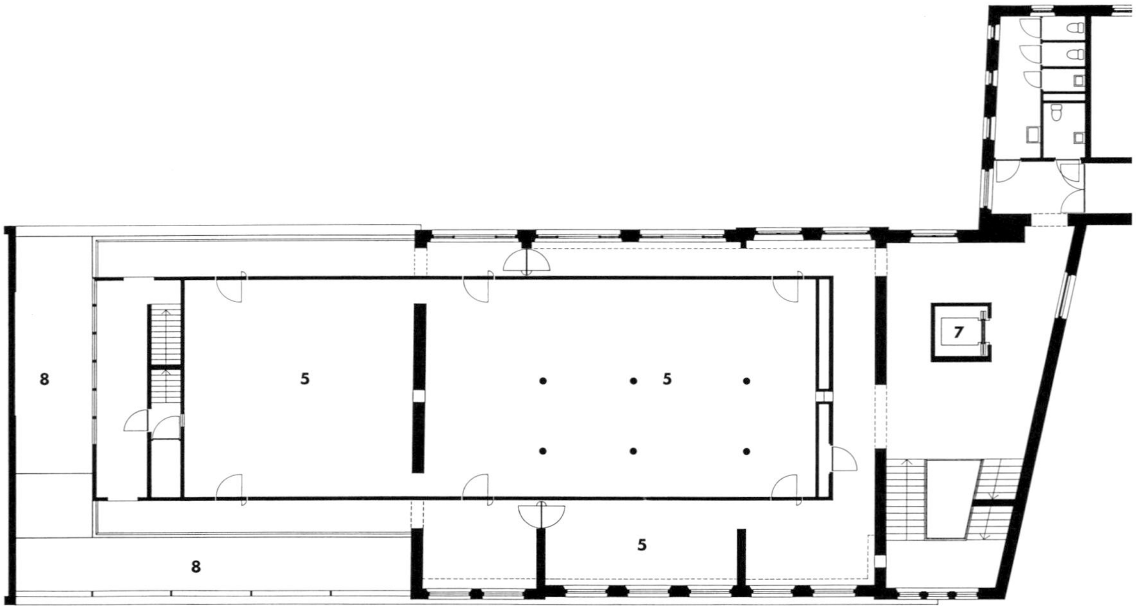

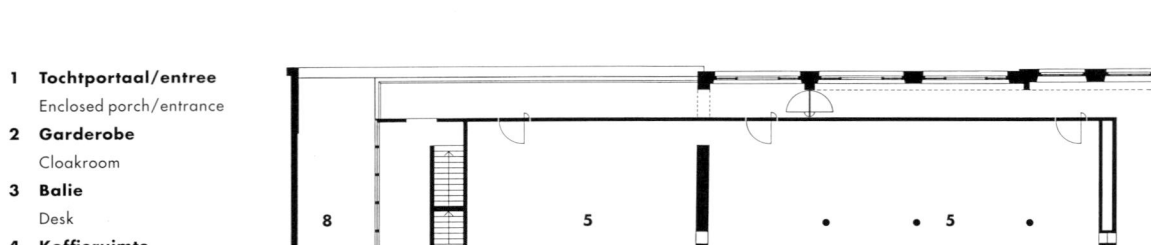

Eerste verdieping
First floor

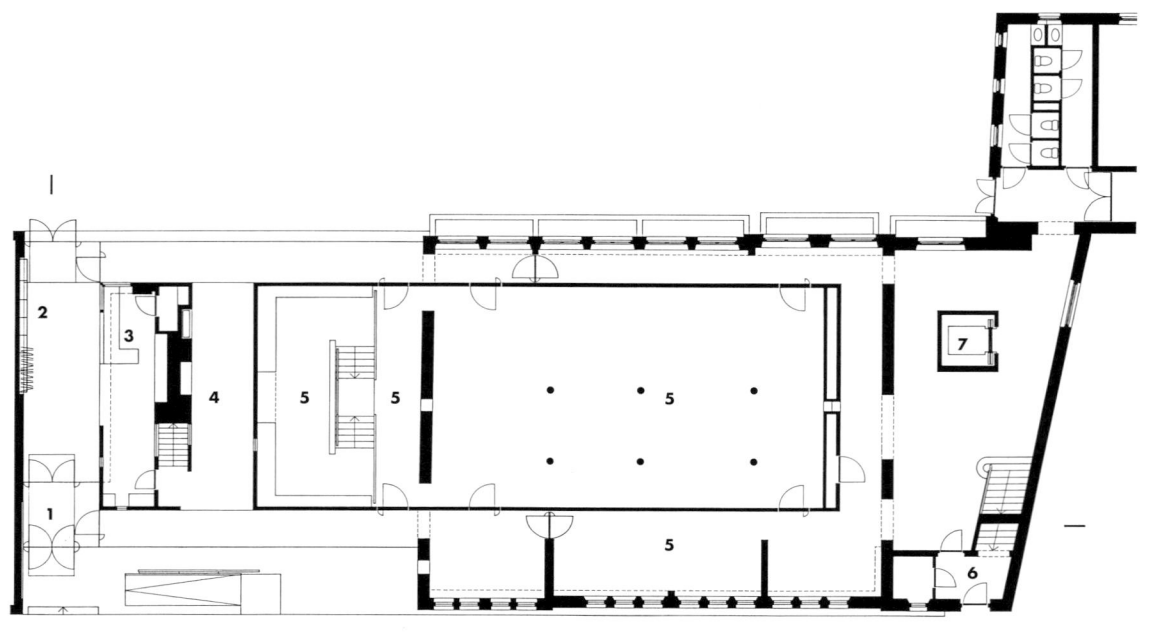

Begane grond
Ground floor

Achtergevel
Rear façade

Voorgevel
Façade

Amsterdam Zuid-Oost

Stedenbouwkundig plan en detaillering
Urban Design and Details

Dienst Ruimtelijke Ordening Amsterdam
de Architekten Cie./Pi de Bruijn Amsterdam

1 Boulevard
2 Station Bijlmer met winkelruimten
   Railway station Bijlmer with shops
3 Hoofdgebouw De Toekomst
   Main building De Toekomst

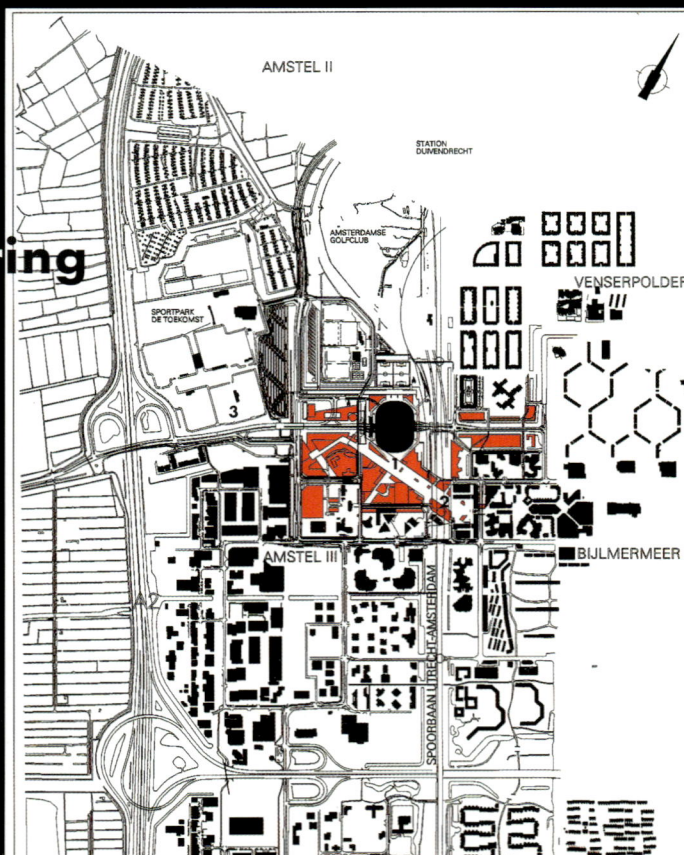

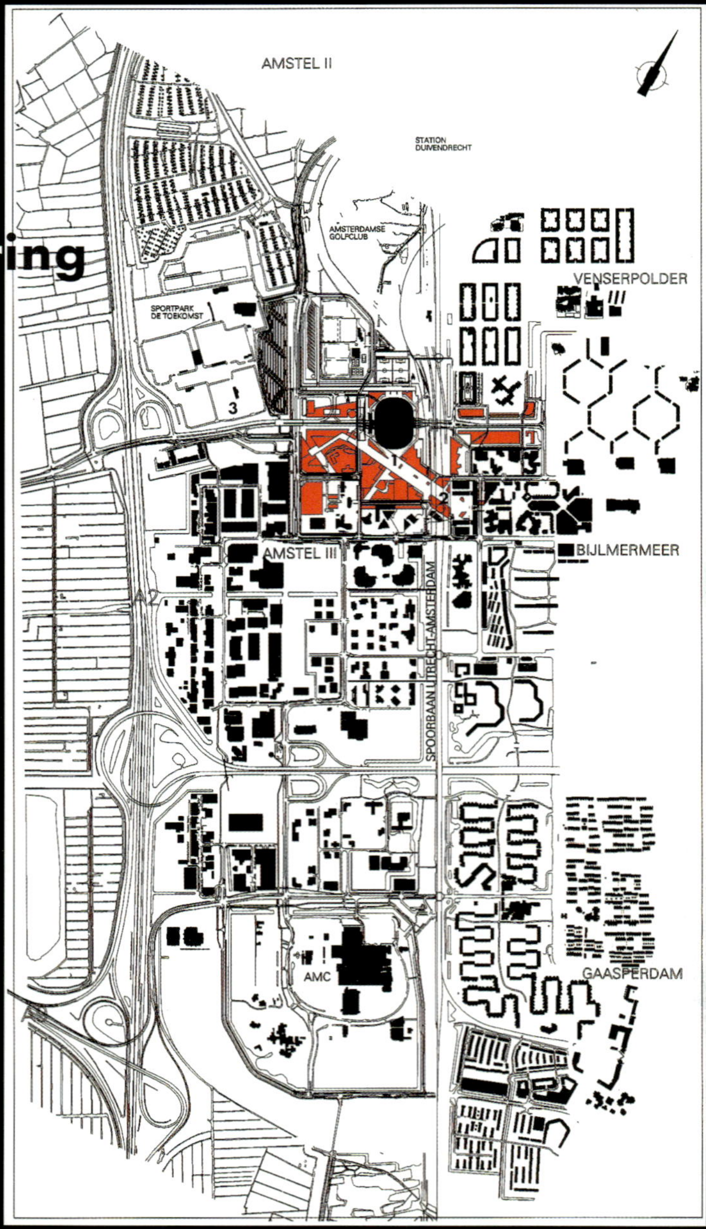

Maquette toekomstig centrum
Model future centre
DROS Amsterdam

In rood de toekomstige invulling
The future filling-in in red
DROS Amsterdam

Centrum

Het 'multi-functionele sport- en evenementenpaleis' Arena met transferium is de speerpunt van grootschalige ontwikkelingen in dit deel van Amsterdam Zuid-Oost. Samen met de Architekten Cie. wordt door de Dienst Ruimtelijke Ordening gewerkt aan het bestemmingsplan Centrumgebied Zuid-Oost. Het gebied is optimaal ontsloten voor openbaar vervoer, vlak bij het spoor Amsterdam-Utrecht, de metrohalte Bijlmer en in de nabijheid van het spoorwegknooppunt Duivendrecht. Het bestemmingsplan voorzag aanvankelijk vooral in de komst van kantoren, maar werd geleidelijk in multi-functionele richting omgebogen tot een centrum voor vermaak en cultuur, met daarnaast woningen, winkels en kantoren. Er zijn plannen voor een theater met twee zalen, een hotel, een megabioscoop en een concertzaal. Deze voorzieningen vormen een 'uitgaansdriehoek' aan een zeventig meter brede en zeshonderd meter lange boulevard, die het bestaande winkelcentrum Amsterdamse Poort onder het metrostation Bijlmer en de spoorlijn Utrecht-Amsterdam door zal verbinden met de Arena. Voor de entree van het stadion is een poortgebouw gemaakt, voor het Ajaxbestuur, een Ajaxmuseum en een grand café. Het is een van de gebouwen die een onderdeel worden van de 'plintbebouwing' van het nu nog vrijwel oningepakte stadion, met ondermeer grootwinkelbedrijven en een gezondheidscentrum. Ter hoogte van het stadion is een 'evenementenhalte' aangelegd aan een spoorlijntje dat afbuigt van de lijn Utrecht-Amsterdam. Het zal gebruikt worden bij voetbalwedstrijden en andere grote evenementen in het stadion.

Centre

The Arena, a 'multifunctional palace for sports and events' with transferium, is the spearhead of large-scale developments in this part of Amsterdam Southeast. The Planning Department, together with the Architekten Cie., are working on a zoning plan for Centre area Southeast. There is optimal access to the area with public transport, with nearby the Amsterdam-Utrecht railway line, the Bijlmer Metro station and in the vicinity, the railway junction Duivendrecht. Originally the zoning plan envisaged offices, but was gradually turned in a multi-functional direction, towards a centre for leisure and culture, as well as dwellings, shops and offices. There are plans for a theatre with two stages, a hotel, a multiplex cinema and a concert hall. These facilities form a 'leisure triangle' on a boulevard seventy metres wide and six hundred metres long, which will link the existing shopping centre Amsterdamse Poort with the Arena, under the Metro station Bijlmer and the Utrecht-Amsterdam railway line. A gateway building is made for the entrance to the stadium, which houses the Ajax offices, an Ajax museum and a grand café. It is one of the buildings which will become part of the 'base' buildings of the stadium which is now almost totally exposed, including chain stores and a health centre. An `events' stop has been built at the stadium on a small railway line which branches off from the Utrecht-Amsterdam line. It will be used for football matches and other big events in the stadium.

Stadium and Transferium

The stadium for FC Ajax is on a traffic-fee boulevard which forms the heart of the Centre area Zuid-Oost. The first two floors are occupied by a car park for two thousand cars, to be used as a transferium. To this end an existing four-lane road has been integrated into the building. The VIP floor is above the transferium, with another five hundred parking places, accessible via a flyover, as well as dressing rooms, bubble baths and fitness facilities. The actual stadium, in a concrete container, is located on this 'table', ten metres above ground level. The stands, built in prefab concrete, are placed on columns. The open structure which this creates gives the building a 'profile'. A sliding roof of two panels measuring 35 by hundred metres can be closed and opened in fifteen minutes. The two steel arches with a span of 177 metres, along which the parts move, are separate from the stand. They are placed on four towers, which also serve as stairs and lift shafts. The stadium can seat 50,000 (including nine lodges, 54 skyboxes, two hundred VIP places and four thousand places for shareholders) and can be used for pop concerts and other large-scale events, as well as football matches. Six stairways and four sets of steps lead to three galleries, which in turn provide access to 58 entrances. The roofed seats are divided over two rings of stands. The lowest ring is reached at a height of fourteen metres, the top at 23 metres. For use on a smaller scale the top ring can be closed off with curtains, so that a more intimate atmosphere is created.

The role of Grabowsky & Poort in the creation of the Arena went beyond that of a traditional engineering bureau. The bureau also initiated, developed plans, was building manager and design coordinator, among other things. It also provided the constructional design. Rob Schuurman's one-man bureau was brought in for the architecture. After an initial variation in which the roof was borne by pylons, Schuurman made the realised design, which he described as a 'theatrical' concept on the American model: a building which is not just a football stadium but an events building. That concept led to the curve in the (sliding) roof and the slanted positioning of the girders, which makes the slope of the stands visible from the outside.

As the Amsterdam Buildings Inspectorate had difficulties with the design, especially for the stairways, it was decided to bring in architect Sjoerd Soeters as consultant on the design. His involvement concerned the repositioning of the longitudinal stairways, the gathering together of the stairways at the ends into a single stairwell and expanding the gallery. What needed to be considered here was improvement of the accessibility of the seats higher up and the desire to place new functions against the lowest two floors of the complex, when it became clear that the stadium had to become part of a series of attractions in an urban space.

Entrance Building

Soeters was also commissioned to design the entrance building, when it turned out that the main building itself was too small for a number of functions which were considered necessary. The entrance building provides an extension of the surface area for all management, museum and catering functions, for which the main building ultimately proved to be too small. It houses the functions in two building sections of two storeys on the left and right of the Stramanweg, which runs through the building.

Sports Park

Van Zuuk designed the box offices, main building and two stands for Ajax's new youth and amateur complex, 'De Toekomst'. The main building is immediately to the rear of the box offices, between the two playing fields. It is divided into six segments, provided with big windows and curved roofs which have been laid scale-like so that skylights could be made at the intersections. There is a sports hall, dressing rooms, spaces for physiotherapy and a health bath on the ground floor of the two-storey building. On the first floor there are offices, conference rooms and the canteen, with spacious windows at the extremities offering a broad view of both playing fields. The entrance in the end wall is created by a rotation in the segments. Here a steep wooden stairway leads to the canteen. A balustrade and sheltered loggia make sure that it is possible to have direct contact with the playing fields. An artificial grass stand has room for 250 visitors. The front of the roof of the main stand, for 1250 visitors, hangs on the discharging construction, which absorbs the pressures into the ground. The curved form which is the result of this contrasts with the slanted pylons, which is supposed to evoke an association with cheering football fans.

Stadion en transferium
Stadium and Transferium
Amsterdam Arena

Burgemeester Stramanweg Amsterdam

Architect
ir. Rob Schuurman bna Noordeloos
Grabowsky & Poort Den Haag

Projectarchitect Job Architect
Rob Schuurman
Constructeur en supervisor
Structural Engineer and Supervisor
Grabowsky & Poort
Architectonisch advies
Architectural Advice
Sjoerd Soeters
Projectmanager Project Supervisor
Henk te Selle
Projectleider ontwerp
Project Leader Design
Marc Nelen
Projectleider uitvoering
Project Leader Execution
Harry Vollebrege
Ontwerp-oplevering Design-Completion
1990-1996
Opdrachtgever Commissioned by
Stadion Amsterdam nv Amsterdam;
Dienst Parkeerbeheer Amsterdam
Gedelegeerd opdrachtgever
Supervising Commissioner
Twijnstra Gudde nv Amersfoort
Aannemer Contractor
Bouwcombinatie Stadion Amsterdam:
Ballast Nedam Utiliteitsbouw; BAM Groep nv
Adviseur installaties
Installations Consultant
Raadgevend Ingenieurs Jongen bv Vlaardingen
Interieurarchitect Interior Architect
Rob Schuurman; EDG/Expo Design Groep Eindhoven

De Arena gezien vanaf de Boulevard
De Arena seen from the Boulevard

Fotografie Photography **Wim Ruigrok**

Ontsluitingsdecks rond het stadion
Access decks around the station

Skybox

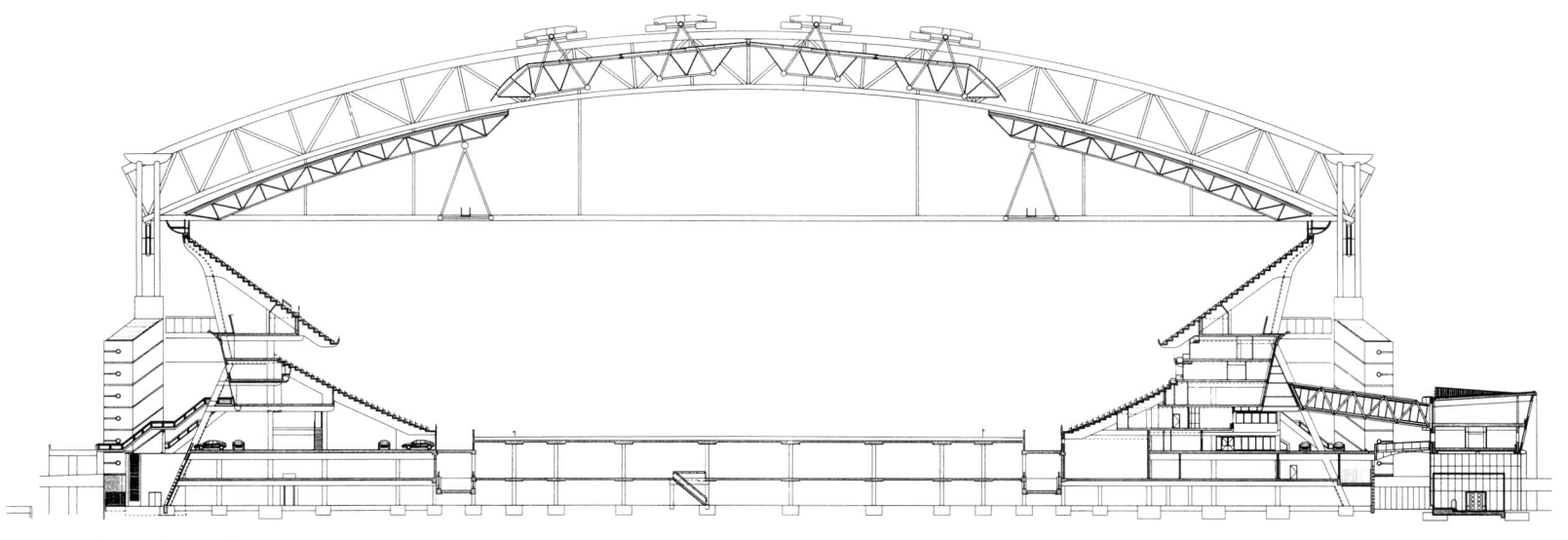

Dwarsdoorsnede
Cross section

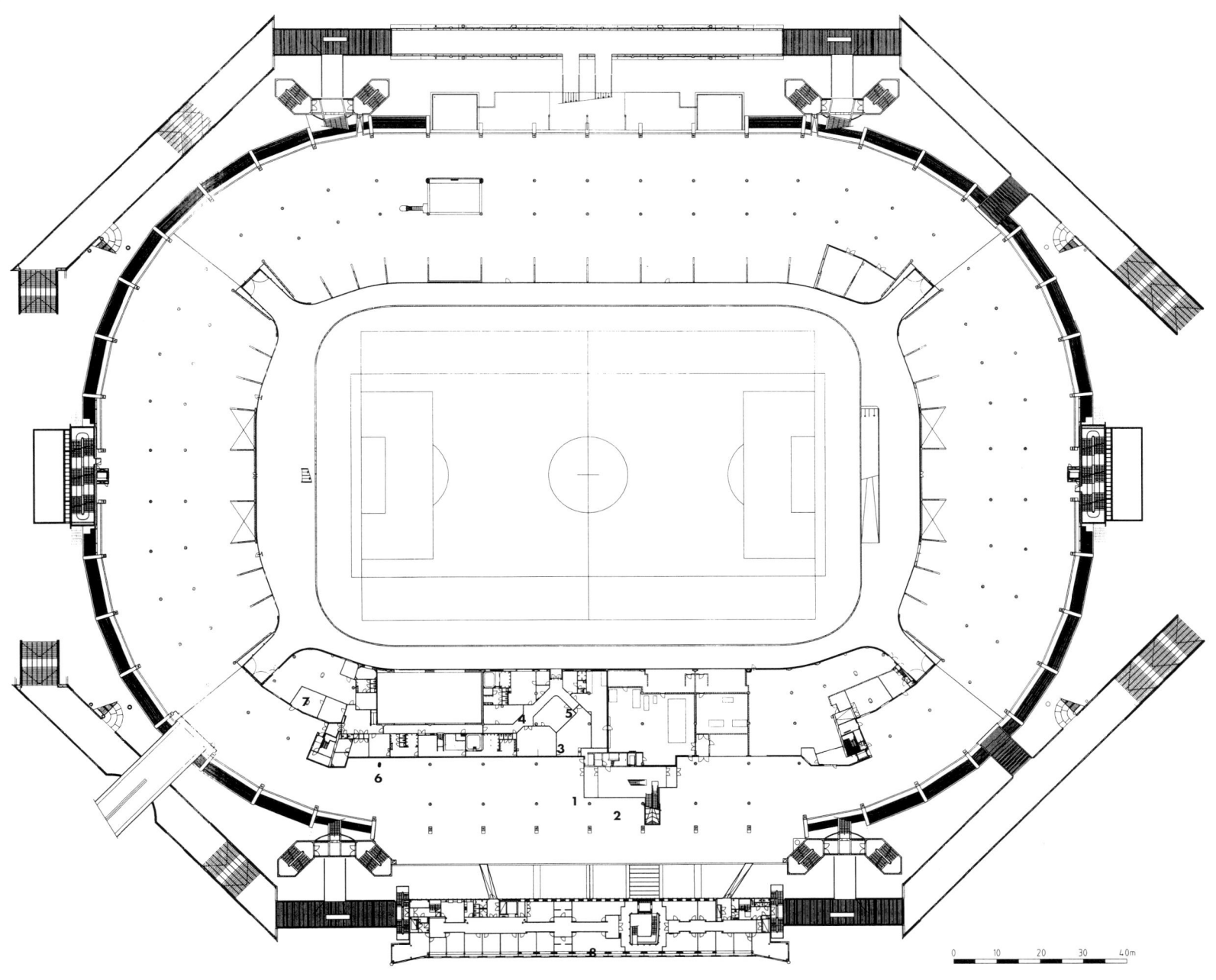

Niveau 2
Level 2

1 **Hoofdentree**
   Main entrance
2 **Hal hoofdentree**
   Hall main entrance
3 **Kleedruimten FC Ajax**
   Dressing rooms FC Ajax
4 **Kleedruimten gasten**
   Dressing rooms guests
5 **Kleedruimten scheids-rechters**
   Dressing rooms referees
6 **Behandelkamers**
   Treatment rooms
7 **Krachttraining**
   Power training
8 **Entreegebouw**
   Entrance building

Entreegebouw
Entrance Building
Amsterdam Arena

Arenaboulevard 1 Amsterdam

Architect
Sjoerd Soeters Architecten bv Amsterdam

Projectarchitect Job Architect
Sjoerd Soeters
Medewerkers Contributors
Tjeerd Wessel, Rik Lagerwaard, Marc Lendfers, Fieke But
Ontwerp-oplevering Design-Completion
1994-1996
Opdrachtgever Commissioned by
Stadion Amsterdam nv Amsterdam
Aannemer Contractor
Bouwcombinatie Stadion Amsterdam v.o.f. Amsterdam
Constructeur Structural Engineer
Grabowsky & Poort Den Haag

1	Entreehal / Entrance hall	6	Kantoor / Office
2	Winkel / Shop	7	Vide / Lightwell
3	Museum	8	Burgemeester Stramanweg
4	Grand café		
5	Opslag winkel / Shop storage		

Eerste verdieping
First floor

Centraal trappenhuis
Central staircase

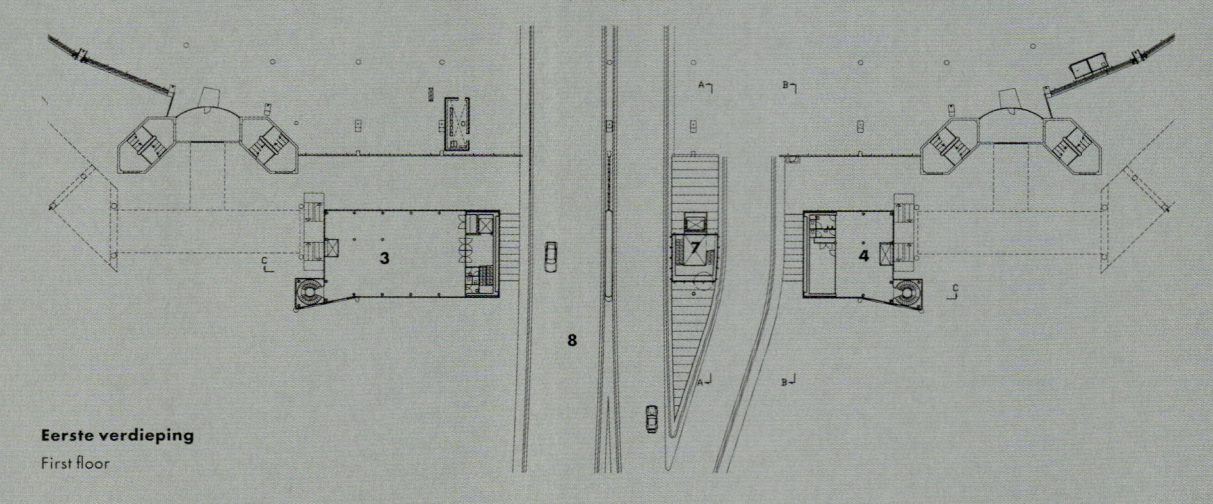

Het entreegebouw is over de weg gedrapeerd
The entrance building is draped across the road

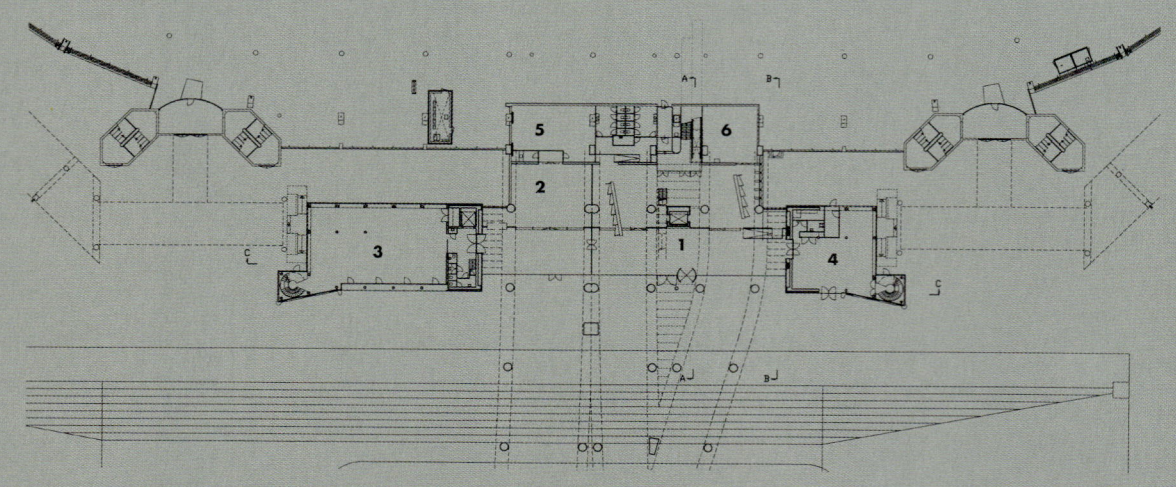

Begane grond
Ground floor

Fotografie Photography **Wim Ruigrok**

58

Viaducten en tunnels
Fly-overs and Tunnels

Holterbergweg/Burgemeester Stramanweg Amsterdam

Architect
Quist Wintermans Architekten bv Rotterdam

Projectarchitect Job Architect
Paul Wintermans
Medewerker Contributor
Dirk Lohmeyer
Ontwerp-oplevering Design-Completion
1994-1996
Opdrachtgever Commissioned by
Gemeentelijk Grondbedrijf Amsterdam
Amsterdam
Aannemer Contractor
Bouwcombinatie Stadion Amsterdam;
Gebr. Beentjes Uitgeest; Fa. Klaas Dekker
Warmenhuizen
Constructeur Structural Engineer
Ingenieursburo Amsterdam Amsterdam

Burgemeester Stramanweg aan oostkant van het stadion met dwars over de weg een boogbrug voor voetgangers, beide naar ontwerp van Paul Wintermans
Burgemeester Stramanweg on the east side of the stadium with an arched bridge for pedestrians across the road, both designed by Paul Wintermans

Fietserstunnel onder knooppunt van Stramanweg ten westen van het stadion en centrumgebied
Cyclists tunnel under the Stramanweg junction to the west of the stadium and centre area

Viaduct Holterbergweg
Holterbergweg crossover

59

Fotografie Photography **F&O Studio**

Sportpark De Toekomst

Borchlandweg 16-18 Ouder-Amstel

Architect
Rene van Zuuk Almere

Projectarchitect Job Architect
Rene van Zuuk
Uitwerking Execution
Rene van Zuuk, Bureau Bouwkunde Rotterdam
Ontwerp-oplevering Design-Completion
1995-1996
Opdrachtgever Commissioned by
Ajax Amsterdam
Aannemer Contractor
Bouwcombinatie Amsterdam v.o.f.:
Bam Bredero Bouw, Ballast Nedam Utiliteitsbouw
Constructeur Structural Engineer
Leon Mevis; Advies- en Ingenieursburo van de Laar bv Eindhoven
Adviseur management Management Consultant
Twijnstra Gudde Management Consultants
Interieurarchitect Interior Architect
Rene van Zuuk
Terreinaanleg Site Layout
Heidemij Realisatie

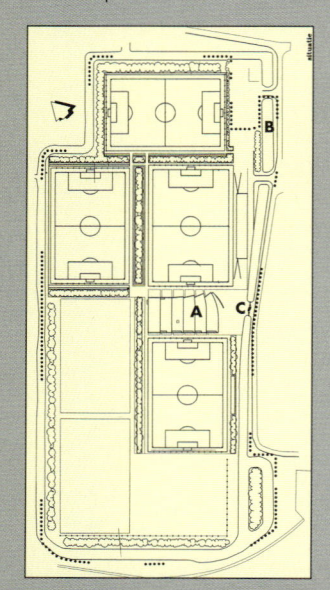

A Clubhuis
     Club house
B Hoofdtribune
     Main stand
C Kassa's
     Cash desks

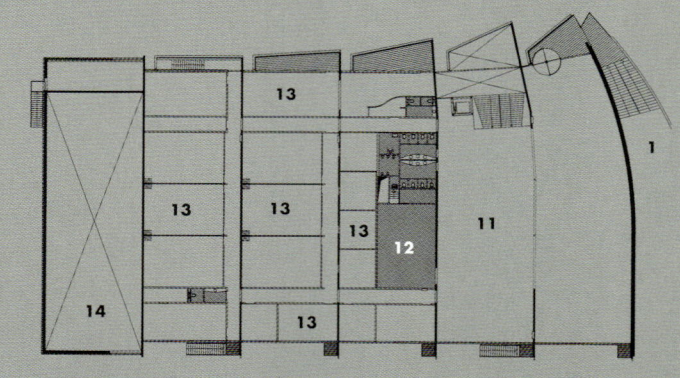

1 Entree Entrance
2 Hal Hall
3 Kleedkamers professionals
     Dressing rooms professionals
4 Kleedkamers amateurs
     Dressing rooms amateurs
5 Kleedkamers scheidsrechters
     Dressing rooms referees
6 Fysiotherapie
     Physiotherapy
7 Krachttraining
     Power training
8 Sporthal
     Sports hall
9 EHBO-arts
     First-aid doctor
10 Biertanks
     Beer tanks
11 Kantine
     Canteen
12 Keuken
     Kitchen
13 Kantoren
     Offices
14 Vide
     Lightwell

Eerste verdieping
First floor

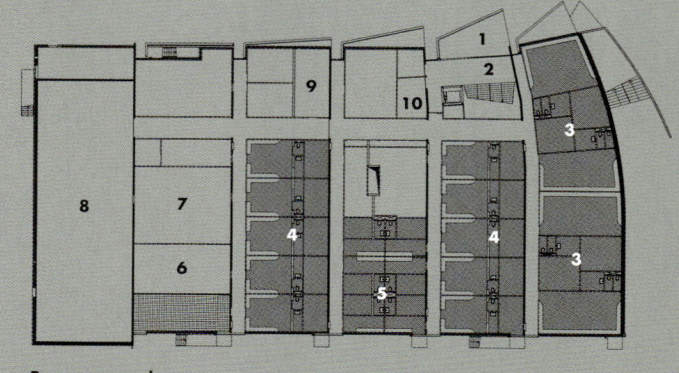

Begane grond
Ground floor

Trap naar hoofdentree Stairs to main entrance

Kassa's Cash desks

Fotografie Photography **Wim Ruigrok**

Hoofdtribune Main stand

Noordgevel clubhuis met entree naar kleedruimten op de begane grond
North façade club house with entrance to dressing rooms on the ground floor

Woningbouw
Housing **Rokkeveen**

Florapark Zoetermeer

Architect

de Architekten Cie. Amsterdam

Projectarchitect Job Architect
Frits van Dongen
Medewerkers Contributors
A.J. Mout, P. Puljiz en W. Benschop,
R. Konijn, R. van der Kroft
Ontwerp-oplevering Design-Completion
1993-1996
Opdrachtgever Commissioned by
Blauwhoed Eurowoningen bv; Wilma
Vastgoed Nieuwegein; Bouwfonds
Woningbouw bv; Stichting Ahold
Pensioenfonds
Aannemer Contractor
Wilma Bouw Den Haag
Constructeur Structural Engineer
Adviesbureau Steens Zoetermeer;
Adviesbureau Van Eck bv Rijswijk
Tuinarchitect Landscape Architect
De Koning Landschapsarchitekten bnt
Amsterdam

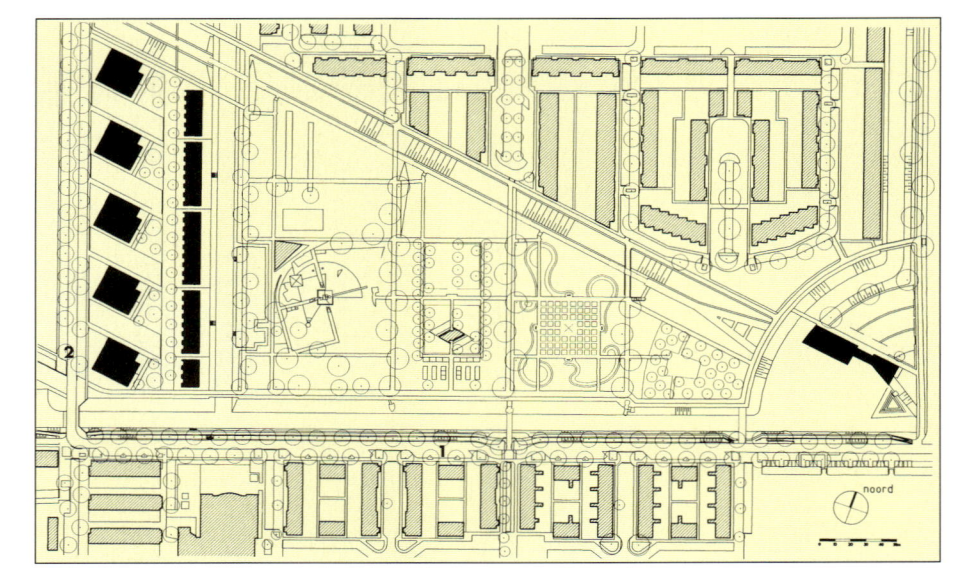

1 Florasingel
2 Woudlaan

Zicht op gedeelte van het ensemble vanuit het schijfvormig woongebouw
View of part of the ensemble from the disc-shaped residential building

Fotografie Photography **Daria Scagliola, Stijn Brakkee**

Het ensemble bestaat uit een schijfvormig gebouw met 64 appartementen, vijf urban villas met in totaal honderd appartementen en een aantal stroken in een rij met in totaal dertig eengezinswoningen. De drie onderdelen markeren het Florapark, een residu van het voormalige Floriadeterrein in de wijk Rokkeveen. De situering van de buitenruimtes en enkele uitsnedes zorgen voor een sterk sculpturale werking. In de schijf bevinden zich twee liften, die op de verdiepingen drie, respectievelijk vier woningen ontsluiten. In de uitsnede beneden over twee verdiepingen bevindt zich de hoge glazen entreehal, die tevens de positie van het gebouw half in het water benadrukt. Bovenin bevinden zich vijf penthouses met dubbelhoge ruimtes onder het schuin aflopende dak, waarin dakpatio's zijn uitgespaard.
Anders dan gebruikelijk zijn op de urban villas geen penthouses gemaakt, maar twee verdiepingen hoge woningen in het bouwlichaam gestoken. Vijf meter hoge openingen op de hoeken, bekleed met ceder, markeren deze 'villa in de villa'. Met dit gegeven zijn twee verschillende urban villas ontworpen die om en om geplaatst een reeks vormen.
'Doorzonplattegronden' vormen het thema voor de rijen eengezinswoningen. Het wonen op de eerste verdieping wordt aan de voorkant gekoppeld aan de dubbelhoge terrassen boven de drive-in en aan de achterkant aan de vide die de verbinding vormt met de aan de tuin grenzende keuken. In de doorsnede worden zo drie niveaus diagonaal over de diepte van de woningen met elkaar verbonden. In de gaten in de gemetselde voorgevel en de hoge puien voor de vide in de achtergevel komt deze organisatie tot uitdrukking. De drie delen van het ensemble zijn uitgevoerd in donker gemêleerd metselwerk dat is gecombineerd met aaneengeschakelde serres in de schijf en met de cederhouten instulpingen van de urban villas en de stroken eengezinswoningen.

The ensemble consists of a slab-shaped building with 64 apartments, five urban villas with a total of hundred apartments and a number of strips in a row with a total of thirty family dwellings. The three elements mark the Florapark, the remains of the former Floriade site in the Rokkeveen neighbourhood. The positioning of the exterior spaces and some cut-outs ensure a strong sculptural effect. There are two lifts in the slab, which provide access to three and four dwellings on the floors, respectively. The high glass entrance hall is located in the cut-out below across two floors, which also emphasises the position of the building half in the water. Above there are five penthouses with double height spaces under the sloping roof, in which roof gardens have been cut out.
Unlike the usual practice, no penthouses have been made on the urban villas, but two-storey high dwellings have been inserted into the body of the building. This 'villa in the villa' is marked by five metres high openings at the corners, clad in cedar. Using this, two different urban villas have been designed, which placed in turns produce a series.
'Through lounge floor plans' are the theme for the rows of family dwellings. Living on the first floor is linked at the front to the double-height terraces above the drive-in and at the back to the lightwell which connects up with the kitchen adjoining the garden. In this way, in cross section three levels are diagonally joined across the depth of the dwellings. This arrangement is expressed in the gaps in the brick façade and the high glass walls for the lightwell in the rear wall.
The three parts of the ensemble are built in dark, mixed brickwork which is combined with linked conservatories in the slab and with the cedar wood recesses of the urban villas and the strips of family dwellings

Urban villa met ingestoken dubbelhoge woningen, villa's in de villa
Urban villa with two-storey dwellings inserted, villas within villas

Begane grond urban villa
Ground floor urban villa

Eerste verdieping
First floor

Tweede verdieping
Second floor

1 **Standaardappartement**
   Standard appartment
2 **Benedenlaag villa in de villa**
   Lower floor villa in the villa
3 **Terras**
   Terrace
4 **Bovenlaag villa in de villa**
   Upper floor villa in the villa
5 **Vide woonkamer**
   Lightwell dwelling room
6 **Vide terras**
   Lightwell terrace

Aanzicht rij eengezinswoningen
View of row of family dwellings

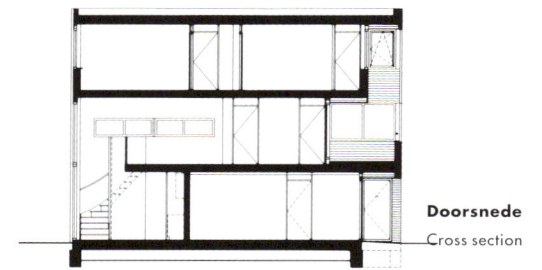

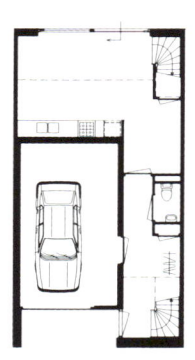

Doorsnede
Cross section

0 1 2 3 4 5 m

Begane grond
Ground floor

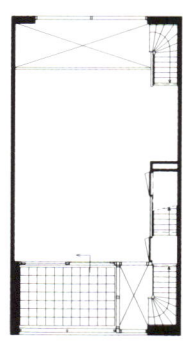

Eerste verdieping
First floor

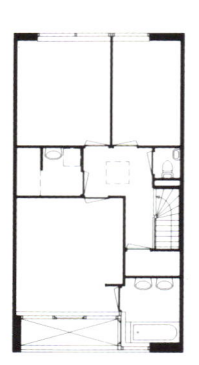

Tweede verdieping
Second floor

Gevel op het zuiden van schijfgebouw Façade to the south of the disc building

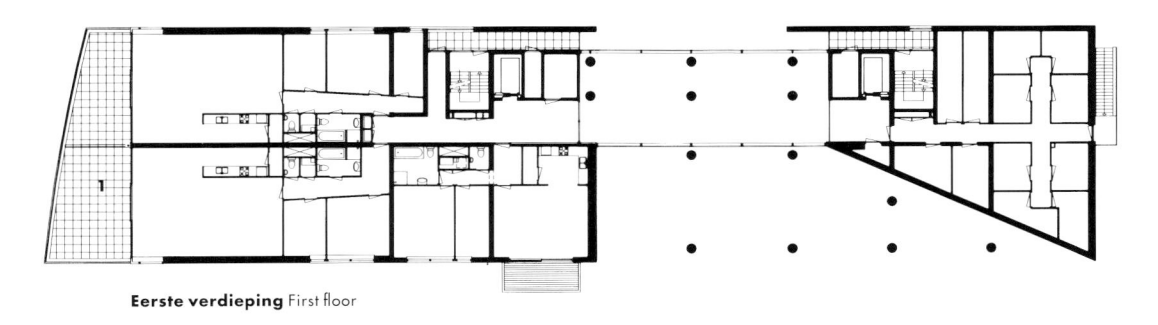

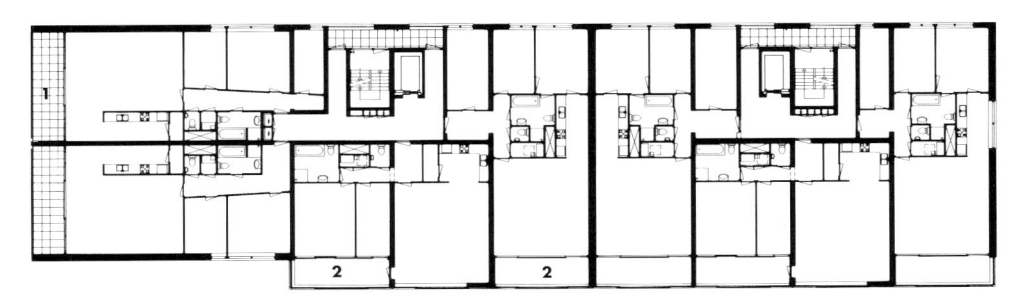

Eerste verdieping First floor

Standaardverdieping Standard floor

1 Balkon
Balcony

2 Serre
Conservatory

Woningbouw Housing

Kop van Zuid Rotterdam

Architect
de Architekten Cie. Amsterdam

Projectarchitect Job Architect
Frits van Dongen

Medewerkers Contributors
A.J. Mout, P. Puljiz, F. de Haas,
M. Heesterbeek, J. van Hettema,
J. Molenaar, F. Veerman

Ontwerp-oplevering Design-Completion
1991-1997

Opdrachtgever Commissioned by
SFB/BPF Bouw Amsterdam; ERA Bouw bv Zoetermeer

Aannemer Contractor
Van der Vorm Bouw bv Papendrecht; ERA Bouw bv Zoetermeer

Constructeur Structural Engineer
Ingenieursbureau Zonneveld bv Rotterdam

Tuinarchitect Landscape Architect
De Koning Landschapsarchitekten bnt Amsterdam

Fotografie Photography **Daria Scagliola, Stijn Brakkee**

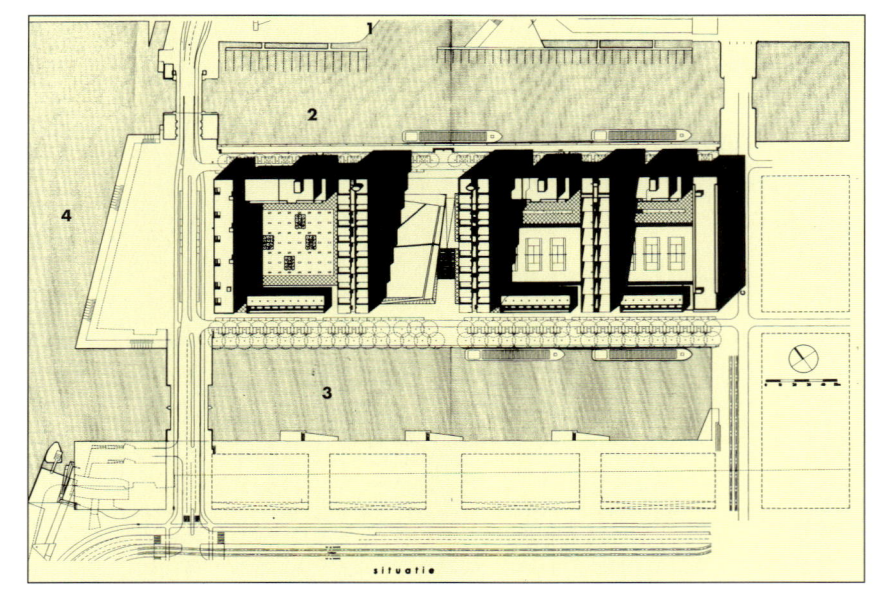

1 Entrepothaven
2 Binnenhaven
3 Spoorweghaven
4 Koningshaven
5 Stieltjesstraat
6 Lodewijk Pincoffstraat

Blik in Spoorweghaven en op woongebouw aan Stieltjesstraat
View of Spoorweghaven and of residential building on Stieltjesstraat

Op de Landtong, een schiereiland tussen het Entrepotgebied en de Wilhelminapier op de Kop van Zuid zijn 623 woningen gebouwd, 207 in de koop- en 416 in de huursector. Op de hoeken en in de plinten van het complex bevinden zich de hoge entreehallen, een kinderdagverblijf, duizend vierkante meter commerciële ruimte en een sportclub met op één van de binnenterreinen zes tennisbanen. Op de stadsplattegrond laat de woningbouw zich lezen als twee gesloten bouwblokken; in de derde dimensie als een compositie van torens en schijven. Het geheel kent een stedelijk profiel door de rechthoekige bouwvolumes met de naar het zuiden aflopende bebouwing daartussenin, de lage zuidrand van stadswoningen en het silhouet van de sculpturale noordoostwand, dat herinnert aan de pakhuizen, havens en kades van weleer. De woningen omsluiten drie contrasterende binnenterreinen: een verstild patiolandschap, een tennis- en sportgebied en een openbaar, groen ingericht plein. Er is een grote verscheidenheid aan ontsluitingen en woningtypen. Van zuidoost naar noordwest symboliseren de schijven de positie ten opzichte van de Maas en het stadscentrum: van galerij-portiekontsluitingen grenzend aan Rotterdam-Zuid via dubbelhoge corridors van de terrasblokken aan de binnenterreinen, tot portiek-etage/liftontsluitingen in het blok aan de Maas. In de andere richting wordt de noordoostwand bepaald door een mengeling van portiek- en galerijwoningen, terwijl de lage zuidwestkant bestaat uit aaneengeschakelde 'stadswoningen', smalle, hoge woningen in vier lagen met een eigen garage en dakpatio. Het ensemble is bekleed met donker, gemêleerd metselwerk, dat met de wisselingen van het licht een andere expressie heeft.

623 Dwellings, 207 purchase and 416 rental, have been built on the Landtong, a peninsula between the Entrepot area and the Wilhelmina pier on the Kop van Zuid. The high entrance halls, a creche, 1000 m² of commercial space and a sports club with six tennis courts on one of the inner courtyards are located in the corners and in the bases. The housing can be read as two closed blocks on the city plan; and in the third dimension as a composition of towers and slabs. The whole complex has an urban profile due to the rectangular building volumes with the buildings between them sloping down towards the south, the low southern edge of urban dwellings and the silhouette of the sculptural northeast wall, reminiscent of the warehouses, harbours and quays of long ago.
The dwellings enclose three contrasting inner courtyards: a quiet patio landscape, a tennis and sports area and a green, public plaza. There is a great diversity of entrances and dwelling types. From the southeast to the northwest the slabs symbolise the position with regard to the Maas and the city centre: from gallery-portico entrances bordering on Rotterdam-Zuid via double-high corridors of the terrace blocks on the inner courtyards, to portico-floor/lift entrances in the block on the Maas. In the other direction the northeast wall is defined by a mixture of portico and gallery dwellings, while the low southwest side consists of linked 'urban villas', narrow, high dwellings on four floors with their own garage and roof garden. The ensemble is clad in dark, mixed brick which takes on different expressions with the changing light.

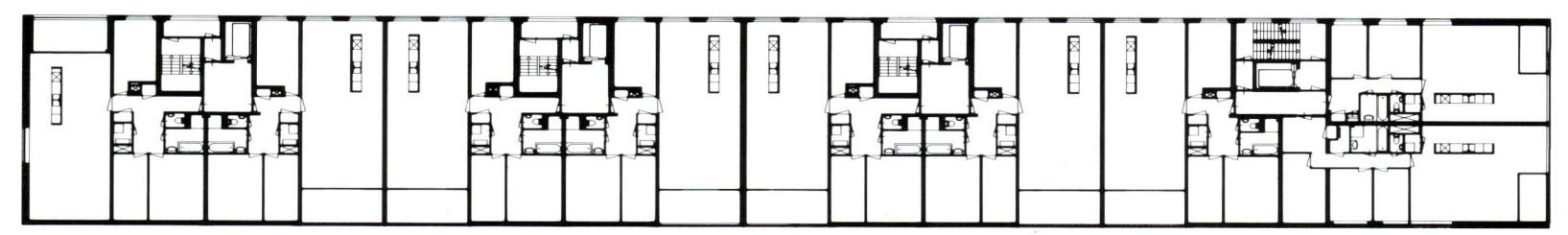

Plattegrond woongebouw aan Stieltjesstraat, standaardverdieping
Floor plan residential building on Stieltjesstraat, standard floor

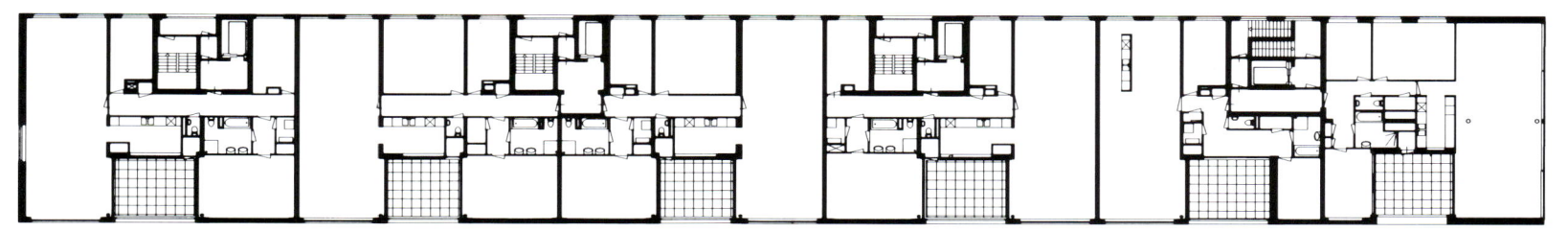

Plattegrond woongebouw aan Stieltjesstraat, tiende verdieping met penthouses
Floor plan residential building on Stieltjesstraat, tenth floor with penthouses

Aanzicht woongebouwen aan Binnenhaven
View of residential buildings on Binnenhaven

Spoorweghavenzijde Spoorweghaven side

Doorsnede en plattegronden rijenwoning aan Spoorweghaven
Cross section and floor plans of terraced houses on Spoorweghaven

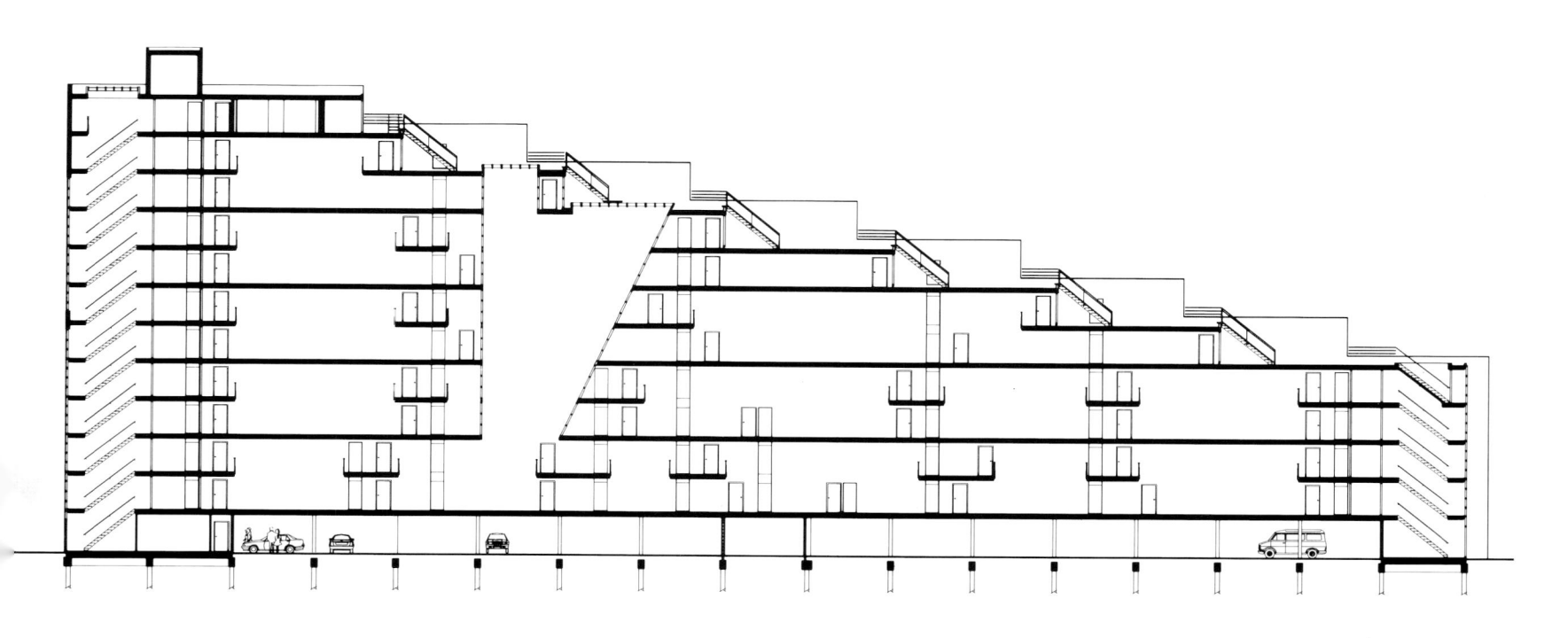

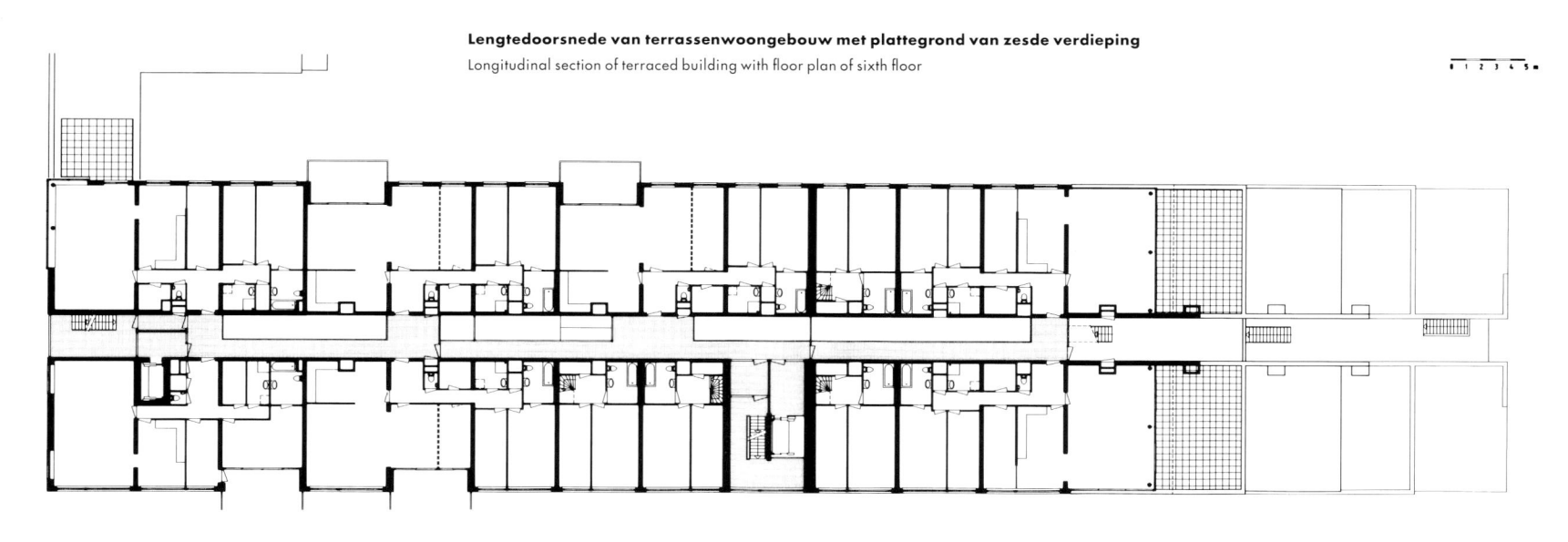

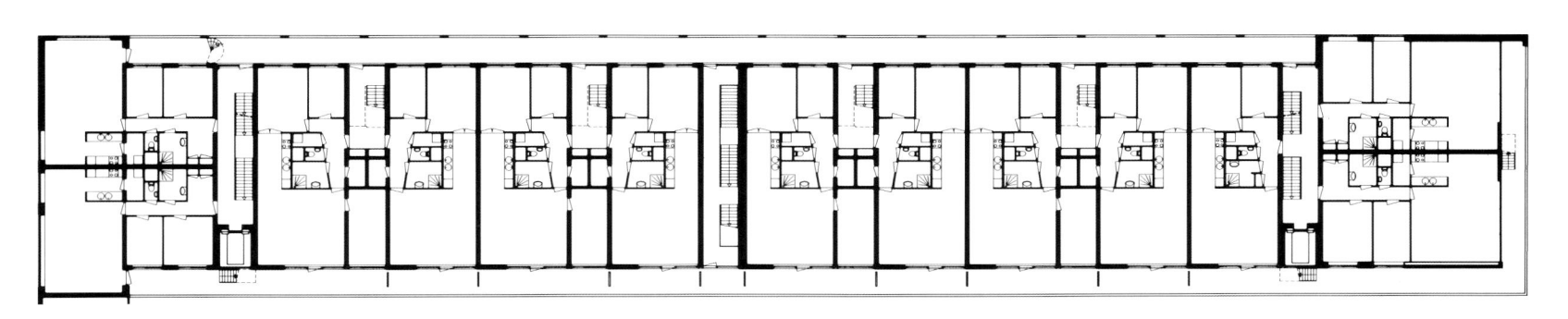

Lengtedoorsnede van terrassenwoongebouw met plattegrond van zesde verdieping
Longitudinal section of terraced building with floor plan of sixth floor

Plattegrond woongebouw aan Lodewijk Pincoffstraat, tweede verdieping met galerij en trapontsluiting naar andere woonlaag
Floor plan residential building on Lodewijk Pincoffstraat, second floor with gallery and stair access to next floor

Gevel van woongebouw aan Lodewijk Pincoffstraat
Façade of residential building on Lodewijk Pincoffstraat

Penthouse in woongebouw aan Stieltjesstraat Penthouse in residential building on Stieltjesstraat

Binnenterrein van blok met terrassenwoongebouwen waarin tennisbanen worden aangelegd
Inner court of block with terraced blocks of flats where tennis courts will be made within

Erasmusbrug
Erasmus Bridge

Rotterdam

Architect

Van Berkel en Bos architectuurbureau bv Amsterdam

Projectarchitect Job Architect
Ben van Berkel
Projectcoördinatie Project Coordination
Freek Loos
Medewerkers Collaborators
Hans Cromjongh, Ger Gijzen, Willemijn Lofvers, Sibo de Man, Gerard Nijenhuis, Manon Patinama, John Rebel, Ernst van Rijn, Hugo Schuurman, Caspar Smeets, Paul Toornend, Jan Willem Walraad, Dick Wetzels, Karel Vollers
Ontwerp-oplevering Design-Completion
1990 – 1996
Opdrachtgever Commissioned by
Gemeentewerken Rotterdam; Ontwikkelingsbedrijf Rotterdam (OBR)
Aannemers Contractors
Heerema Havenbedrijf bv Vlissingen; Grootint Dordrecht bv Dordrecht; Compagnie d'entreprises CFE S.A. Brussel; nv Maatschappij voor Bouw- en Grondwerken Antwerpen; Ravestein-Noell Deest; Lighting Design Partnership Edinburgh
Technisch adviseurs Technical Consultants
Gemeentewerken Rotterdam: Ingenieursbureau Beton en Staal (IBS); Ingenieursbureau Havenwerken (IH); Ingenieursbureau Wegen Waterhuishouding (IWG), Afd. Projectmanagement; Energie Bedrijf Rotterdam-Centrum (ENECO); Lighting Design Partnership Edinburgh

De aanhechtingen van de tuien aan het brugdek zijn bekleed
The attachments of the ties to the bridge deck are clad

Verankering achtertuien
Anchoring of rear ties

Fotografie Photography **Christian Richters**

Met de aanlandingen mee is de brug 808 meter lang. Het beweegbare deel, een basculebrug, heeft een lengte van 85 meter. De stalen pyloon is 139 meter hoog, heeft twee achtertuien, terwijl een 'harp' van 34 tuikabels het brugdeel draagt. De brug weegt in totaal 225.000 ton, de kosten bedroegen 365 miljoen gulden.
Behalve stroken voor het autoverkeer heeft de brug paden voor voetgangers en fietsers en een trambaan. De achteroverhellende, gevorkte pyloon met een knik vormt de uitkomst van een bij het ontwerpen door de computer opgeroepen spel van conflicterende krachten en momenten. De bijzondere vorm van de brug is bewust nagestreefd om een oriëntatiepunt in het midden van de stad te verkrijgen, om de Maas als levensader van de stad te benadrukken en om de hechte verbondenheid te bezegelen van twee stadsdelen die altijd sterk gescheiden waren. De asymmetrische vorm volgt de ligging van het Noordereiland in de Maas. Overdag toont de brug zich met al zijn facetteringen als een ruimtelijke constructie, die wit-grijs afsteekt tegen de lucht, 's avonds als een hoog bouwwerk dat licht weerkaatst.
De brug geeft gestalte aan het streven om de stad naar de rivier toe te keren, geïnstigeerd door Riek Bakker toen zij directeur was van de Dienst Stadsontwikkeling. Bovendien geldt de brug als een voorwaarde voor de ontwikkeling van de Kop van Zuid, een in onbruik geraakt havengebied op de zuidoever van de Maas, pal tegenover de binnenstad van Rotterdam. Het stedenbouwkundig plan voor deze uitbreiding van Teun Koolhaas Associates (TKA) omvat ondermeer kantoren, gerechtsgebouwen, een theater, een nieuw in de zuidoever verzonken metrostation op een bestaande lijn, een hogeschool en een keur van woongebouwen. Er moet een krachtige economische en sociaal-culturele impuls van uitgaan. De kade op de zuidelijke oever met ondermeer een bedieningsgebouw voor de basculebrug is ontworpen door Peter Wilson.

Including the parts on land the bridge is 808 metres long. The moveable part, a bascule bridge, is 85 metres long. The steel pylon is 139 metres high, has two rear cables, while a 'harp' of 34 cables carries the bridge section. The bridge weighs a total of 225,000 tons, the costs amounted to 365 million guilders.
Apart from lanes for motor traffic the bridge has paths for pedestrians and cyclists and a tram line. The forked, backward-sloping pylon with a bend is the result of a game of conflicting forces and moments simulated by the computer in the design process. The unusual form of the bridge was consciously sought in order to obtain a point of orientation in the middle of the city, to emphasise the Maas as the city's artery and to seal the tight connection of two parts of the city which were always sharply divided. The asymmetrical form follows the shape of the Noordereiland in the Maas. In the daytime, with all its aspects the bridge presents itself as a spatial construction, which stands out in white and grey against the sky, in the evening it is like a tall building reflecting light.
The bridge gives shape to the efforts to turn the city towards the river, instigated by Riek Bakker when she was director of the Urban Development Department. In addition the bridge serves as a precondition for the development of the Kop van Zuid, a harbour area fallen into disuse on the south bank of the Maas, directly opposite the Rotterdam inner city. The urban plan for this expansion by Teun Koolhaas Associates (TKA) includes offices, law buildings, a theatre, a new metro station on an existing line, sunk into the south bank, an advanced school and a range of residential buildings, among other things. This must evoke a strong economical and socio-cultural impetus. The quay on the southern bank with a service building for the bascule bridge was designed by Peter Wilson.

Erasmusbrug over de Maas gezien vanuit het westen Erasmus bridge over the Maas seen from the west

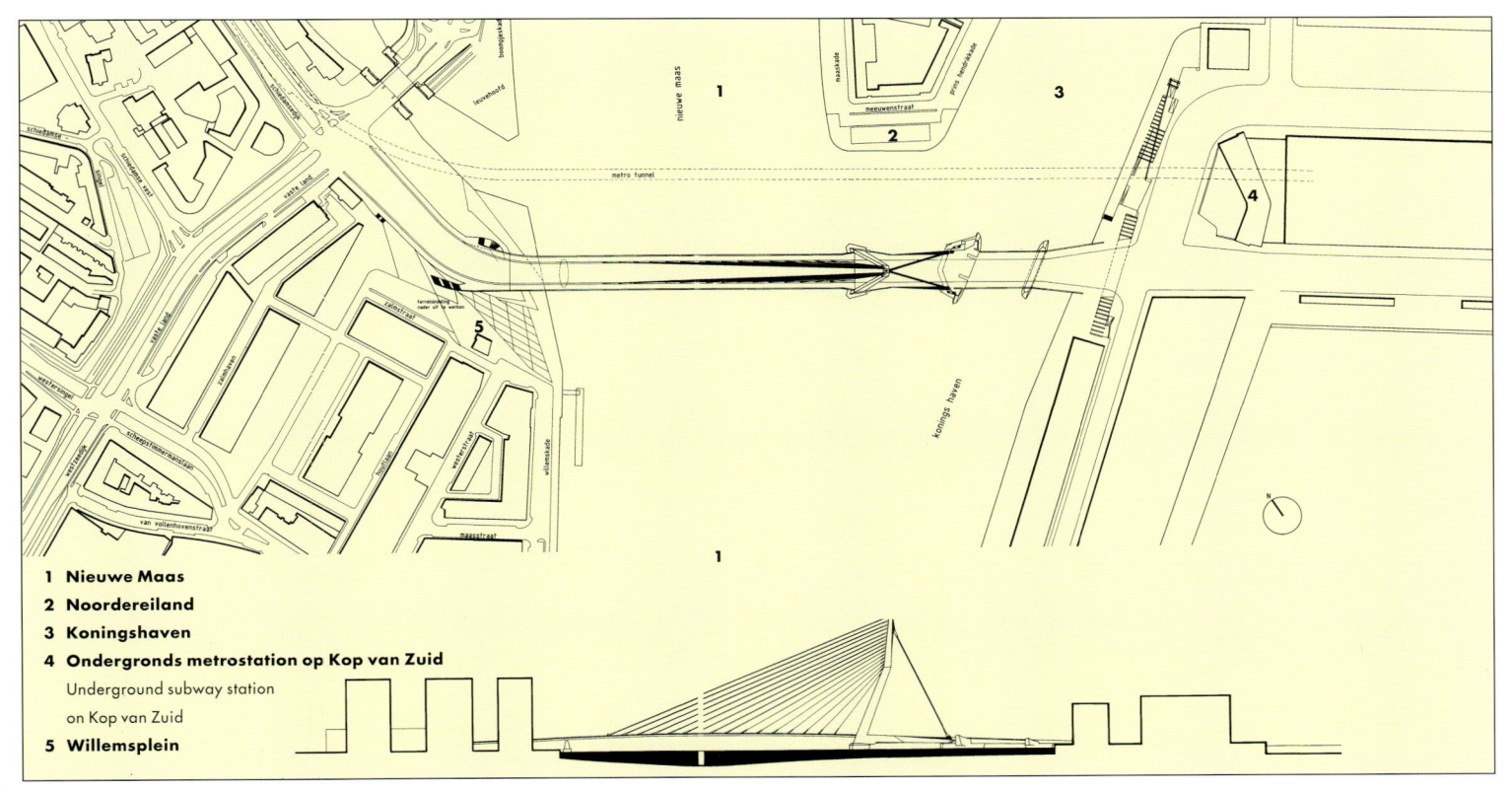

1 Nieuwe Maas
2 Noordereiland
3 Koningshaven
4 **Ondergronds metrostation op Kop van Zuid**
   Underground subway station on Kop van Zuid
5 Willemsplein

Verlichting van Erasmusbrug en aanlanding op noordoever
Lighting of Erasmus bridge and bridgehead on north bank

Aanlanding van brug op noordoever en inrichting Willemsplein
Bridgehead of bridge on north bank and layout Willemsplein

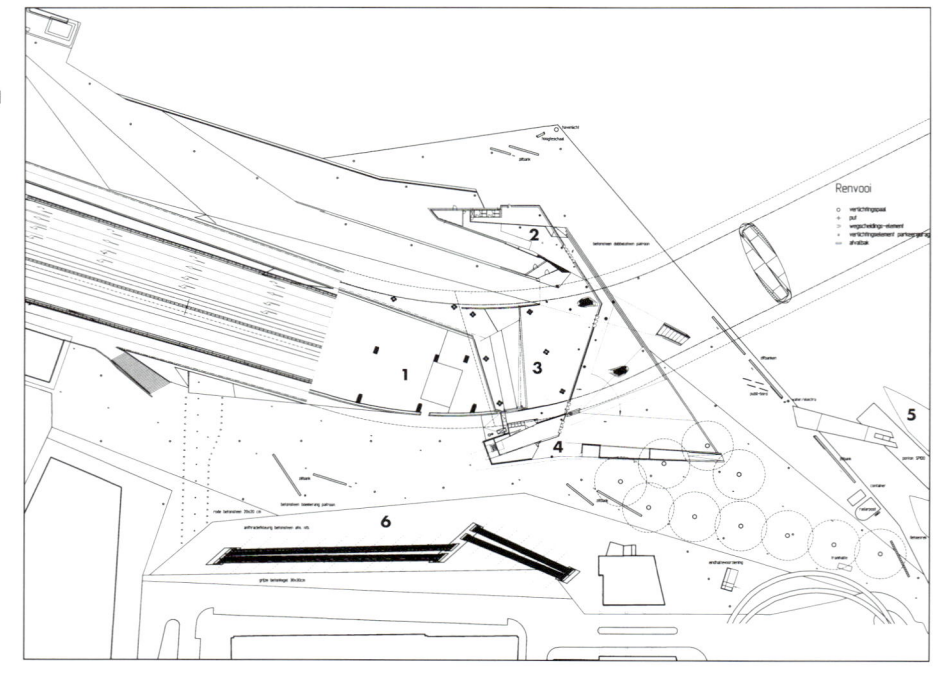

1 **Parkeergarage**
  Car park
2 **Grand café**
3 **Maashal**
4 **Spido rondvaarten**
  Spido round trip
5 **Ponton Spido**
  Pontoon Spido
6 **Pergola's autobussen**
  Pergola's busses

Ingang parkeergarage onder brugdek op noordoever
Entrance car park under bridge deck on north bank

Aanlanding brug op noordoever
Bridgehead on north bank

Theater Theatre **Markant**

Markt 32 Uden

Architect
Architectuurstudio Herman Hertzberger Amsterdam

Architect
Herman Hertzberger
Projectleider Project Leader
Patrick Fransen
Medewerkers Contributors
Ariënne Matser, Heleen Reedijk,
Folkert Stropsma, Jan van den Berg
Ontwerp-oplevering Design-Completion
1993-1996
Opdrachtgever Commissioned by
College van Burgemeester en
Wethouders Uden
Bouwmanagement Building Management
Bureau Bouwcoördinatie Nederland bv
Houten
Aannemer Contractor
Bouwcombinatie Hevo Bouw en
Bouwbedrijf Wagemakers Den Bosch
Constructeur Structural Engineer
ABT Adviesburo voor Bouwtechniek bv
Velp
Adviseur installaties
Installations Consultant
Sweegers en De Bruijn bv Den Bosch
Adviseur theatertechniek en akoestiek
Technical Consultant for Theatre and Acoustics
Prinssen en Bus raadgevende
ingenieurs bv Uden

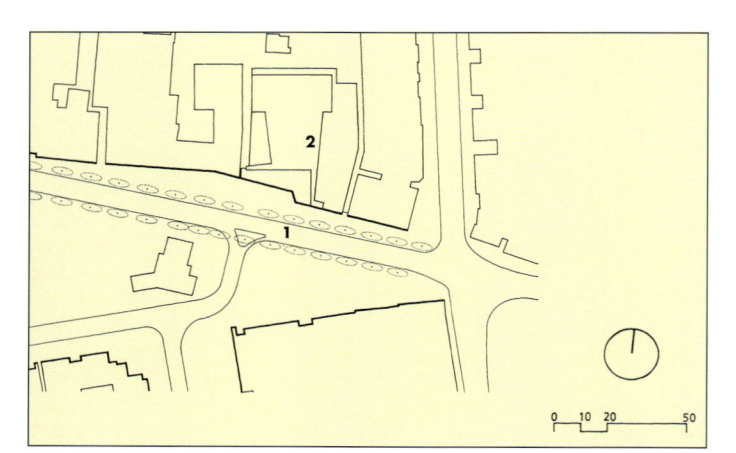

Aanzicht luifel en toegang vanaf de Markt
View of awning and entrance from the Markt

1 De Markt
2 Theater Markant

Fotografie Photography **Herman van Doorn**

De schouwburg moest worden opgenomen in de bestaande straatwand van de Markt. Daarom is het gebouw geleed in onderdelen naast en achter elkaar. De publieksingang heeft een uitnodigend karakter gekregen, naast een grote glazen, etalage-achtige voorgevel, die de foyerruimten van buiten zichtbaar maakt. Een grote luifel overbrugt het gebied tussen de teruggeplaatste glazen wand en de straatgevel. Dit stedelijk portiek laat gebouw en straat in elkaar overgaan. De om de zaal gerangschikte foyerruimten, waarvan het grootste deel met buffet en leestafel 1.40 meter onder het straatniveau ligt, zijn zo gegroepeerd dat het zien en gezien worden van de toeschouwers optimaal tot zijn recht komt. De ruimten zijn niet alleen bedoeld voor gebruik tijdens pauzes maar ook voor ontvangsten, bijeenkomsten en vergaderingen. De grote zaal met een balkon en orkestbak kan ruim zeshonderd bezoekers herbergen en is geschikt voor kleinere en grotere toneel-, muziek- en dansvoorstellingen. Bij een minder grote zaalbezetting kan het balkon buiten gebruik blijven en door de belichting naar de achtergrond worden geschoven. De organisatie backstage is rationeel opgezet met de kortst mogelijke loop- en aanvoerlijnen.

The theatre had to be included in the existing streetwall of the Markt. That is why the building is divided into elements alongside and behind each other. The public entrance has been given an inviting character, beside a big glass, shopwindow-style façade, which makes the foyer spaces visible from the outside. A large awning bridges the area between the glass wall – which is set back – and the façade on the street. This urban portico allows building and street to flow into each other.
The foyer spaces, arranged around the theatre, the greater part with buffet and reading table being placed 1.40 metres below street level, are grouped in such a way that full justice is done to seeing and being seen on the part of the audience. The spaces are not intended only for use during intermissions but also for receptions, meetings and conferences. The large theatre with a balcony and orchestral pit can fit about six hundred people and is suitable for smaller and larger theatre, music and dance performances. When the theatre is less full the balcony can be excluded and pushed into the background using the lighting. Backstage organization is designed in a rational way with the shortest possible walking and delivery lines.

Foyerruimten met opgangen
Foyers with access

Zaal met balkon Hall with balcony

Buffet

Brug door foyerruimte met daarboven toegangsbrug naar regiekamer/projectieruimte
Bridge through foyer with brigde to production/projection room above

Doorsnede met van links naar rechts toneel, zaal en foyer
Cross section with from left to right stage, hall and foyer

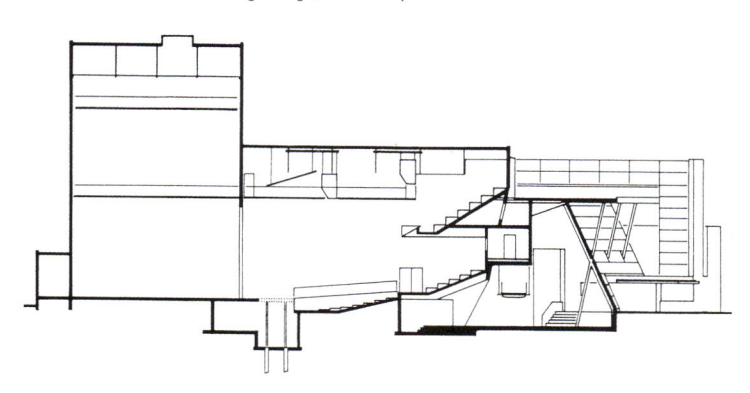

Luifel met doorzicht naar foyer
Awning with view to foyer

Foyerruimte grenzend aan de luifel
Foyer next to awning

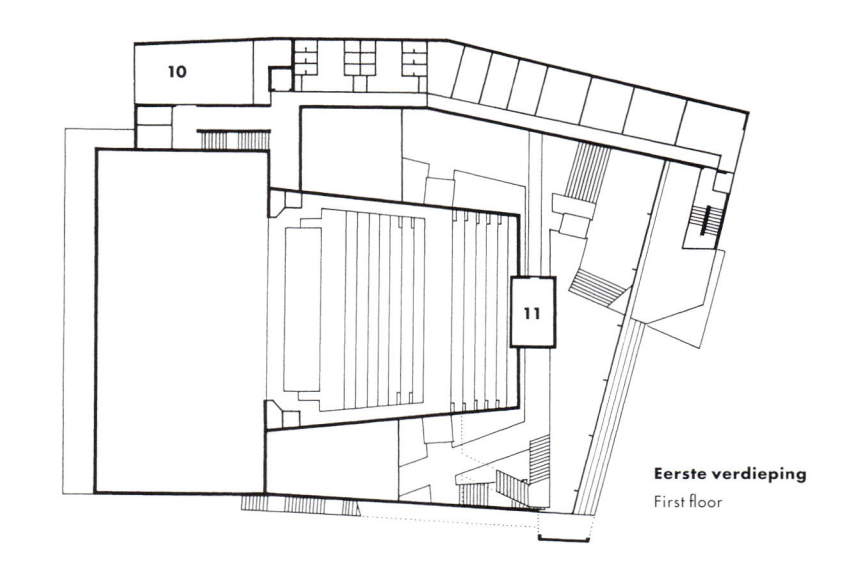

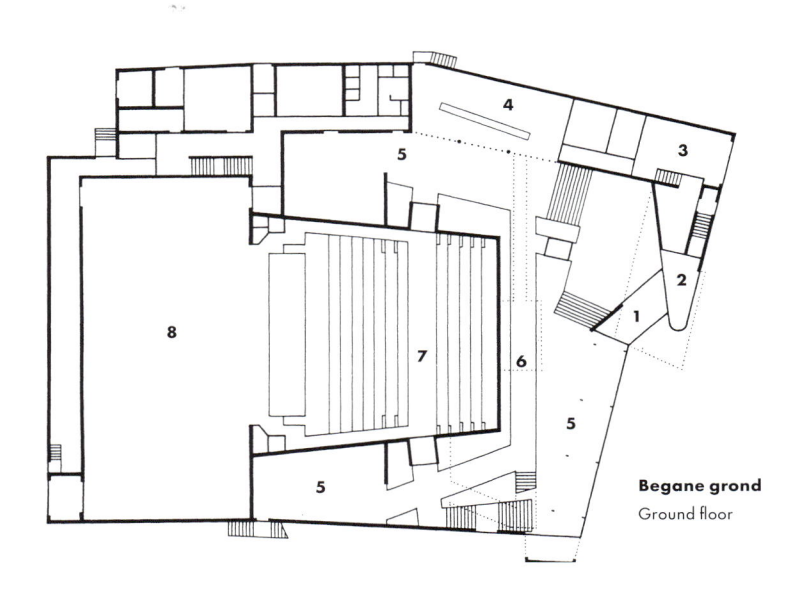

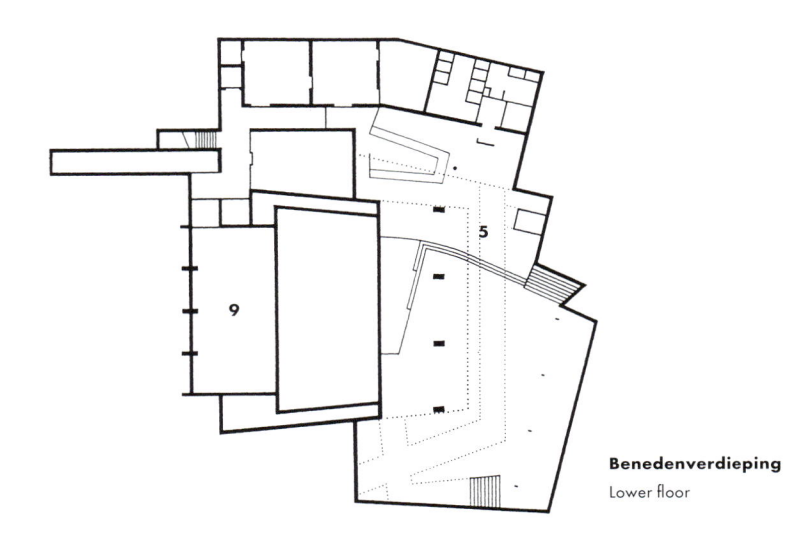

Eerste verdieping
First floor

Begane grond
Ground floor

Benedenverdieping
Lower floor

1	**Entree**	5	**Foyer**	9	**Orkestbak**
	Entrance	6	**Brug**		Orchestra pit
2	**Kassa**		Bridge	10	**Artiestenfoyer**
	Cash desk	7	**Zaal**		Artists' foyer
3	**Kantoor**		Hall	11	**Regie-/projectieruimte**
	Office	8	**Toneel**		Production/projection room
4	**Garderobe**		Stage		
	Cloakroom				

Laakhaven Hollands Spoor Den Haag

Masterplan
voor het gebied
for the area
**Waldorpstraat,
Rijswijkseweg,
Neherkade,
Leeghwaterplein**

Stedenbouwkundig plan en detaillering
Urban Design and Details
Atelier PRO Den Haag

Projectarchitect Job Architect
Hans van Beek, Leon Thier,
m.m.v. Vincent Scholten
Opdrachtgever Commissioned by
Gemeente Den Haag, Amstelland Vastgoed,
Wilma Vastgoed

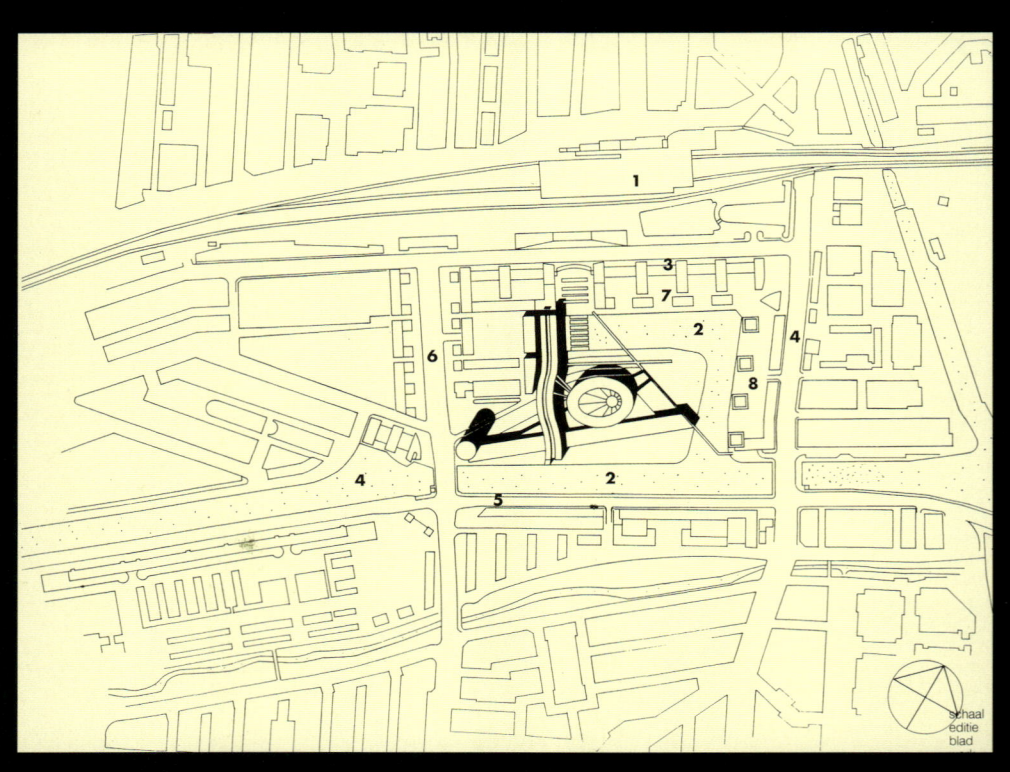

Fotografie Photography **Luuk Kramer**

1 **Station Hollands Spoor**
2 **Laakhaven**
3 **Waldorpstraat**
4 **Rijswijkseweg**
5 **Neherkade**
6 **Leeghwaterplein**
7 **Leeghwaterkade**
8 **Fijnjekade**

Masterplan

Het centraal gelegen gebied van 13,5 hectare, pal ten zuiden van station Hollands Spoor, wordt in zijn geheel heringericht. Aanleiding vormde de bouw ter plaatse van de nieuwe Haagse Hogeschool, na een grootscheepse fusie, waarbij veertien HBO-scholen werden samengevoegd tot één onderwijsinstelling met 13.000 studenten en 1.300 medewerkers. De nieuwbouw werd aangegrepen om van de desolate achterkant van station Hollands Spoor en het aangrenzende voormalige overslaggebied tussen spoor en water, ook een 'voorkant' te maken. In het masterplan moest behalve met de nieuwbouw voor de hogeschool rekening worden gehouden met de bouw van 100.000 m² kantoren, circa vierhonderd woningen en bijbehorende voorzieningen, waaronder een parkeergarage, alsmede een nieuwe zuidelijke toegangshal bij het station. Om te voorkomen dat de hogeschool op een eiland komt te liggen is het complex ingebed in een 'stadskamer'. Deze wordt vanaf station Hollands Spoor ontsloten door een brede toegangsweg, eerder een reeks van pleinen, tot aan het hogeschoolplein. De stadskamer wordt aan de westzijde begrensd door de golvende wand van de hogeschool, waar een extra hoge beganegrondverdieping een plint vormt van winkels, en een café ter plaatse van een onderdoorgang.

Aan de noordzijde wordt de stadskamer begrensd door een 'schil' van kantoor- en woongebouwen. Een doorgaande wand aan de Waldorpstraat wordt doorsneden door hoge kantoorschijven, aflopend naar het zuiden. De halfopen kantoorhoven die daardoor ontstaan worden langs het water begrensd door woonbebouwing. Aan de oostzijde komen woontorens op hoge kolommen aan het water, die een coulisse vormen voor de gerealiseerde woonwand aan de Rijswijkseweg.

Platanen, een parkje, routes langs en over het water, verlichting, passages, arcades en doorzichten, alles ontworpen uit één hand, moeten zorgen voor een aantrekkelijk en goed ontsloten gebied. Westelijk van de stadskamer wordt bestaande kantoorbebouwing aangevuld tot een nieuw kantorengebied aan het Leeghwaterplein.

Masterplan

The 13.5 hectares area, located in the centre, directly south of the Hollands Spoor station, is being completely redesigned. The reason for this is the construction on this site of the new Haagse Hogeschool, after a large-scale merger bringing together fourteen HBO schools into a single educational institute with 13,000 students and a staff of 1,300. The new building was seized upon as an opportunity to make a 'front' of the desolate rear of the Hollands Spoor station and the adjacent former waste area between railway line and water. The master plan had to take into account, apart from the new building for the Hogeschool, the building of 100,000 m² of office space, about four hundred dwellings and appropriate facilities, including a car park, as well as a new southern entrance hall at the station. In order to avoid the school being located on an island the complex is embedded in a 'city room'. This is reached from Hollands Spoor station by a wide entrance road, rather a series of squares, to the school square. The city room is bordered on the west side by the undulating wall of the school where an extra high ground floor forms a plinth of shops, and a café at the site of an underground passage.

The city room is bordered on the north by a 'skin' of office and residential buildings. A continuous wall on the Waldorpstraat is intersected by high office slabs, sloping down towards the south. The half-open office courts which are thus created are bordered along the water by housing. There will be towers of flats on the water side on the east side, which will form wings for the realised housing wall on the Rijswijkseweg.

Plane trees, a park, routes along and across the water, lighting, passageways, arcades and vistas, all designed by one hand, must ensure an attractive and easily accessible area. To the west of the urban space existing office buildings will be supplemented to form a new office area on the Leeghwaterplein.

Hogeschool

De hogeschool bestaat uit drie gebouwdelen, elk met specifieke functies en een eigen gezicht: de 'slinger', het 'ovaal' en de 'strip'. De slinger met hoogbouw in acht lagen wordt aan de zuidzijde doorsneden door de laagbouw van de strip, schuin langs de Laakhaven. Tussen beide gebouwdelen bevindt zich het centrale gebouw, het ovaal, dat behalve onderwijs- en administratieve ruimten de centrale entree bevat met een grote hal, vanwaaruit de vijf onderwijssectoren worden ontsloten. Vrijstaand in de hal bevindt zich de kegelvormige aula, die het glazen dak van de hal draagt. De draagconstructie, ontworpen in samenwerking met het Adviesbureau voor Bouwtechniek (ABT), ontspringt straalsgewijs in een omgekeerde kegelvorm aan het massieve volume van de aula. Vanuit het ovaal zijn alle sectoren en voorzieningen met loopbruggen en trappen op verschillende niveaus bereikbaar. Functies die niet in een van de drie gebouwdelen passen zijn in de 'driehoek' naast de hoofdvolumes geplaatst, zoals de sporthal grenzend aan het openbare driehoekige parkje aan het water en de bibliotheek in de uitsparing tussen slinger, ovaal en strip. Het programma voor de verschillende sectoren vertoont te weinig verschillen om daaraan een eigen identiteit te ontlenen, die door de onderwijssectoren binnen het geheel werd gezocht. Vandaar dat herkenbaarheid eerder is gezocht in de bijzondere plekken in het gebouw, zoals de ontmoetingspunten van de hoofdvormen. Hier zijn de 'sectorcentra' gesitueerd, bestaande uit pauzeruimten, leeszalen en ruimten voor docenten en management. In de slinger vormen deze sectorcentra over meerdere verdiepingen, van buiten herkenbaar aan de grote ramen, een welbewuste verstoring van de regelmaat van gangen en onderwijsruimten. Een lichtstraat met daarin liften en trappenhuizen vormt de verbinding tussen de slinger en de lagere aanbouwen aan de westzijde, waarin zich practicumruimten bevinden. De behandeling van de standaardonderwijsruimten en -gangen is sober en doelmatig: standaardelementen van hoogwaardig prefab beton, afgewisseld met zachtere materialen, zoals hout en poriso. Ter contrastering met deze standaardinrichting zijn hier en daar `sieraden' aangebracht, zoals de genoemde erkers, het groene grasdak met lichtkoepels op de bibliotheek, de loopbruggen, en de 'bungalow' voor het College van Bestuur op de sportzaal.

Parkeergarage

Onder het gedeeltelijk gehandhaafde havenbekken van de Laakhaven en dwars onder de slinger van de hogeschool door is een parkeergarage gebouwd met 1400 plaatsen. Deze is aangelegd als een 350 meter lange tunnel in twee lagen. Ondanks de forse belastingen zijn de parkeerstraten kolomvrij door een bijzondere prefabconstructie en V-vormige kolommen, wat de overzichtelijkheid ten goede komt. Op het dak van de garage wordt binnen de gehandhaafde kademuren een grote ondiepe vijver aangelegd. De glazen trappenhuizen van de garage rijzen als lantaarns uit het water op en zijn door bruggetjes verbonden met de stadskamer.

Ingang station

Het isolement van het gebied ten opzichte van station Hollands Spoor is opgeheven door de aanleg van een nieuwe tunnel voor voetgangers en fietsers onder de sporen door. Door aan de zuidkant de bestaande Waldorpstraat omhoog te brengen, kon deze tunnel aansluiting krijgen op een nieuwe toegangshal, gevormd door een baldakijn van glazen bouwstenen, gedragen door vier kolommen. Hierin is ook een fietsenstalling voor driehonderd fietsen opgenomen. Behalve per trein is het gebied vanaf 1996 ook ontsloten voor de tram, door middel van een tunnel onder het spoorwegtracé door, uitkomend op het Leeghwaterplein. De nieuwe uitgang sluit aan op het stationsplein, volgezet met platanen en bedekt met schelpgrind. Dit plein wordt aan de oost- en westkant begrensd door twee kantoortorens, die door hun verwantschap in vormgeving en baksteenbekleding in verschillende kleuren hun poortfunctie voor het Laakhavengebied onderstrepen.

Kantoortoren

Van deze 'tweelingtorens', ontworpen door Kees Christiaanse, is er inmiddels één gerealiseerd. De verschijningsvorm roept associaties op met een sfinx, met een toren als kop, uitgevoerd in rood metselwerk; een langwerpig lijf in grijs metselwerk; en een achterstel dat in paviljoenvorm afdaalt naar het plein, uitgevoerd in zwart metselwerk. De gevels van de gebouwdelen verspringen en kragen ten opzichte van elkaar enigszins uit.

School

The school consists of three parts, each with specific functions and its own appearance: the 'snake', the 'oval' and the 'strip'. The snake, eight storeys high, is intersected on the southern side by the lowrise of the strip, diagonally along the Laakhaven. The central building, the oval, is between the two building parts, and it includes, apart from educational and administrative spaces, the central entrance with a big hall, from which the five educational sectors can be reached. Standing detached in the hall is the cone-shaped auditorium, which supports the glass roof of the hall. The loadbearing construction, designed in collaboration with the Engineering Consultants Office (ABT), unfurls radially in a reversed cone form in the massive volume of the auditorium. All sectors and facilities are accessible from the oval via footbridges and stairs on various levels. Functions which do not fit into one of the three building parts are placed in the 'triangle' beside the main volumes, such as the sports hall adjoining the public triangular park on the water and the library in the cut-out between snake, oval and strip. The programme for the different sectors shows too few differences to derive any individual identity, which the educational sectors sought within the whole. That is why identifiability was sought rather in the special places in the building, such as the meeting points of the main forms. The `sector centres' are located here, consisting of break rooms, reading rooms and rooms for teaching staff and management. In the snake, these sector centres spread over various floors, recognizable from outside through the big windows, form a conscious disruption of the regularity of corridors and teaching rooms. A light street containing lifts and stairways is the connection between the snake and the lower built-on buildings on the west side, in which laboratories are located. The treatment of the standard teaching rooms and corridors is sober and purposeful: standard elements of high quality prefab concrete, alternated with softer materials, such as wood and poriso. Contrasting with this standard layout 'jewels' have been applied here and there, such as the bays already mentioned, the green grass roof with skylights on top of the library, the footbridges, and the 'bungalow' for the Board of Management on top of the sports hall.

Parking

A car park with 1400 places has been built under the partially preserved harbour basins of the Laakhaven, and diagonally under the snake of the school. This has been built as a tunnel on two floors, 350 metres long. Despite the substantial loads the parking streets are free of columns, due to a special prefab construction and V-shaped columns, which benefits visibility. A big, shallow pond has been built on the roof of the garage within the preserved quay walls. The glass stairwells of the garage emerge like lamps from the water and are joined to the city room by bridges.

Station Entrance

The isolation of the area with regard to Hollands Spoor station is resolved by laying a new tunnel for pedestrians and cyclists under the railway lines. By raising the existing Waldorpstraat on the southern side, this tunnel could link up with a new entrance hall, formed by a canopy of glass bricks, borne by four columns. This also includes storage for three hundred bicycles. From 1996 on, the area will also be accessible by tram, as well as by train, by means of a tunnel under the railway line, emerging on the Leeghwaterplein. The new exit links up with the station square, filled with plane trees and covered with gravel. This square is bordered on the east and west sides by two office towers, which with their similarity in design and brick cladding in various colours underline their gateway function for the Laakhaven area.

Office Tower

One of these 'twin towers', designed by Kees Christiaanse, has been realised in the meantime. The appearance evokes associations with a sphinx, with a tower as head, built in red brick; an elongated body in grey brick; and hind quarters which descends in pavilion form to the square, built in black brick. To some extent the façades of the building parts are staggered and protruding with regard to each other.

Haagse Hogeschool

Johanna Westerdijkplein 75 Den Haag

Architect
Atelier PRO Den Haag

Projectarchitecten Job Architects
Hans van Beek, Leon Thier m.m.v.
René Hoek
Medewerkers Contributors
Fred Alebregtse, Maarten van der Hout,
Alfa Hugelmann, Fred Jager,
Sjoukje Jongejan, Willy Juliana,
Wim Kristel, Dorte Kristensen,
Henk van Loon, Charlotte Maas,
Hans van Overbeek, Guus Savenije,
Jef Trimbos, Paul Verstappen,
Felix Timmermans, Arthur Loomans,
Guido Mulkens, Ben Schildwacht,
Leen van de Vooren
Ontwerp-oplevering Design-Completion
1990-1996
Opdrachtgever Commissioned by
Bestuurscommissie Haagse Hogeschool
Gedelegeerd bouwheer
Supervising Building Consultant
PRC Bouwcentrum
Bouwdirectie Building Management
Atelier PRO/Ewoud de Jong m.m.v. Cees
Nieuwenkamp
Aannemer Contractor
Bouwcombinatie Boele & Van
Eesteren/J.P. van Eesteren Den Haag Den Haag
Adviseur constructies
Constructions Consultant
Adviesbureau voor Bouwtechniek ABT Velp
Adviseur installaties Installations Consultant
Technical Management Rijswijk
Adviseur akoestiek Acoustics Consultant
Adviesgroep Peutz en Associés bv Zoetermeer

Aanzicht strip vanaf Neherkade
View of strip from Neherkade

Aanzicht hogeschool en stadskantoor vanaf de Fijnjekade
View of college and civic offices from Fijnjekade

#	Dutch	English
1	**Atrium ovaal**	Atrium oval
2	**Entree**	Entrance
3	**Aula**	Auditorium
4	**Collegezalen**	Lecture rooms
5	**Sporthal**	Sports hall
6	**Centraal restaurant**	Central restaurant
7	**Bibliotheek**	Library
8	**Café en winkels**	Café and shops
9	**Werkplaatsen sector Techniek**	Workshops section Technology
10	**Lesruimte**	College room
11	**Sectorcentrum Economie en Management**	Section centre Economy and Management
12	**Sectorcentrum Gezondheidszorg, Gedrag en Maatschappij**	Section centre Health, Behaviour and Society
13	**College van bestuur**	Board of Governors
14	**Centraal Bureau**	Central Office
15	**Sectorcentrum Techniek**	Section centre Technology
16	**Gang**	Corridor
17	**Vide**	Lightwell

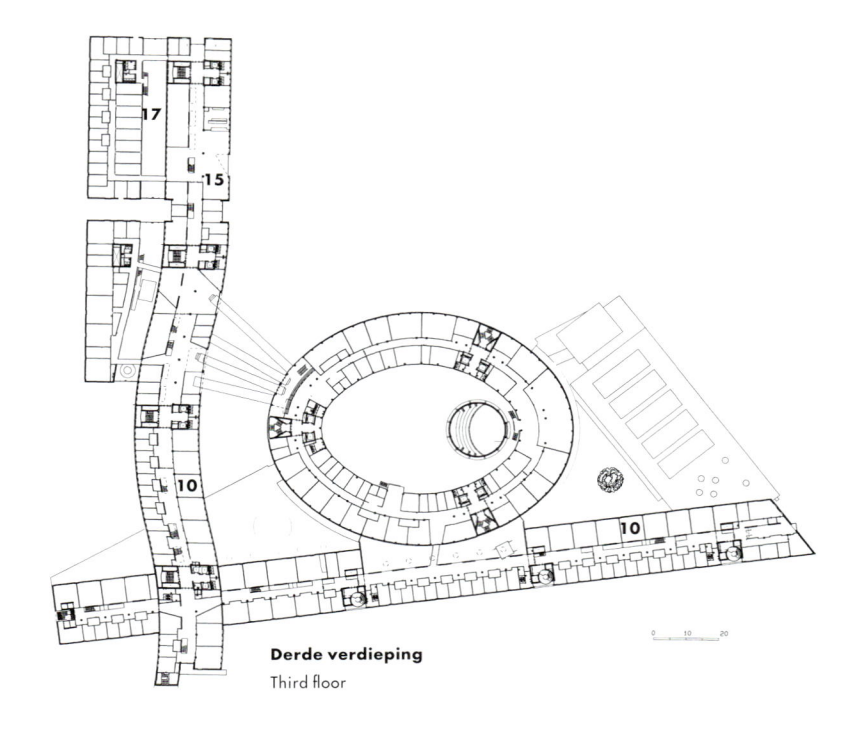

Derde verdieping
Third floor

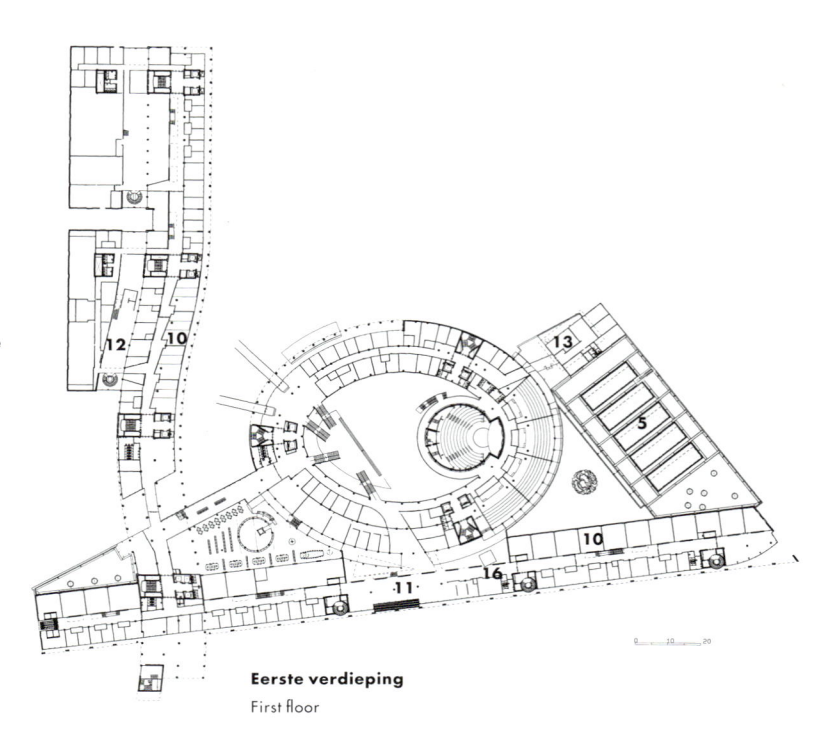

Eerste verdieping
First floor

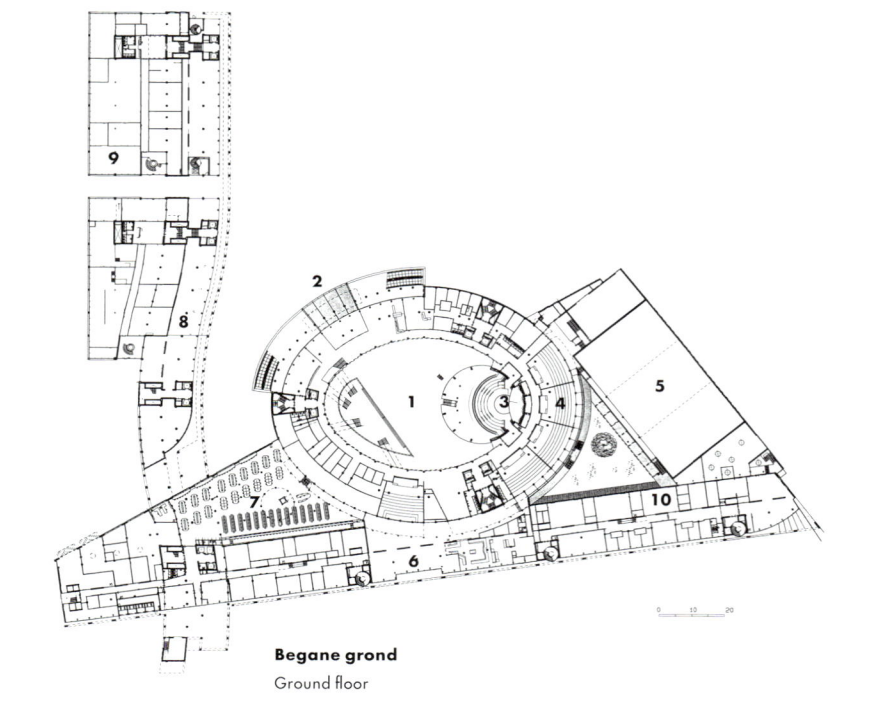

Begane grond
Ground floor

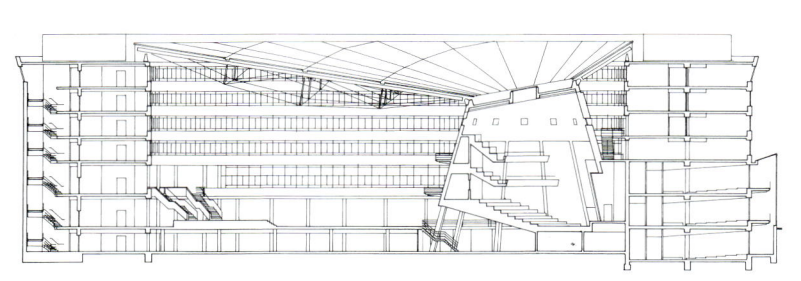

Langsdoorsnede ovaal
Longitudinal section oval

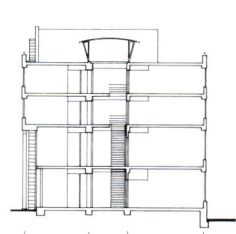

Dwarsdoorsnede strip
Cross section strip

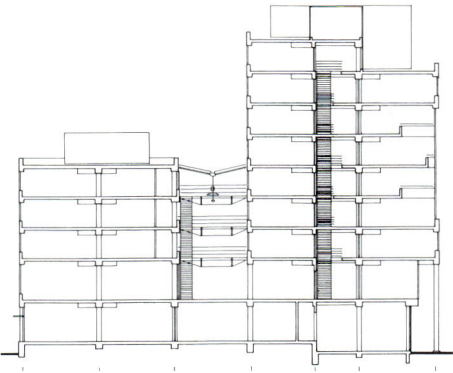

Dwarsdoorsnede slinger
Cross section snake

Atrium ovaal
Atrium oval

Bruggen tussen ovaal en slinger
Bridges between oval and snake

Kantine sectorcentrum Gezondheidszorg, Gedrag en Maatschappij
Canteen section centre Health, Behaviour and Society

Studiehoek boven centraal restaurant op overgang van ovaal en strip
Study corner above central restaurant on transition from oval to strip

Trappenhuis in de strip
Staircase in the strip

Interieur aula Interior auditorium

Ingang Entrance **Hollands Spoor**

Waldorpstraat Den Haag

Architect
Atelier PRO Den Haag

Projectarchitecten Job Architects
Leon Thier m.m.v. Hans van Beek,
Hans Kalkhoven, Nico Schwerig
Opdrachtgever Commissioned by
Gemeente Den Haag, Dienst Stadsbeheer

Zuidingang Hollands Spoor South entrance Hollands Spoor

Zuidingang Hollands Spoor met fietsenstalling South entrance Hollands Spoor with bicycle shed

Parkeergarage Parking **Laakhaven**

Leeghwaterplein, Rijswijkseweg Den Haag

Architect
Atelier PRO Den Haag

Projectarchitecten Job Architects
Leon Thier m.m.v. Hans van Beek
Opdrachtgever Commissioned by
Gemeente Den Haag

Langsdoorsnede parkeergarage met silhouet nieuwe kantoorbebouwing aan Waldorpstraat
Longitudinal section car park with silhouette new office building on Waldorpstraat

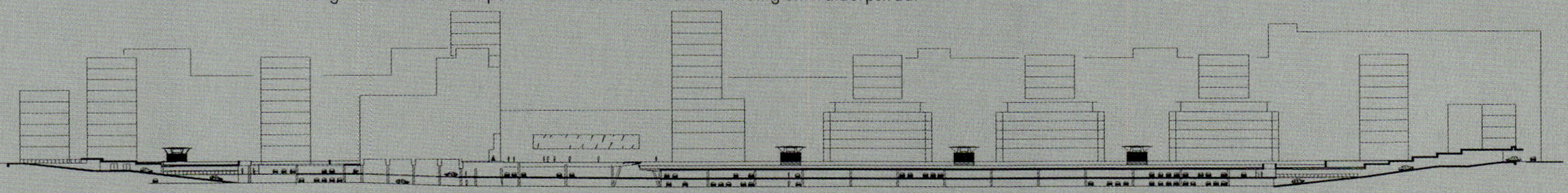

Interieur parkeergarage Interior car park

87

Kantoortoren Office Tower Poseidon

Johanna Westerdijkplein/Waldorpstraat Den Haag

Architect
Kees Christiaanse Architects & Planners Rotterdam

Projectarchitecten Job Architects
Kees Christiaanse, Branimir Médic,
Eric Slotboom
Medewerker Contributor
Leo Oorschot
Ontwerp-oplevering Design-Completion
1993-1996
Opdrachtgever Commissioned by
Laakhaven Hollands Spoor cv; Wilma
Vastgoed – Amstelland Vastgoed
Aannemer Contractor
Bouwcombinatie Laakhaven vof; Wilma
Bouw Den Haag – Nelissen van Egteren
Hoofddorp
Constructeur Structural Engineer
Adviesbureau van Eck Rijswijk
Installatie adviseur
Installations Consultant
Raadgevend Technisch Buro van
Heugten Rotterdam

1 **Station Hollands Spoor**
2 **Ovaal** Oval
3 **Strip** Strip

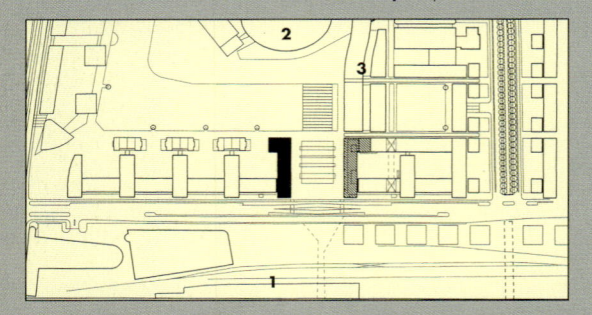

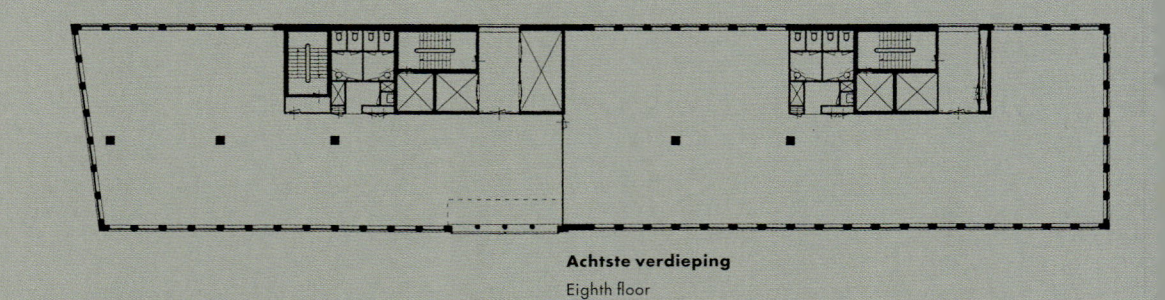

Achtste verdieping
Eighth floor

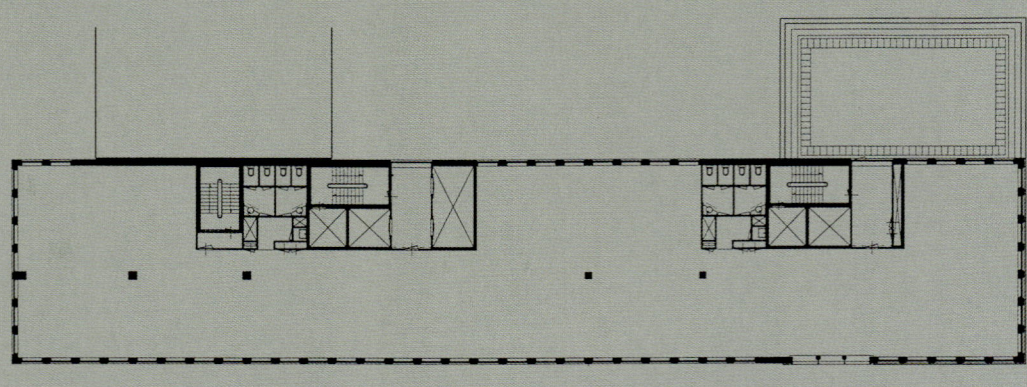

Vijfde, zesde en zevende verdieping
Fifth, sixth and seventh floor

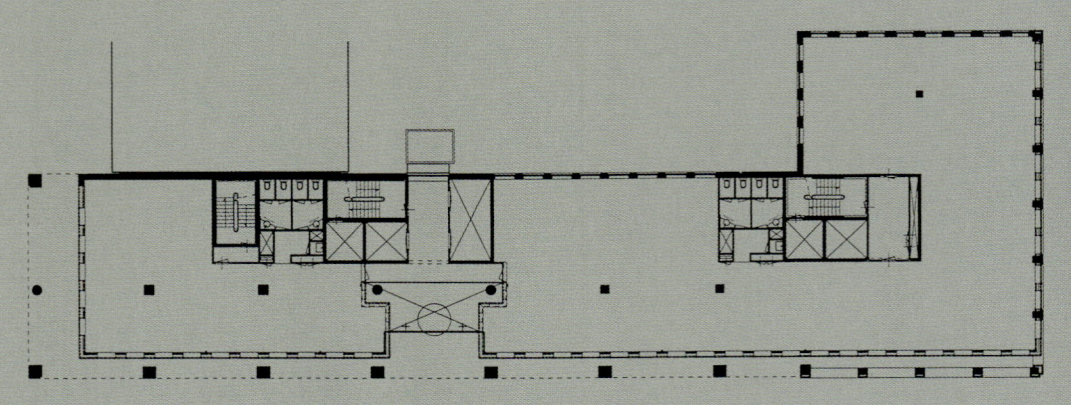

Eerste verdieping
First floor

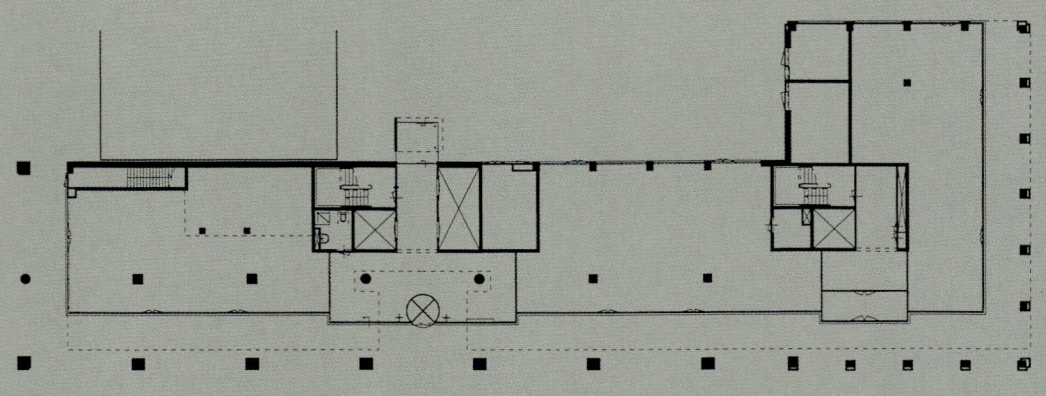

Begane grond
Ground floor

Verschillende soorten metselwerk voor verschillende gebouwdelen
Various sorts of masonry for different building sections
Foto's Photos **Kees Christiaanse**

Foto Photo **Daria Scagliola**

Aanzicht toren vanuit het hogeschoolgebied
View of tower from the college area

Agrarisch Onderwijs Leeuwarden

Agora 1 Leeuwarden

Architect
Atelier PRO Den Haag

Projectarchitecten Job Architects
Hans van Beek, Eric Paardekooper Overman, Dorte Kristensen
Projectleider Project Leader
Don van Dasler
Medewerkers Contributors
Wim Kristel, Matthijs van der Hout
Ontwerp-oplevering Design-Completion
1992-1995
Opdrachtgever Commissioned by
Van Hall Instituut Groningen; AOC Friesland Leeuwarden
Aannemer Contractor
BAM Leeuwarden
Constructeur Structural Engineer
Ingenieursbureau Wassenaar Haren
Interieurarchitect Interior Architect
Atelier PRO: Eric Paardekooper Overman, Dorte Kristensen
Tuinarchitect Landscape Architect
Atelier PRO; Copijn Utrecht
Kunstenaar Artist
Piet Slegers

Fotografie Photography **Luuk Kramer**

Aanzicht vanaf plein met forum, strip en een van de vleugels
View from square with forum, strip and one of the wings

1 Potmarge
2 Jansoniusstraat
3 Huizumerlaan
4 Oostergoweg
5 Johannes de Doperkerk
6 Plein Square

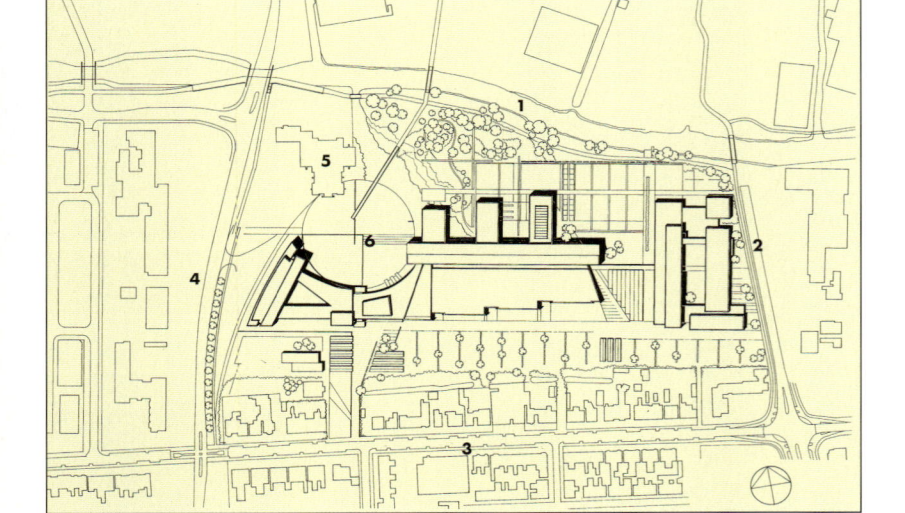

Zuidelijke ingang vanaf Huizumerlaan Southern entrance from Huizumerlaan

Het hoger agrarisch onderwijs van de provincies Friesland en Groningen is in dit complex samengebracht. De langgerekte vorm van het terrein aan het stroompje de Potmarge bepaalde mede de vorm van het complex. Het is geplaatst tussen de Johannes de Doperkerk aan de westzijde en het bestaande gebouw van het Agrarisch Opleidingscentrum (AOC) aan de oostkant. Een groot rond plein aan de westzijde vormt de representatieve hoofdtoegang tot de Hogeschool en voorziet de kerk van een voorplein. Het complex is naar de hoofdfuncties opgedeeld in een aantal herkenbare eenheden. In het boogvormige deel aan het plein zijn de centrale functies ondergebracht, zoals de mediatheek, de kantine, het auditorium en de administratie. Aan het langgerekte bouwlichaam (de strip) van het plein tot aan het bestaande schoolgebouw zijn aan de noordzijde de lokaalvleugels gekoppeld en aan de zuidzijde de techniekhallen. De strip zelf bevat practicumlokalen met aan de noordzijde een vide van 140 meter lengte. Een vliesgevel biedt uitzicht op de tuinen, waterpartijen en het parkgebied, aansluitend bij de recreatieve zone aan de Potmarge. Met zijn bruggen, trappen, galerijen, koffiehoeken en studiebordessen krijgt deze vide het karakter van een levendige ontmoetingsplaats. Ecologie en duurzaam bouwen waren belangrijke aandachtspunten in dit bouwwerk. Dit komt onder andere tot uiting in de begroeide daken en de kassen op het dak van een van de lokaalvleugels. Bovendien werd ter bevordering van de toepassing van inheems hout de Hogeschool als proefproject aangewezen. In samenwerking met Staatsbosbeheer is al het verwerkte hout (lariks, beuken, vuren en walnoot) uit Nederlandse bossen betrokken.

This complex brings together the advanced agricultural education of the provinces of Friesland and Groningen. The form of the complex was partly determined by the elongated form of the site on the Potmarge brook. It is positioned between the Johannes de Doperkerk on the west side and the existing building of the Agrarisch Opleidingscentrum (AOC) on the east. A large round plaza on the west side is the prestigious entrance to the Hogeschool and provides the church with a forecourt. The complex is divided according to the main functions into a number of identifiable units. The central functions such as multimedia library, canteen, auditorium and administration are housed in the curved part on the plaza. The classroom wings are joined on the north side to the elongated building (the strip) from the plaza to the existing school building, and on the south side the technical facilities. The strip itself contains practical laboratories with a lightwell 140 metres long on the north side. A curtain wall provides a view of the gardens, water and the park area, linking up with the recreational zone on the Potmarge. With its bridges, stairs, galleries, coffee corners and study landings this lightwell has the character of a lively meeting place.
Ecology and sustainable building were important points in this building. This is expressed in the roofs with plants and the glasshouses on the roof of one of the classroom wings, among other things. In addition, the Hogeschool was selected as a trial project for the promotion of the use of native wood. In collaboration with the Forestry Department all the wood used (larch, birch, pine and walnut) comes from Dutch forests.

De strip met vide
The strip with lightwell

Dwarsdoorsnede
Cross section

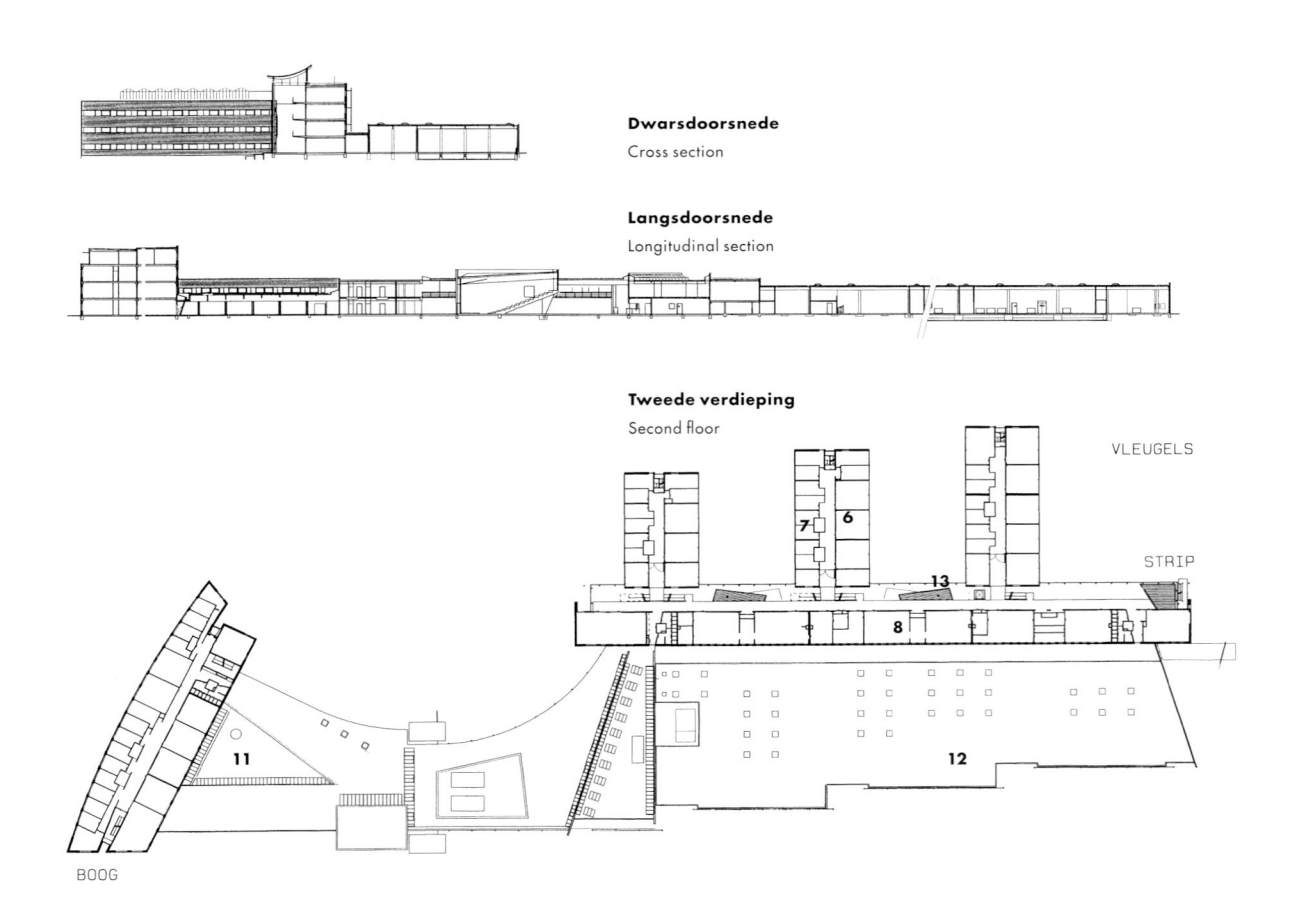

Langsdoorsnede
Longitudinal section

Tweede verdieping
Second floor

Eerste verdieping
First floor

Begane grond
Ground floor

1. **Mediatheek**
   Multimedia centre
2. **Ingangen**
   Entrances
3. **Kantine**
   Canteen
4. **Atrium**
   Atrium
5. **Techniekhallen**
   Technical halls
6. **Theorielokalen**
   Theory class rooms
7. **Personeelskamers**
   Staff rooms
8. **Practicumlokalen**
   Laboratories
9. **Vide**
   Lightwell
10. **Auditorium**
    Auditorium
11. **Collegezaal**
    Lecture room
12. **Sedumdak**
    Sedum roof
13. **Bordessen**
    Landings

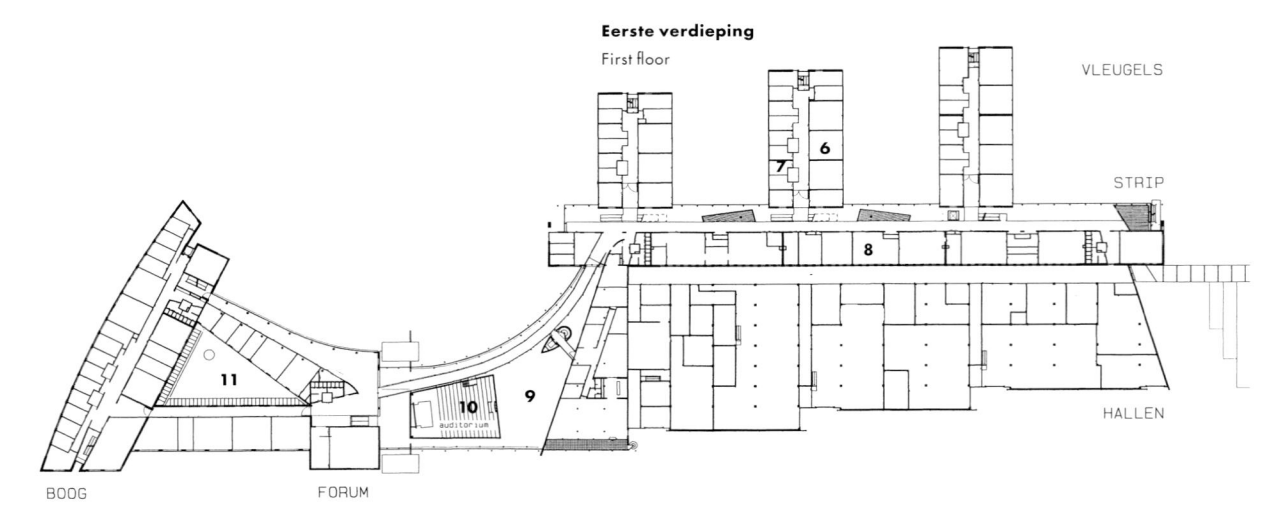

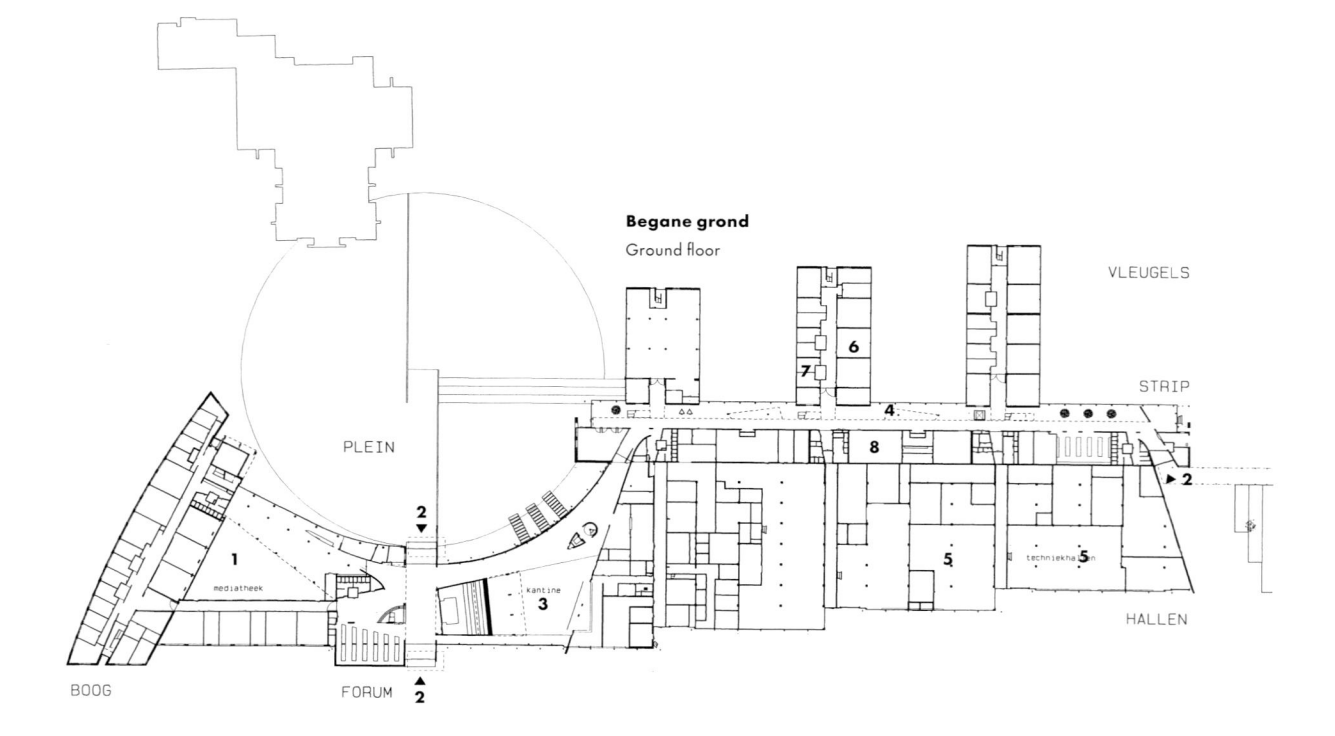

Gang met uitzicht op het plein
Corridor with view of square

Kantine en exterieur auditorium
Canteen and exterior auditorium

Exterieur techniekhallen
Exterior technical halls

Overgang van kantine naar strip
Transition from canteen to strip

Peutersoos Toddler's Centre

Abtslaan 15a Terheijden

Architect
Marx & Steketee architecten Eindhoven

Projectarchitecten Job Architects
Annette Marx, Ady Steketee
Medewerkers Contributors
Annemariken Hilberink, Jeroen Tapper
Ontwerp-oplevering Design-Completion
1994-1996
Opdrachtgever Commissioned by
Gemeente Terheijden
Aannemer Contractor
Rasenberg Bouw Breda
Constructeur Structural Engineer
Jaap Groot
Interieurarchitect Interior Architect
Anthony Kleinepier

Speelplein aan speelhal
Playground near play hall

1 Abtslaan

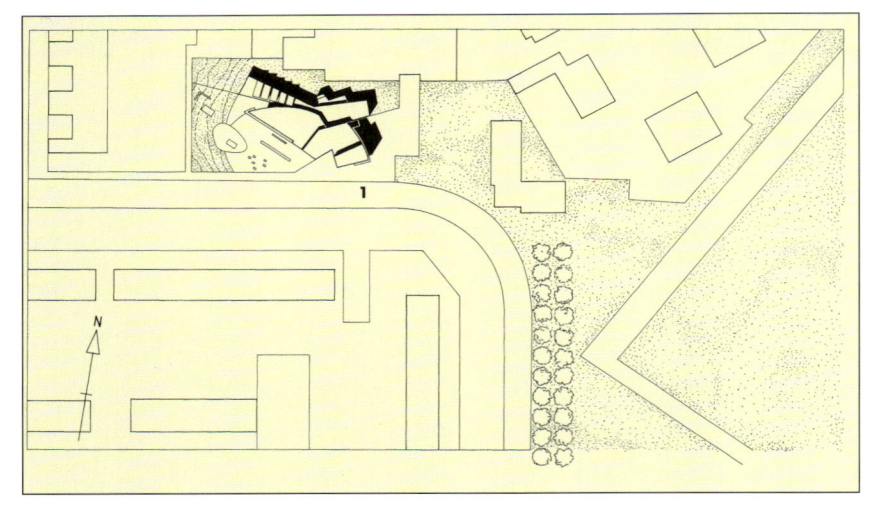

De peutersoos ligt op de grens van twee sterk verschillende uitbreidingen aan de oostkant van het dorp. De vorm is zo gekozen dat het gebouw 'meedraait' met de straat, van de openheid van de weilanden naar het interieur van het dorp. De betonnen hoofdconstructie van het gebouw definieert niet alleen de ruimte van de speelhal, maar ook die van het op de middagzon gelegen speelterrein. De twee groepsruimten zijn aan de oost- en de zuidzijde aangehaakt. De drie speelvormen (actiespel, knutselen, fantasie- en rollenspel) hebben elk een eigen plaats gekregen in respectievelijk de grote speelhal, de twee groepsruimten met diverse opstappen en uithoeken en de knutselstraat met zandbak en watertafel. De knutselruimte is van buiten te herkennen aan het zaagtanddak. Verschillen in ruimtelijkheid en sfeer moeten tot spelen uitlokken. De grote beweging en lange doorzichten kenmerken het gebouw evenzeer als de aaneenschakeling van plekken met verschillend karakter. De peuters kunnen op die manier in het gebouw zowel afstand als nabijheid ervaren.

The toddler's centre is on the border of two sharply differing expansions on the eastern side of the village. The form has been chosen in such a way that the building 'goes along' with the street, from the openness of the meadows to the interior of the village. The concrete main structure of the building not only defines the space of the playroom, but also that of the playground, oriented to the afternoon sun. The two group spaces are joined on the east and south sides. The three forms of play (active play, hobbies and crafts, fantasy and role play) have each been given their own place in the big playroom, the two group rooms with various climbing structures and corners and the hobby street with sandbox and water table, respectively. The hobby space can be identified from outside by the serrated roof. Differences in spatiality and atmosphere are supposed to invite play. The big movement and long vistas characterise the building as does the joining up of places with a different character. In this manner the infants can experience both distance and nearness in the building.

Fotografie Photography **René de Wit**

Links het speelplein, rechts markeren luifels de administratieruimte
On the left the playground, on the right the awnings mark the administration space

Speelhal met speelhuis, bergingen en kindertoilet
Play hall with play house, storerooms and children's toilet

Administratieruimte
Administrative space

Knutselstraat
Hobby street

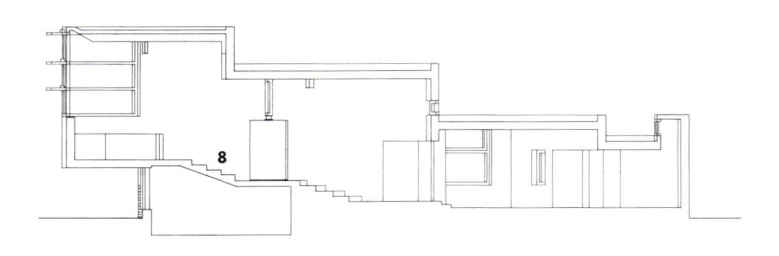

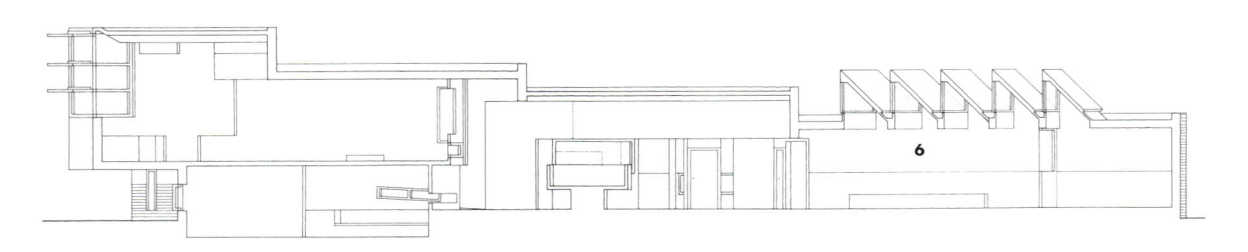

1 **Ingang**
  Entrance
2 **Kleedruimte**
  Dressing room
3 **Groepsruimten**
  Group rooms
4 **Zandbak**
  Sandbox
5 **Speelhal**
  Play hall
6 **Knutselstraat**
  Hobby street
7 **Speelhuis**
  Play house
8 **Trap naar administratieruimte**
  Staircase to administration space
9 **Speelplein**
  Playground

Plattegrond van begane grond en doorsneden
Floor plan of ground floor and cross sections

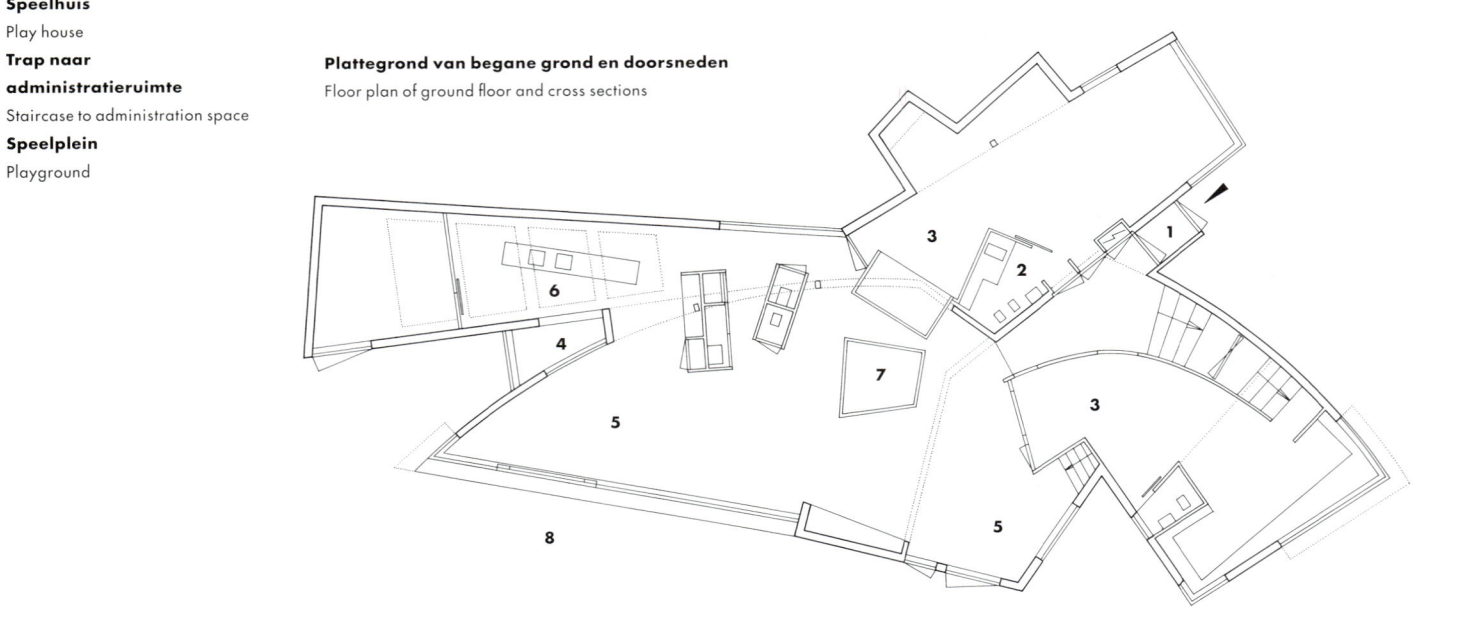

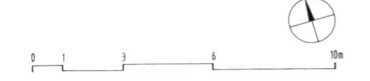

96

Speelhal aan speelplein
Play hall on playground

Kleedruimte
Dressing room

Doorgang naar ingang
Passage to entrance

Natuurmuseum
Museumpark Rotterdam

Architect
Erick van Egeraat associated architects Rotterdam

Projectarchitect Job Architect
Erick van Egeraat
Medewerkers Contributors
Perry Klootwijk, Birgit Jürgenhake,
Jeroen Schippers, Kerstin Hahn,
Theo Kupers, Jan Bekkering,
Alexandre Lamboley, Patrick Longchamp
Ontwerp-oplevering Design-Completion
1992-1996
Opdrachtgever Commissioned by
Ontwikkelingsbedrijf Rotterdam
Aannemer Contractor
Van Omme & De Groot Rotterdam
Constructeur Structural Engineer
Adviesbureau voor Bouwtechniek Delft/Velp

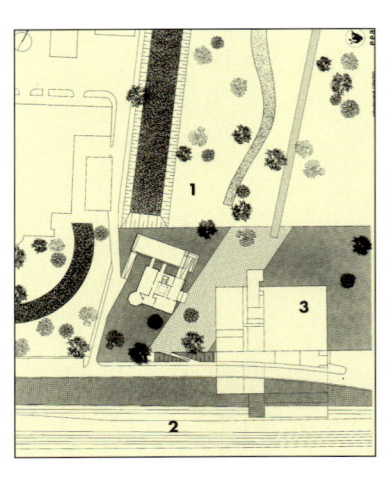

Verbinding van ingang naar nieuwe tentoonstellingsruimte
Connection from entrance to new exhibition space

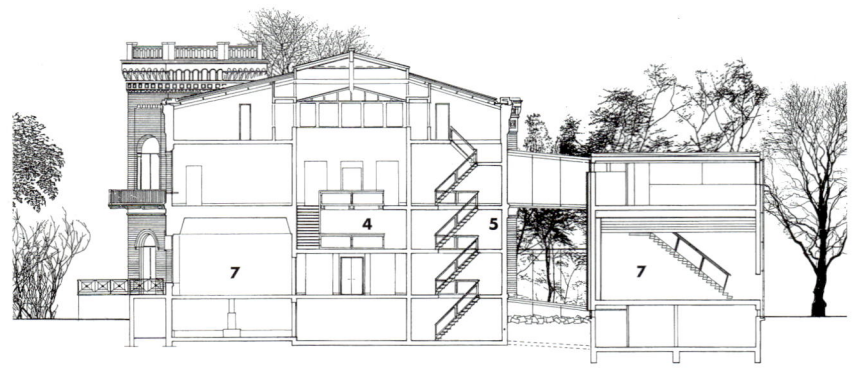

1 Museumpark
2 Westzeedijk
3 Kunsthal

Plattegrond begane grond en doorsnede
Floor plan ground floor and cross section

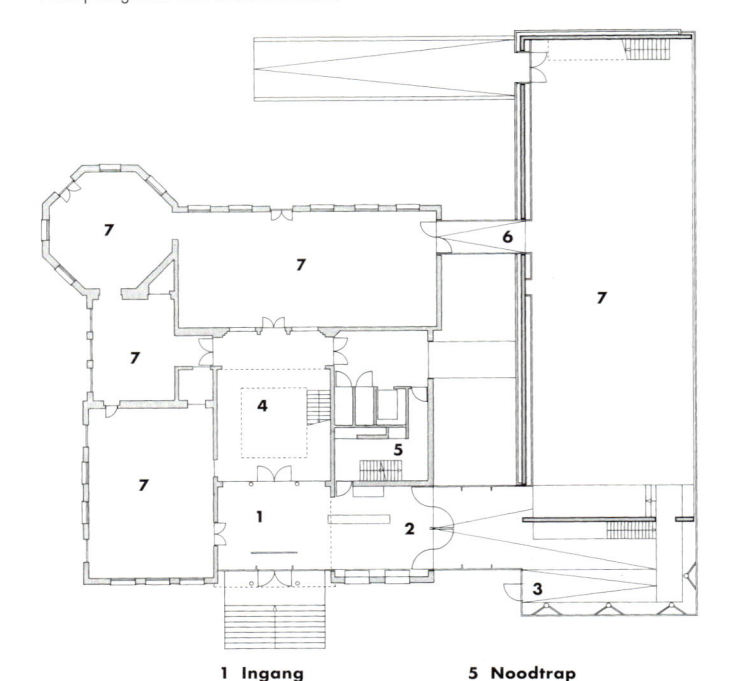

1 **Ingang** Entrance
2 **Balie en winkel** Desk and shop
3 **Ingang invaliden** Disabled entrance
4 **Hoofdtrappenhuis** Main staircase
5 **Noodtrap** Emergency stairs
6 **Glazen brug** Glass bridge
7 **Tentoonstelling** Exhibition

Het bestaande gebouw van het Natuurmuseum, het rijksmonument villa Dijkzigt, is grondig gerestaureerd en uitgebreid met een paviljoen. Dit bevat op de begane grond een hal en een 250 m² grote, open tentoonstellingszaal. Een trap vrij in de ruimte leidt naar de kantoren en de bibliotheek op de eerste verdieping. In het souterrain zijn de werkplaatsen ondergebracht, door een deels ingegraven tunnel verbonden met de depots in de oudbouw. Op de begane grond zijn oud- en nieuwbouw door twee glazen bruggen met elkaar verbonden. De vernieuwde hoofdentree in de oudbouw is door een hellingbaan verbonden met de glazen vide van de nieuwbouw. Een tweede brug verbindt de expositieruimten in de oudbouw met de nieuwe expositiezaal. Een brug op de eerste verdieping geeft vanuit de oudbouw toegang tot de kantoren en de bibliotheek.
De gevel van het paviljoen is opgebouwd uit een combinatie van drie 'huiden'. De binnenste is van beton en begrenst de tentoonstellingsruimte. Daaromheen zit glas, dat alleen aan de oostzijde van het gebouw loskomt en ruimte laat voor de vide. Doordat in de noordgevel het beton tot anderhalve meter boven de vloer is weggelaten, treedt hier over de gehele lengte het daglicht binnen. De bezoeker ervaart zo het groen van het park zonder dat dit het beeld van de tentoonstelling domineert. De derde huid van witte baksteen aan de zuid- en westzijde beschermt het gebouw tegen overdadige lichtinval.

The existing building of the Natuurmuseum, the listed building Villa Dijkzigt, has been extensively restored and extended with a pavilion. This has a hall and a 250 m² large, open exhibition hall on the ground floor. A detached, standing stairway leads to the offices and library on the first floor. The workshops are housed in the basement, connected to the depots in the old building by a tunnel which is partly sunken. On the ground floor the old and new sections are joined by two glass bridges. The renewed main entrance in the old building is linked by a ramp to the glass lightwell of the new building. A second bridge links the exhibition spaces in the old building with the new exhibition hall. A bridge on the first floor provides access to the offices and library from the old building.
The façade of the pavilion is constructed of a combination of three 'skins'. The innermost is of concrete and borders the exhibition space. Around this is glass, which only detaches itself from it on the east side of the building and leaves space for the lightwell. Because in the northern façade the concrete has been left out to a height of one and a half metres above the floor, daylight can enter here over the entire length of the building. In this way the visitor experiences the greenery of the park without it dominating the image of the exhibition. The third skin of white brick on the southern and western side protects the building from excess of light.

Hellingbaan van het oude naar het nieuwe gedeelte
Ramp from the old to the new section

Fotografie Photography **Christian Richters**

Vernieuwde ingang
Renewed entrance

Nieuwe inrichting westelijke tentoonstellingszaal in oude gedeelte
New layout of western exhibition hall in old section

Overbouwing Building Over Utrechtsebaan Den Haag

Fotomontage van toekomstige situatie van een deel van de overbouwing van de Utrechtsebaan. Op de voorgrond de Grotiusplaats met rechts daarvan het Paleis van Justitie (Grotiustoren). Meer op de achtergrond boven de Utrechtsebaan de kantoortoren aan de Bezuidenhoutseweg

Photo montage of the future situation of a part of the building across the Utrechtsebaan. In the foreground the Grotiusplaats with to the right the Palace of Justice (Grotiustoren). More in the background above the Utrechtsebaan the office tower on the Bezuidenhoutseweg

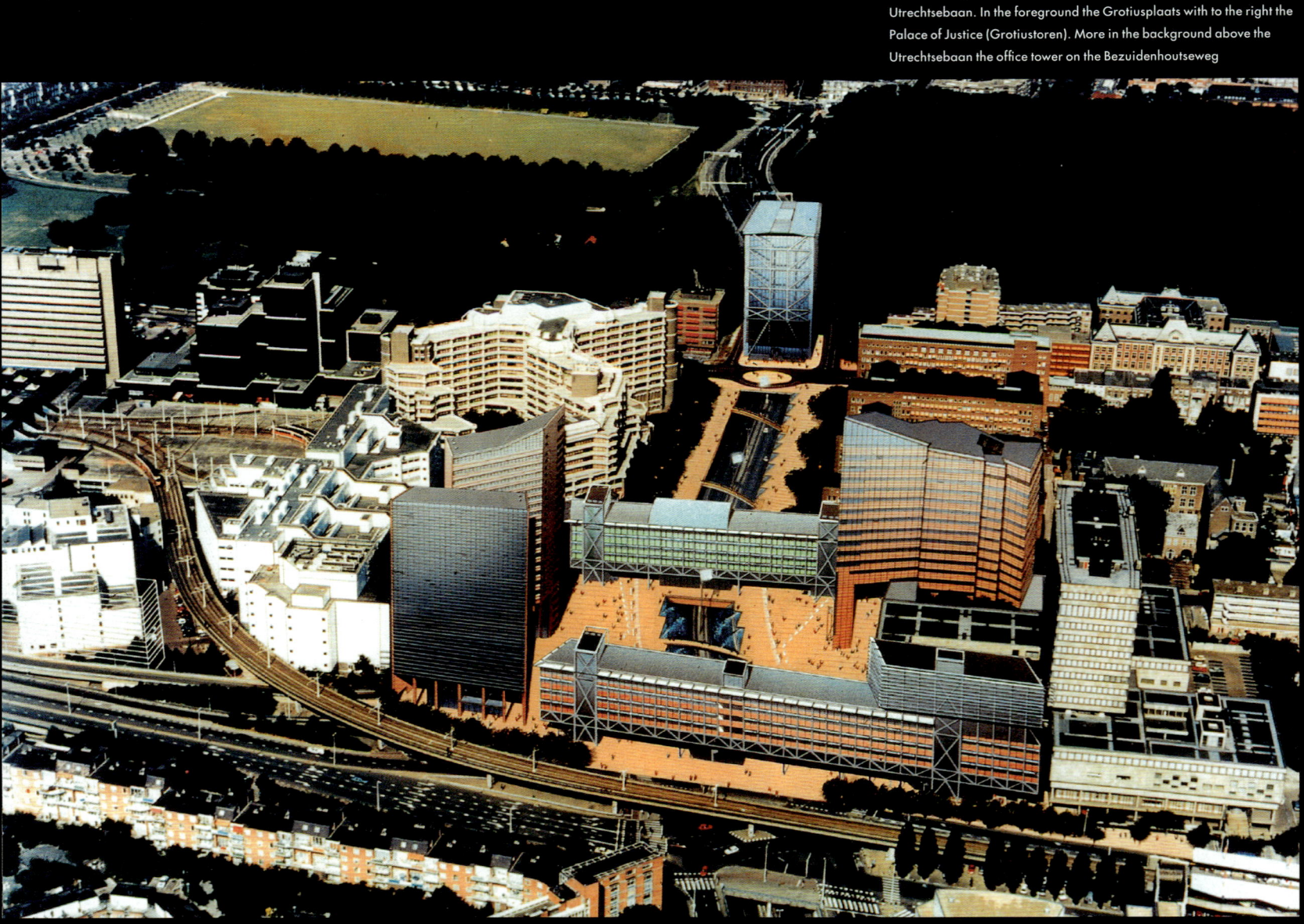

Masterplan

Joan Busquets

Opdrachtgevers Commissioned by Gemeente Den Haag, Rijksgebouwendienst, Multi Vastgoed

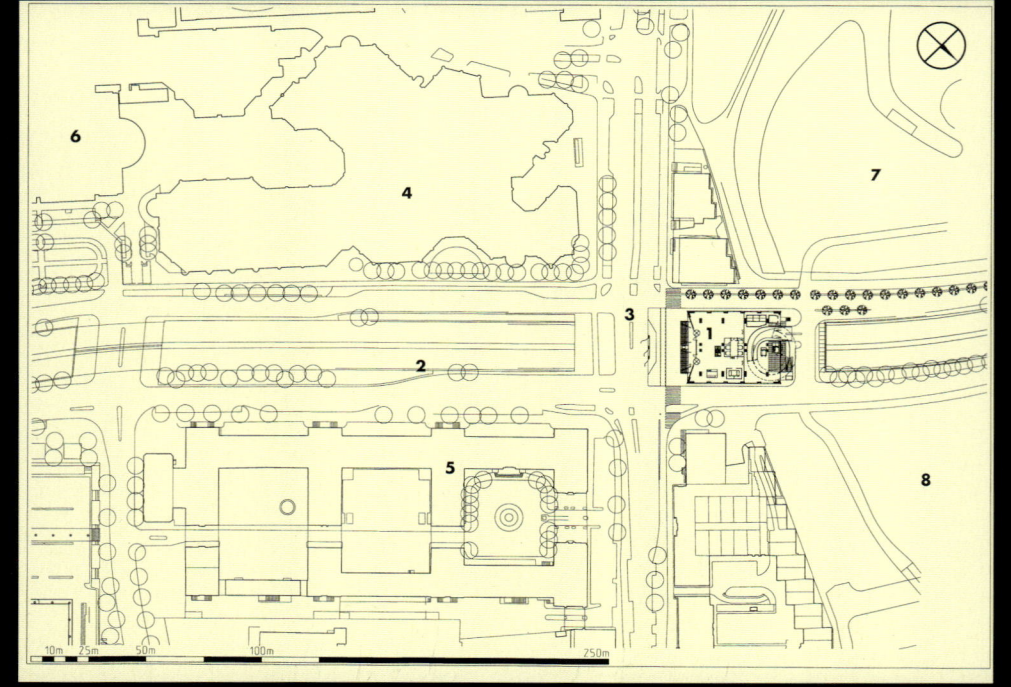

1 **Kantoortoren**
  Office tower
2 **Utrechtsebaan**
3 **Bezuidenhoutseweg**
4 **Ministerie van Buitenlands Zaken**
  Ministy of Foreign Affairs
5 **Ministerie van Landbouw, Natuurbeheer en Visserij**
  Ministry of Agriculture, Nature and Fishery
6 **Koninklijke Bibliotheek**
  Royal Library
7 **Koekamp**
8 **Haagse Bos**

Masterplan

Een trend bij schaarser wordende ruimte is dubbel grondgebruik. *Air rights buildings* zijn gebouwen die boven wegen en spoorlijnen verrijzen. Opdrachtgevers kopen de rechten van de lucht boven infrastructurele werken met daarbij slechts een marginaal stukje grond.

De open tunnelbak van de Utrechtsebaan vormt vanouds een barrière tussen het Haagse stadscentrum en de wijk Bezuidenhout. Naar een idee van de Spaanse architect Joan Busquets, supervisor van de ingrijpende reconstructie van het Haagse stadscentrum onder de naam 'Den Haag Nieuw Centrum', wordt de Utrechtsebaan plaatselijk overbouwd om zo de barrièrewerking ervan te overwinnen. Op drie plaatsen op en aan de Baan werden en worden kantoorgebouwen gerealiseerd. In 1995 werd het kantoor van de Nationale Nederlanden in gebruik genomen, dat als een poort over de weg heen is gebouwd (zie Jaarboek 1995-1996).

Het masterplan Grotiusplaats, in 1993 ontworpen door Busquets, voorziet tot het jaar 2000 in het gebied aan beide zijden van de Utrechtsebaan (tussen de Theresiastraat en de Juliana van Stolberglaan) in 60.000 m² kantoren, woningen en winkels. In het plan worden kantoor- en woontorens aan weerszijden van de Utrechtsebaan, waaronder de inmiddels gerealiseerde uitbreiding van het Paleis van Justitie, met elkaar verbonden door twee bruggebouwen. Tussen deze gebouwen boven de Utrechtsebaan ontstaat een plein, waar waterpartijen en fonteinen het geluid van het verkeer overstemmen. De verkeersbak wordt daartoe gedeeltelijk afgedekt met schermen.

Het masterplan maakt een einde aan het isolement van het Paleis van Justitie, in 1973 voltooid naar een ontwerp van F. Sevenhuysen en de recente uitbreiding, ontworpen door Niek van Vugt (bureau Ellerman Lucas Van Vugt). Deze uitbreiding, Grotiustoren genoemd, telt negentien verdiepingen. De toren met veel verschillende gevelrichtingen, is bekleed met rood-bruin graniet, het laagbouwgedeelte aan de Theresiastraat met rode baksteen. Op de derde verdieping is een verbinding gemaakt tussen oud- en nieuwbouw. In de nieuwbouw zijn het Gerechtshof, de Arrondissementsrechtbank en het Kantongerecht gevestigd.

Kantoortoren

De situering op een markant punt in de stad en de bijzondere technische randvoorwaarden van de plek zijn vertaald in het ontwerp, waarbij het krachtenverloop in de constructie en de bouwtechniek in een oogopslag afleesbaar zijn. De 72 meter hoge toren aan een viaduct over de Utrechtsebaan markeert de overgang van het stedelijk centrumgebied naar de groene zone van Malieveld en Haagse Bos. Vanaf de Utrechtsebaan fungeert het gebouw voor de automobilist als stadspoort, terwijl haaks daarop op maaiveldniveau de deling van de stad tengevolge van de verdiepte Utrechtsebaan ongedaan wordt gemaakt.

Het gebouw lijkt grotendeels op lucht te staan. Slechts smalle stroken aan weerszijden van de tunnelbak zijn geschikt voor de fundering. Het gehele gewicht van het gebouw wordt in deze stroken opgevangen. De zijgevels zijn uitgevoerd als een stijf dragend betonnen raamwerk, op de beide koppen verbonden door stalen stabiliteitsconstructies. Betonnen driehoeksspanten, over de volle hoogte van de begane grond, overspannen de Utrechtsebaan en dragen het hele gebouw.

Op de eerste vijf verdiepingen dringt een parkeergarage het gebouw binnen, van buiten herkenbaar aan de vleugelvormige aluminium lamellen. Daarboven is een dubbele etage ingericht als restaurant en congrescentrum, met dáárboven twaalf lagen kantoren.

De gevels zijn rondom in op verschillende manieren bewerkt glas uitgevoerd. De kopgevels, dwars op de Utrechtsebaan, zijn op de kantoorverdiepingen van vloer tot vloer voorzien van lichtgroen getint glas. Door de gevels naar binnen te knikken blijven de staalconstructies in het zicht en wordt het poortkarakter van het gebouw versterkt. De zijgevels zijn afgewerkt met drie soorten beglazing: heldere raamstroken, gefigureerd, zonwerend glas en rode glazen bouwstenen in de betonnen borstwering. Het dakoverstek en de lamellen in de middenstrook en de zijranden van het dak geven het gebouw een herkenbare beëindiging.

Masterplan

Double ground use has become a trend, given the increasing scarcity of space. Air rights buildings are buildings which are built above roads and railway lines. The clients buy the rights to the air above infrastructural works, with just a marginal piece of ground included.

The open tunnel trough of the Utrechtsebaan has long been a barrier between the city centre of The Hague and the Bezuidenhout district. Inspired by an idea of the Spanish architect Joan Busquets, supervisor of the extensive reconstruction of the city centre of The Hague under the name 'The Hague New Centre', the Utrechtsebaan will be built over at some points, to overcome its barrier effect. Office buildings have been built and are under construction at three points on and above the Baan. The offices of Nationale Nederlanden were completed in 1995, and have been as a portal across the road (see Yearbook 1995-1996).

The Grotiusplaats masterplan, designed in 1993 by Busquets, envisages 60,000 m² of offices, dwellings and shops up to the year 2000, in the area on either side of the Utrechtsebaan (between the Theresiasstraat and the Juliana van Stolberglaan). In the plan, office and apartment tower blocks on either side of the Utrechtsebaan, including the now completed extension of the Paleis van Justitie, are joined by two bridge structures. A square is created above the Utrechtsebaan between these two buildings, where ponds and fountains drown out the traffic noise. To this end the traffic trough is partly sealed off with screens.

The masterplan ended the isolation of the Paleis van Justitie, completed in 1973 after a design by F. Sevenhuysen and the recent extension, designed by Niek van Vugt (Bureau Ellerman Lucas Van Vugt). This extension, called Grotius tower, has nineteen storeys. The tower, with many different façade directions, is clad in reddish-brown granite, the lowrise part on the Thesesiastraat with red brick. A connection has been made on the third floor between old and new building. The Gerechtshof, the Arrondisementsrechtbank and the Kantongerecht are housed in the new building.

Office Tower

The location at a striking point in the city and the unusual technical limiting conditions of the site have been translated in the design, making it possible to take in at a glance the dynamic of forces in the construction and the engineering techniques. The 72-metres-high tower on a viaduct over the Utrechtsebaan marks the transition from the urban centre area to the green zone of Malieveld and Haagse Bos. From the Utrechtsebaan the building functions as a city gate for the motorist, while at right angles to it, at ground level, the division of the city as a consequence of the sunken Utrechtsebaan is repaired.

The building seems to be standing largely on air. Only narrow strips on either side of the tunnel trough are suitable for the foundations. The entire weight of the building is borne in these strips. The end walls are built as a stiff, loadbearing concrete framework, linked at both ends by steel stabilising structures. Concrete triangular beams over the full height of the ground floor, span the Utrechtsebaan and support the entire building.

A car park penetrates the building on the first five floors, recognizable from the exterior by the wing-shaped aluminium plates. Above this a double floor has been laid out as restaurant and congress centre, with twelve floors of offices above this.

The façades on all sides have been made in glass processed in various ways. The end walls, at right angles to the Utrechtsebaan, are fitted from floor to floor with pale green tinted glass on the office floors. By bending the façades inward, the steel structures remain visible and the gate character of the building is reinforced. The side walls are finished with three sorts of glass: clear strips of windows, figured sun-resistant glass and red glass bricks in the concrete parapet. The roof projection and the panels in the middle section and the side edges of the roof give the building a recognizable finish.

Kantoortoren Office Tower
Haagse Bos

Bezuidenhoutseweg 10/12 Den Haag

Architect
Benthem Crouwel Architekten bv bna Amsterdam

Projectarchitecten Job Architects
Jan Benthem, Mels Crouwel,
André Staalenhoef
Medewerkers Contributors
André Bekker, Jacob Borren,
Cees van Giessen, Roy van Rijk
Ontwerp-oplevering Design-Completion
1993-1996
Opdrachtgever Commissioned by
Multi Vastgoed bv Gouda
Aannemer Contractor
Wilma Bouw bv Den Haag
Constructeur Structural Engineer
Ove Arup & Partners International Ltd
Londen; Corsmit Raadgevend
Ingenieursburo bv Rijswijk

Fotografie Photography **Jannes Linders**

Façade aan voorzijde met ingang entreehal aan Bezuidenhoutseweg
Façade at the front with entrance to the entrance hall on Bezuidenhoutseweg

De staalconstructie die voor stijfheid zorgt loopt buiten de naar binnen geknikte vliesgevel om
The steel construction which provides rigidity runs around the curtian wall which curves inward

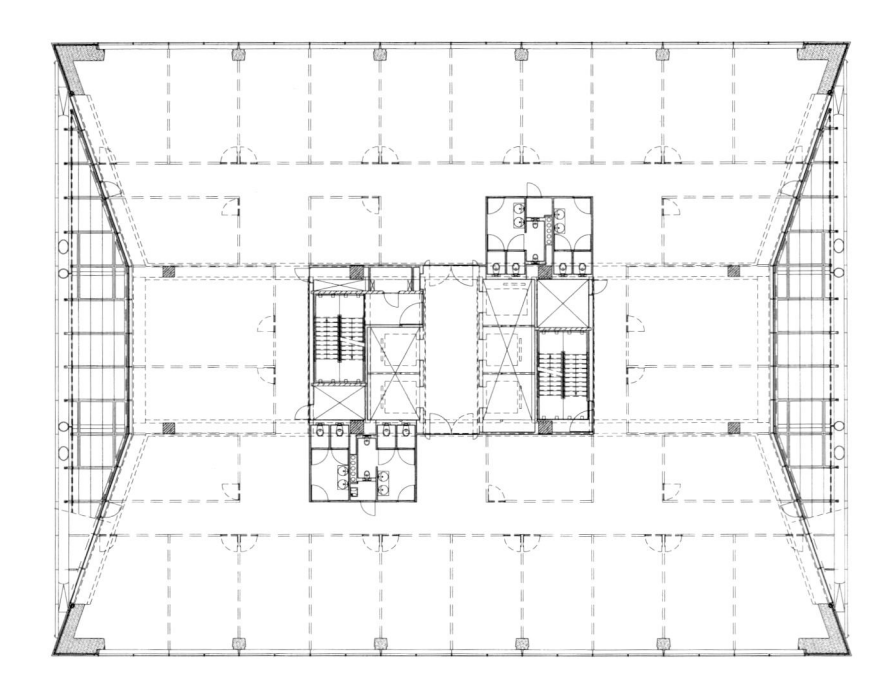

Niveau 11
Level 11

1 **Ingang**
　Entrance
2 **Entreehal**
　Entrance hall
3 **Toilethuis**
　Toilet building
4 **Hellingbaan parkeergarage**
　Ramp car park

Niveau 6
Level 6

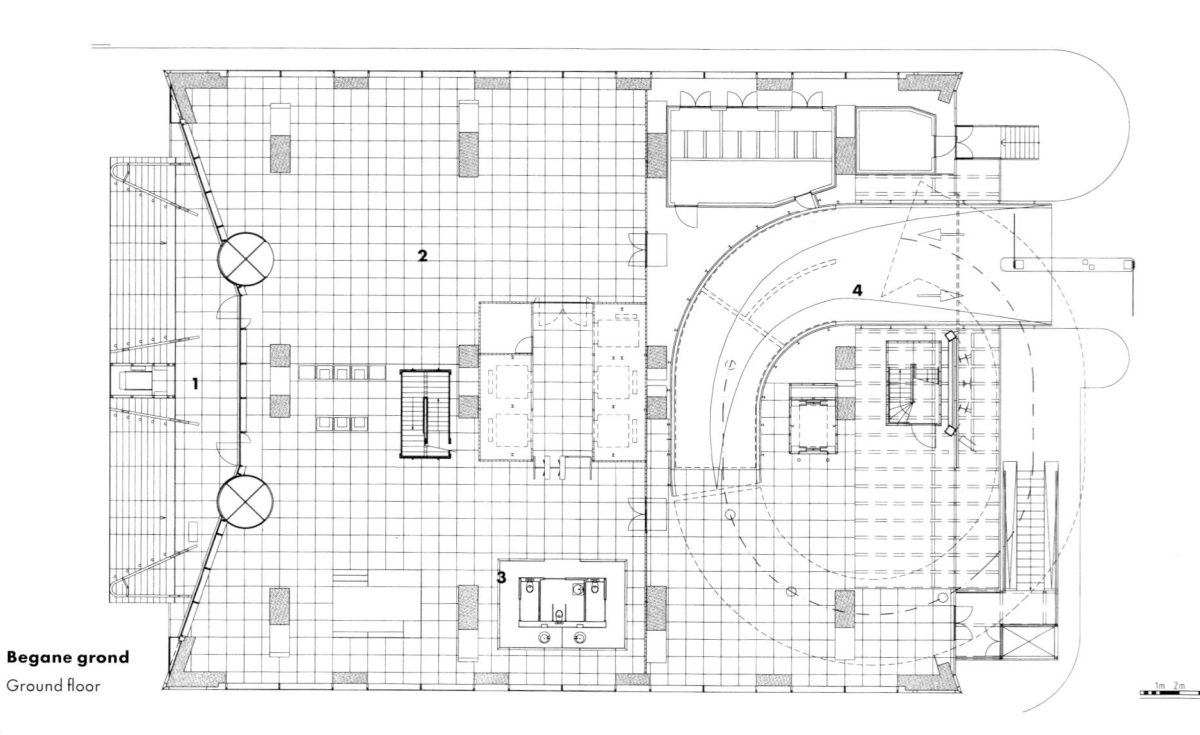

Begane grond
Ground floor

Langsdoorsnede Longitudinal section

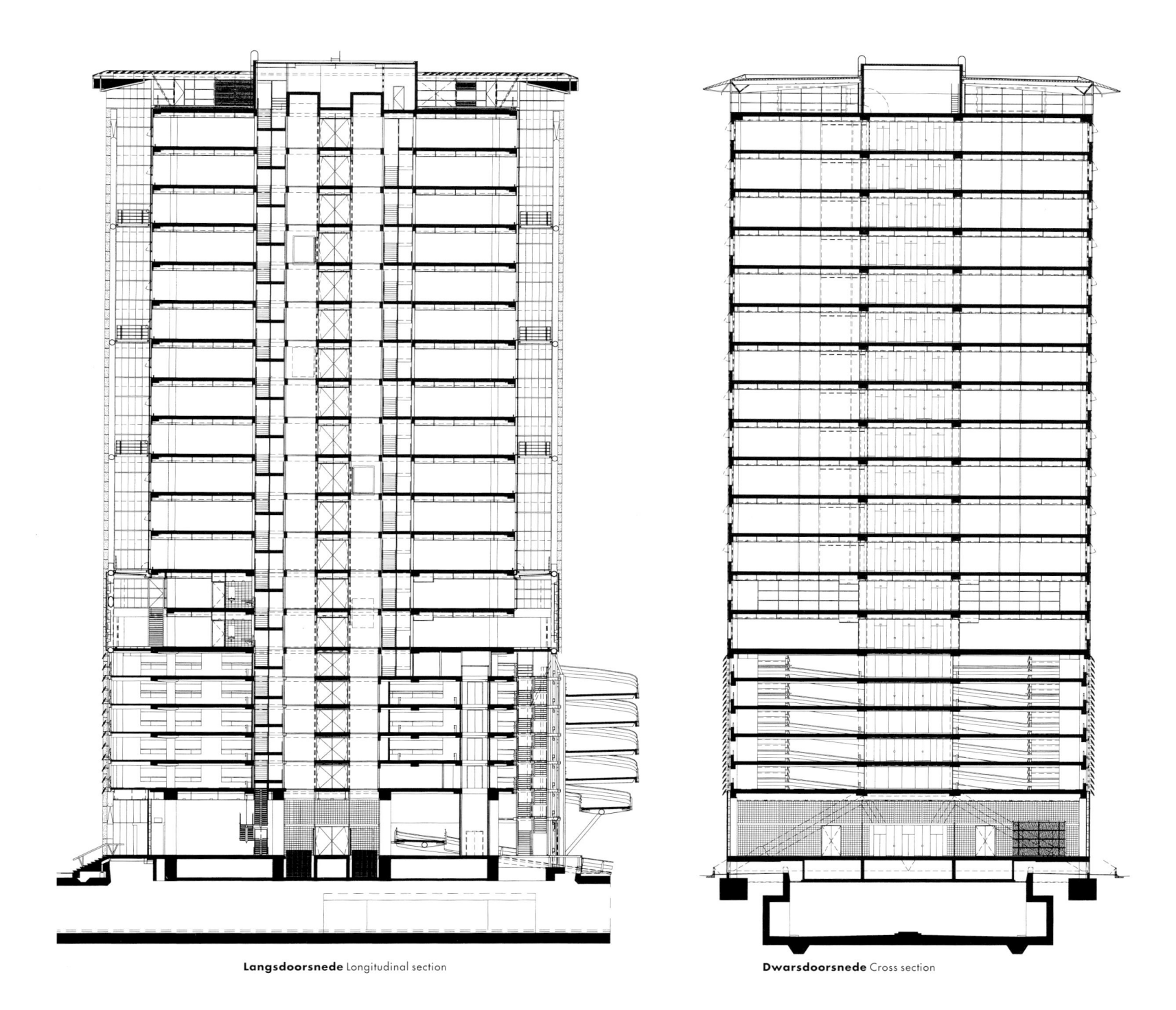

Dwarsdoorsnede Cross section

Entreehal Entrance hall

Toilethuis in entreehal Toilet building in entrance hall

Trap in entreehal Staircase in entrance hall

Gevel op het noordwesten met restaurant boven parkeergarage
Façade to the northwest with restaurant above car park

World Trade Center Amsterdam Airport

Schiphol Boulevard 105 Luchthaven Schiphol

Architect
Benthem Crouwel NACO Amsterdam/Den Haag

Projectarchitecten Job Architects
Jan Benthem, Guus Brockmeier, Mels Crouwel, Roelof Gortemaker, Pieter van Rooij
Medewerkers Contributors
André Bekker, Hans Blok, Kees van de Guchte, Martin Hill, Teun Oppelaar
Ontwerp-oplevering Design-Completion
1991-1996
Opdrachtgever Commissioned by
Kantoren Fonds Nederland Management bv Maastricht, in samenwerking met in cooperation with Amsterdam Airport Schiphol
Aannemer Contractor
Projectcombinatie P4, bestaande uit consisting of: Nelissen Van Egteren Bouw Hoofddorp bv Hoofddorp; Dura Bouw Amsterdam bv Amsterdam; Dirk Verstoep bv Rotterdam
Constructeur Structural Engineer
De Weger Architecten- en Ingenieursbureau bv Rotterdam
Interieurarchitect Interior Architect
Lella Vignelli, Sharon Singer (Vignelli Associates New York, USA)
Kunstenaar Artist
Dale Chihuly Seattle, USA

Kantoortorens van WTC Amsterdam Airport gezien vanaf daklaag parkeergarage
Office blocks of WTC Amsterdam Airport seen from the roof of car park

1 **Parkeergarage**
   Car park
2 **Kantoren**
   Offices
3 **Hotel**
   Hotel
4 **Schiphol Plaza**
   Schiphol Plaza
5 **Vertrek- en aankomsthallen**
   Arrivals and Departures
6 **Schiphol Boulevard**

Het World Trade Center past in het in 1979 door Benthem Crouwel NACO ontworpen stedenbouwkundig plan voor de uitbreiding van Schiphol Centrum. Het vormt onderdeel van een tachtig meter brede zone met reeds gebouwde of in aanbouw zijnde hoogwaardige hotels en kantoren, die luchtvaart genereren. Het WTC is gebouwd boven een nieuwe parkeergarage voor passagiers. Een brede, overdekte voetgangerstraverse tussen de parkeerlaag en de kantoren zorgt voor een snelle verbinding met Schiphol Plaza, het verkeersknooppunt van het terminalcomplex. Daaronder bevindt zich, naast het station van de Nederlandse Spoorwegen, een parkeerkelder in twee lagen voor bezoekers van het WTC. Om verkeer en passagiers zo min mogelijk te belemmeren is het gehele bouwwerk opgetild. Het bestaat thans uit vier afzonderlijke kantoorgebouwen, respectievelijk zes en acht lagen hoog, met elkaar verbonden door een hoofdniveau met centrale faciliteiten, zoals de ontvangstbalie, banken en uitzendorganisaties. Schuingeplaatste Y-vormige betonkolommen 'vertalen' het stramien van de parkeergarage naar dat van de torens. De kantoorvloeren zijn kolomvrij gebouwd, hetgeen een flexibele indeling mogelijk maakt. In de toekomst is voorzien in uitbreiding van het complex met nog eens vier torens.
Een tussen glazen bouwsteenwanden gelegen 'kloof' in de lengterichting van het complex, met vijvers, watervallen en een spectaculair glaskunstwerk van de Amerikaanse kunstenaar Dale Chihuly, verbindt ruimtelijk de functioneel geheel van elkaar gescheiden verkeerssystemen van passagiersgarage en kantorencomplex. Zowel in de gevels als in het interieur is het materiaalgebruik terughoudend en degelijk. De gevels zijn licht en transparant afgewerkt met aluminium, roestvrijstaal, graniet en helder glas. In het interieur zijn naast schoon beton en staal zoveel mogelijk natuurlijke materialen toegepast, zoals graniet, stucwerk en esdoornhout.

The World Trade Center fits into the urban plan made by Benthem Crouwel NACO in 1979 for the expansion of Schiphol Center. It is part of a zone eighty metres wide with high quality hotels and offices generating air traffic, already built or under construction. The WTC is built above a new car park for passengers. A wide, roofed pedestrian route between the parking storey and the offices provides rapid connections with Schiphol Plaza, the traffic junction of the terminal complex. Under this, beside the railway station, is an underground car park on two floors for visitors to the WTC. In order to restrict traffic and passengers as little as possible the entire building has been raised up. It currently consists of four separate office blocks, six and eight floors high respectively, joined together by a main floor with central facilities such as reception desk, banks and temping agencies. Y-shaped concrete columns placed at an angle 'translate' the pattern of the car park into that of the towers. The office floors have been built free of columns, which makes it possible to lay them out flexibly. It is envisaged that the complex can be extended by four more towers in the future.
A 'gap' between glass brick walls in the length of the complex, with ponds, waterfalls and a spectacular glass artwork by the American artist Dale Chihuly links in spatial terms the functional whole of traffic systems of passengers' garage and office complex which are divided from each other. The use of material is restrained and sober in both outer walls and interior. The façades have been finished in a light, transparent manner with aluminium, stainless steel, granite and clear glass. As many natural materials as possible have been used in the interior, such as granite, plaster and ash wood, alongside smooth concrete and steel.

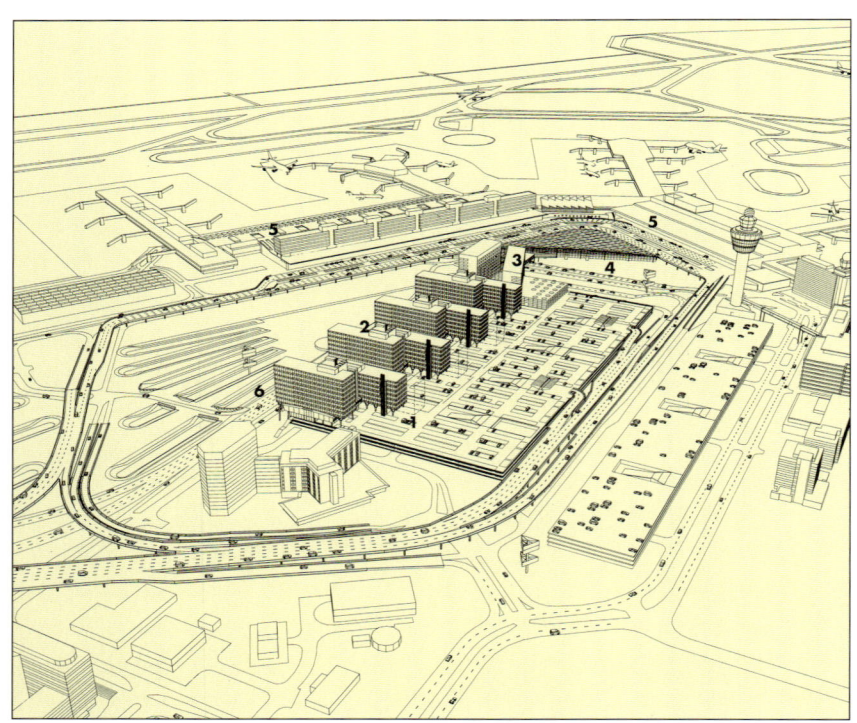

Fotografie Photography **Jannes Linders**

Ingang WTC-complex aan Schiphol Boulevard waaraan de opgetilde verbindingszone is gesitueerd
Entrance to WTC-complex on Schiphol Boulevard where the tilted connecting zone is located

De verbindingszone voor bezoekers luchthaven en gescheiden daarvan (rechtsboven) voor WTC-bezoekers
The connecting zone for airport visitors and separate (top right) for WTC visitors

Niveau 4 tot en met 7, standaard kantoorlaag
Level 4 to 7, standard office floor

Niveau 3, hoofdverdieping WTC Amsterdam Airport
Level 3, main floor WTC Amsterdam Airport

Niveau 2 met parkeren reizigers en bezoekers luchthaven
Level 2 with car park for travellers and airport visitors

1 **Verbindingszone voor reizigers en bezoekers luchthaven**
  Connecting zone for travellers and airport visitors
2 **Traverse naar Schiphol Plaza**
  Traverse to Schiphol Plaza
3 **Hotel**
  Hotel
4 **Toegang tot WTC**
  Entrance to WTC
5 **Vijver-kunstwerk**
  Pond artwork
6 **Voetgangersin- en uitgang parkeren**
  Pedestrian entrance and exit to parking
7 **In- en uitritten parkeren reizigers en bezoekers luchthaven**
  Ramps to parking for travellers and airport visitors
8 **Receptie WTC**
  WTC reception
9 **Bankkantoren**
  Banks
10 **Hangbrug**
   Suspended bridge
11 **Lifthallen**
   Lift halls
12 **Club**
   Club
13 **Vergadercentrum**
   Conference centre
14 **Businesscentrum**
   Business centre
15 **Uitzendbureaus**
   Temp agencies
16 **Vide**
   Lightwell
17 **Spoorwegstation**
   Railway station

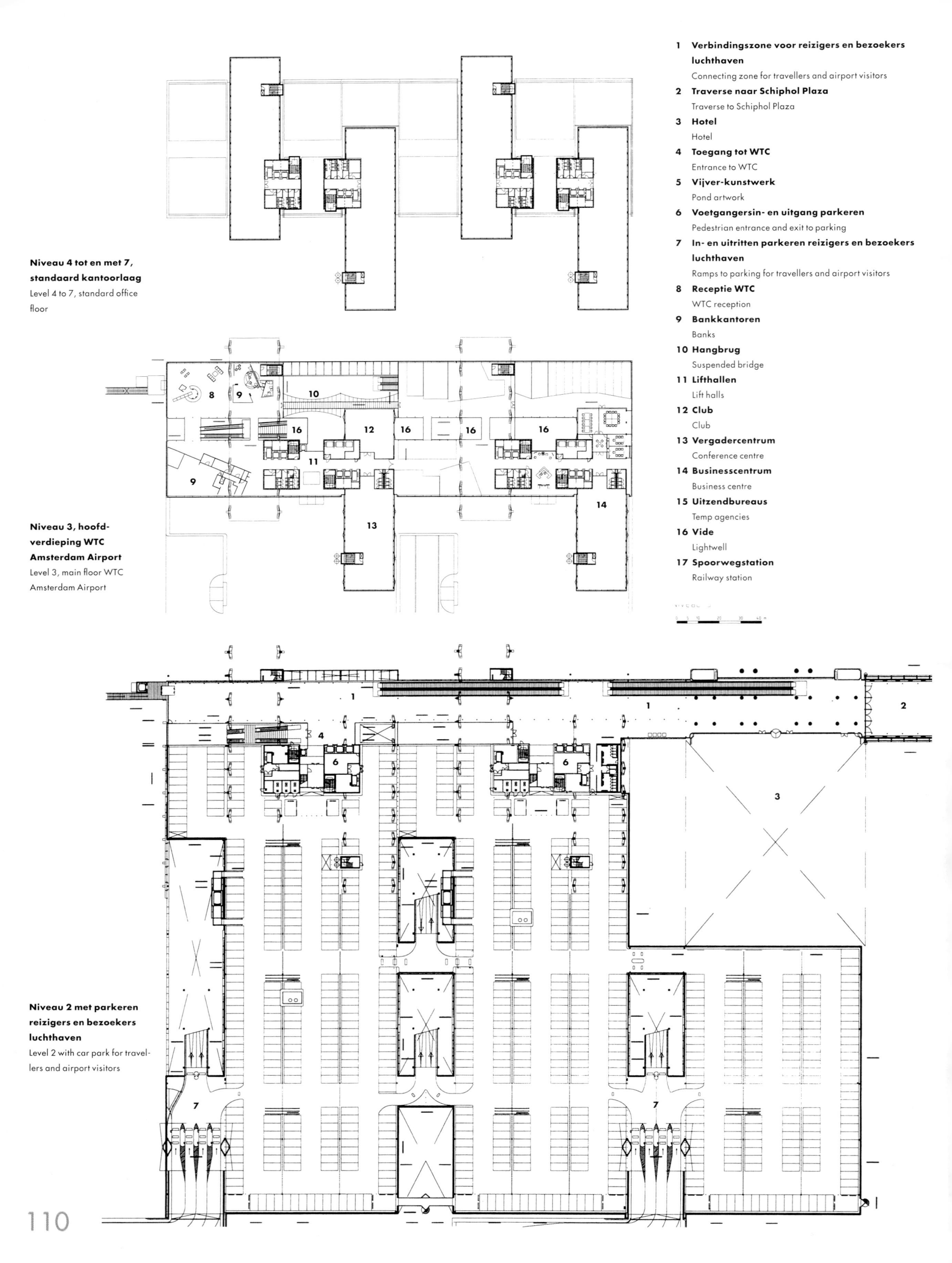

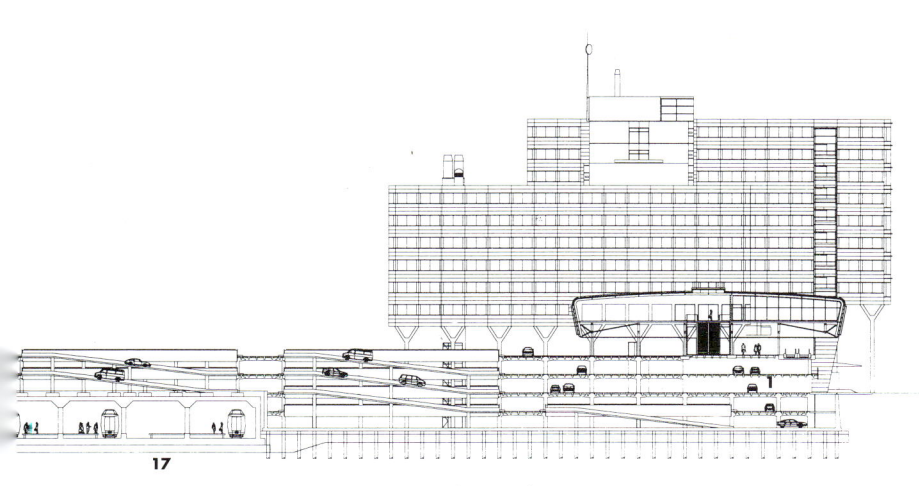

Dwarsdoorsnede Cross section

Beëindiging verbindingszone Ending connecting zone

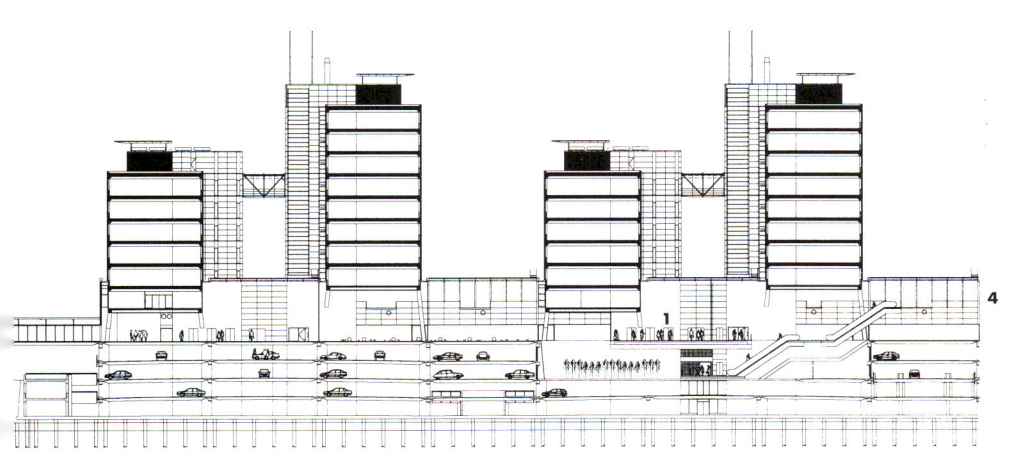

Langsdoorsnede Longitudinal section

Vijver-kunstwerk Pond artwork

Receptie WTC Amsterdam Airport Reception WTC Amsterdam Airport

Woonhuis met boothuis
House with Boathouse

Loosdrecht

Architect
Baneke, van der Hoeven Architekten Amsterdam

Projectarchitect Job Architect
Baneke, van der Hoeven Architekten
Medewerkers Contributors
Jan de Haan, Frank Langhorst
Ontwerp-oplevering Design-Completion
1994-1996
Aannemer Contractor
Bouwbedrijf Schipper Hilversum
Constructeur Structural Engineer
ABT
Interieurarchitect Interior Architect
Baneke, van der Hoeven Architekten
Tuinarchitect Landscape Architect
Baneke, van der Hoeven Architekten

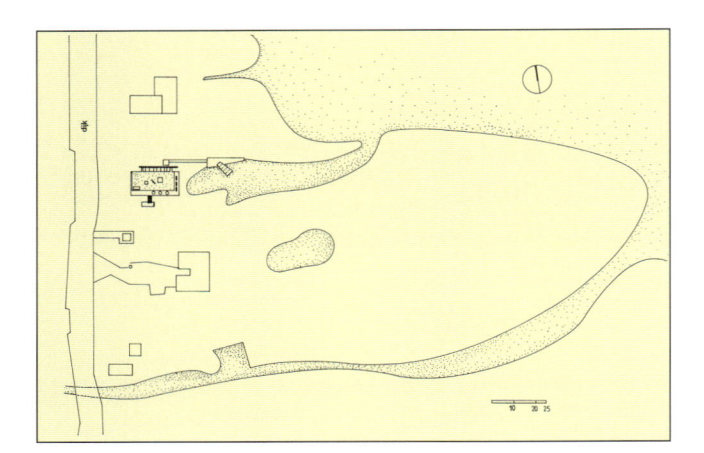

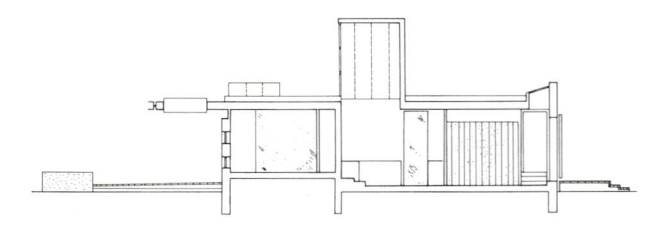

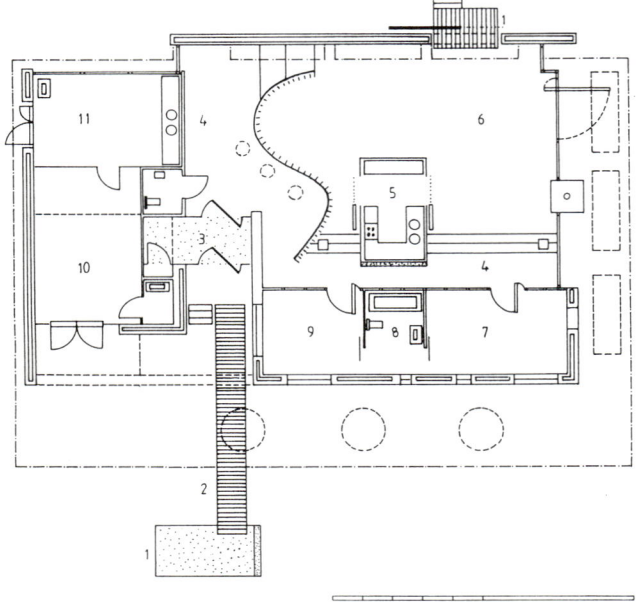

Woonkamer met uitzicht op het water, op de achtergrond het boothuis
Livingroom with view of the water, the boathouse in the background

Dwarsdoorsnede over woonkamer en slaapkamer met in het midden de lichtkoker boven de keuken
Cross section of livingroom and bedroom with in the middle the light shaft above the kitchen

1 **Bordes** Landing
2 **Loopbrug** Footbridge
3 **Entree** Entrance
4 **Omloop** Gallery
5 **Keuken** Kitchen
6 **Kamer** Room
7 **Kamer** Room
8 **Badkamer** Bath room
9 **Kamer** Room
10 **Garage** Garage
11 **Tuinkamer** Garden room

Het woonhuis bevindt zich op een langwerpige kavel op moerasachtig terrein, dat nauwelijks toegankelijk is. Het bestaat uit een rechthoekig bouwvolume in één laag, waarin naast garage en tuinkamer de verblijfsruimten zijn gerangschikt. Deze bevinden zich op een vloer met verschillende niveaus en onder een dak met grote overstekken, waaruit op bepaalde plaatsen ronde en rechthoekige openingen zijn gesneden. De lichtgaten zijn voorzien van met zink beklede opbouwen van verschillende hoogte en omvang. Door de oriëntaties ten opzichte van de zon wisselt het licht in het interieur van diffuus naar helder. De slaapruimten zijn van de overige ruimten afgescheiden door dubbelwandige glasvlakken met aluminium lamellen. Het woongedeelte kent een vrije plattegrond, waarin een S-vormig scherm en de vrijstaande keukenruimte zorgen voor een verdeling in een omloop en eigenlijke woonruimte. De keuken bevindt zich in het hart van het interieur onder een lichtgat en is voorzien van wanden van gestraald glas. De sfeer van het interieur wordt verder bepaald door taats- en schuifdeuren van verschillende houtsoorten en een diep paarsblauwe kunststofvloer. Vanaf een betonnen vlonder voert een hellingbaan (loopplank) met metalen roosters naar de entree van het huis. De buitenwanden zijn bekleed met multiplexplaat in een regelmatig raster, metselwerk van morenekeien, zink en stucwerk. In een van de grote glazen vlakken is naar buiten uitstulpend een haardblok aangebracht, bekleed met keien. In de gesloten noordgevel bevindt zich een glazen schuifdeur, die het uitzicht inkadert en toegang geeft tot een steiger en een verhoogd pad naar het boothuis. Het boothuis in een organische vorm, is uitgevoerd in gepotdekselde, onbehandelde delen van western red cedar.

The house is on a barely accessible elongated plot on swampy land. It consists of a rectangular building volume on one floor, in which are arranged the living spaces alongside garage and garden room. These are placed on a floor with different levels and under a roof with big overhangs, in which round and rectangular openings have been cut at certain places. The light holes are provided with structures clad in zinc, of different heights and sizes. Due to the orientations with regard to the sun, the light in the interior differs from diffuse to bright. The sleeping areas are separated from the other spaces by double-walled glass surfaces with aluminum slats. The living area has an open floor plan with an S-shaped screen and the autonomous kitchen area ensuring a division into a gallery and the actual living space. The kitchen is in the heart of the interior, under a window and has walls of treated glass. The atmosphere of the interior is further defined by sliding and folding doors of various types of wood and a deep purple plastic floor. From a concrete float a ramp (plank) with metal grids leads to the entrance of the house. The exterior walls are clad in plywood sheets in a regular pattern, masonry of morene stones, zink and plaster. A fireplace block which protrudes outward has been fitted into one of the big glass surfaces, clad in stones. There is a glass sliding door in the closed north façade, which frames the view and provides access to a jetty and a raised path to the boathouse. The boathouse, with an organic form, is built in a scalloped, untreated western red cedar planks.

Fotografie Photography **Jeroen van Putten**

West- en zuidgevel
West and south façade

Woonkamer met rechts het glazen keukenblok
Livingroom with on the right the glass kitchen unit

Studentenhuisvesting
Student Housing **De Struyck**

Den Haag

Architect
de Architekten Cie. Amsterdam

Projectleiders Project Leaders
L. Theunissen, F.A. Verwij
Medewerkers Contributors
D. Scholten, R. Linschoten
Ontwerp-oplevering Design-Completion
1993-1996
Opdrachtgever Commissioned by
Chr. Woningbouwvereniging Patrimonium Den Haag (bedrijfsruimten commercial premises)
Aannemer Contractor
MUWI Rotterdam
Constructeur Structural Engineer
Adviesburo Van Eck Rijswijk
Adviseur installaties Installations Consultant
Huygen Elwako Raadgevende Ingenieurs bv Rotterdam
Kunstenaar Artist
Peter Struycken

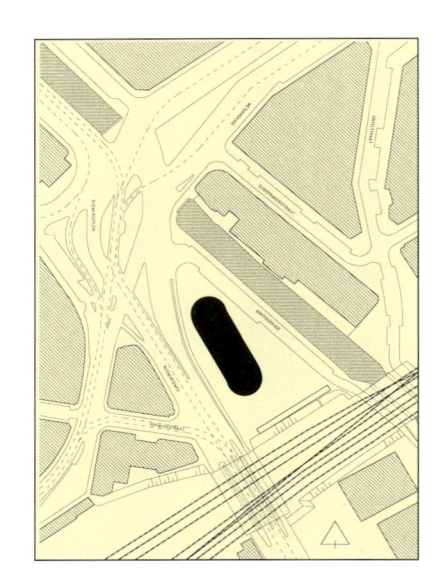

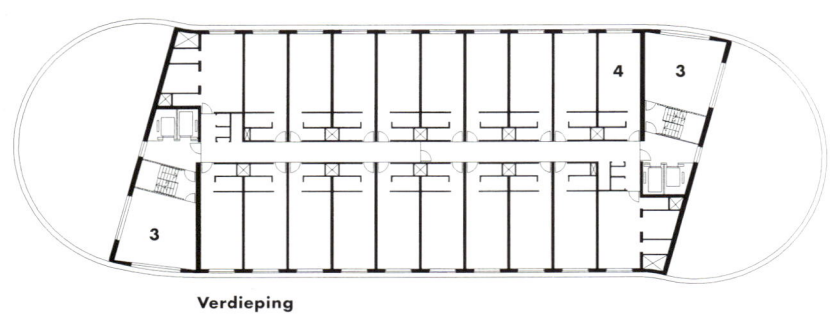

Verdieping
Storey

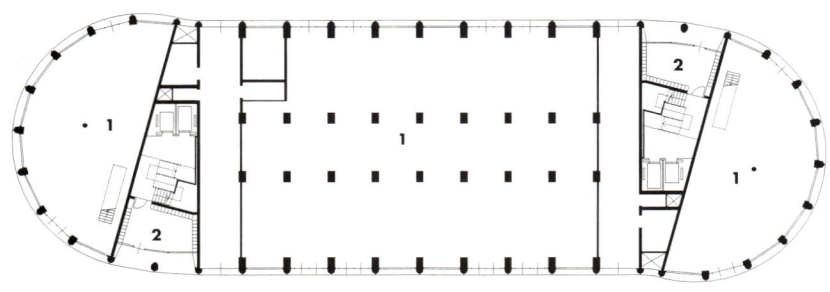

Begane grond
Ground floor

1 **Winkelruimte** Commercial space
2 **Entree woningen** Entrance dwellings
3 **Collectieve loggia** Communal loggia
4 **Studentenunit** Student unit

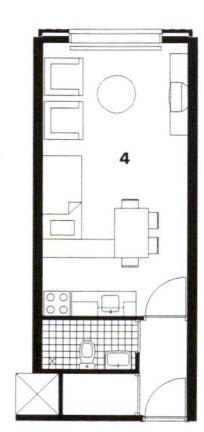

Op deze ingesnoerde locatie met een hoge geluidsbelasting past een hoog gebouw. De nabijheid van de Haagse Hogeschool, het spoorwegstation Hollands Spoor en het stadscentrum maakt de locatie zeer geschikt voor studentenhuisvesting.
Het blok met een ruitvormige plattegrond rust op een klassieke plint. De begane grond bestaat naast de twee hoofdentrees voor de wooneenheden uit verhuurbare bedrijfsruimte. De 380 wooneenheden zijn per verdieping in twee maal tien eenheden gelegen aan een middengang. Aan beide koppen bevinden zich naast de liften en trappen de collectieve ruimten: achttien met glas afgeschermde dubbelhoge loggia's.
Beeldend kunstenaar Peter Struycken ontwierp het tegelpatroon op de gevels: witte, zwarte en groene tegels op een rode ondergrond.

A tall building is suitable for this constricted location with a high level of noise. The near vicinity of the Haagse Hogeschool, the Hollands Spoor train station and the city centre make the location extremely suitable for student housing.
The block with a diamond-shaped floor plan is mounted on a classical base. Apart from the two main entrances to the housing units the ground floor consists of commercial space for rent. The 380 housing units are located on a central corridor with twice ten units per floor. The communal spaces are at the ends beside the lifts and stairs, eighteen double-height loggias screened off with glass.
The artist Peter Struycken designed the tile pattern on the façades: white, black and green tiles on a red background.

Fotografie Photography **Raoul Suermondt**

Zuid- en westgevel
South and west façade

Woningbouw Housing Gooimeer

Harderwijkerzand Huizen (NH)

Architect
W.J. Neutelings Architectuur bv Rotterdam

In samenwerking met In Cooperation with
bv Bureau voor Bouwkunde facilitair bedrijf Rotterdam
Projectarchitect Job Architect
Willem Jan Neutelings
Medewerkers Contributors
Michiel Riedijk, Willem Bruijn, Gerrit Schilder
Ontwerp-oplevering Design-Completion
1994-1996
Opdrachtgever Commissioned by
Bouwfonds Woningbouw bv Haarlem
Aannemer Contractor
Coen Hagendoorn Bouw bv Huizen
Constructeur Structural Engineer
Ingenieursgroep van Rossum Amsterdam
Landschapsarchitect Landscape Architect
Juurlink & Geluk Rotterdam

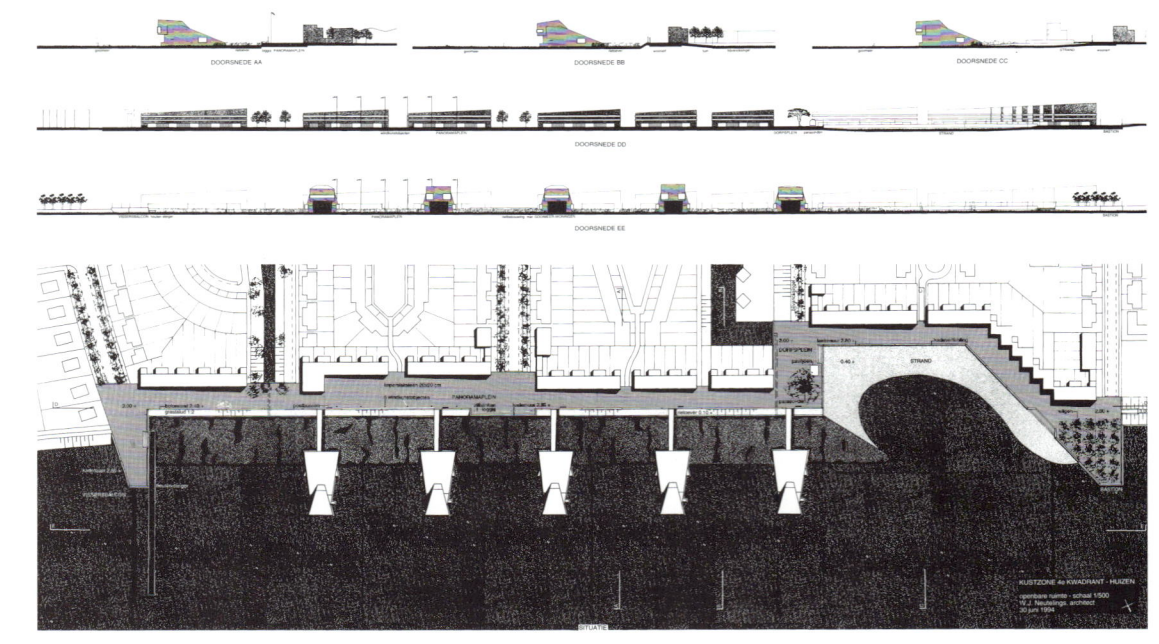

Stedenbouwkundig ontwerp voor toekomstige ontwikkelingen kustzone
Urban design for future development of coastal zone

1 **Strand** Beach
2 **Bastion**

Eerste fase First phase

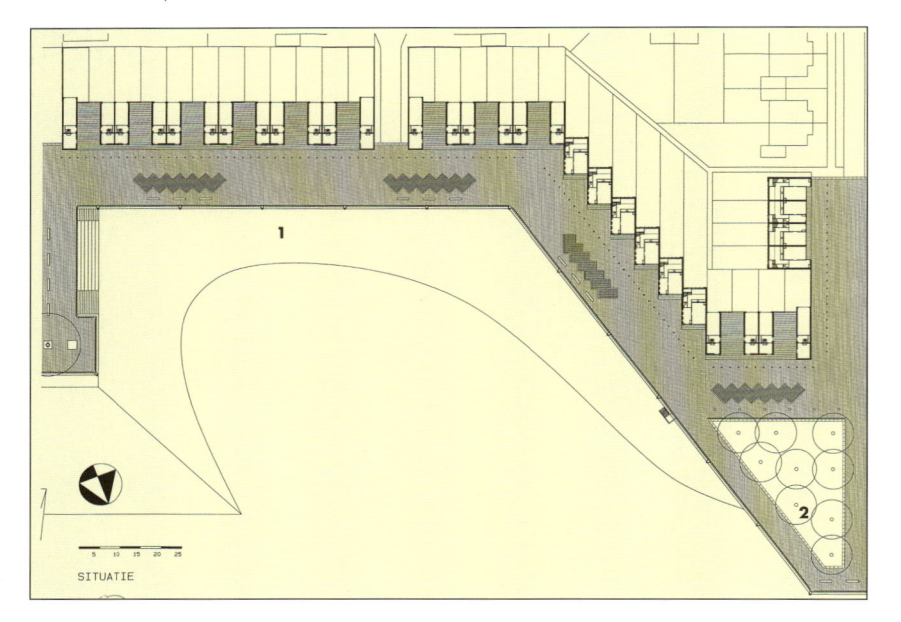

Maquette kustzone
Model of coastal zone
Foto Photo **Daria Scagliola**

De locatie is een circa 750 meter lange strook aan de zuidelijke oever van het Gooimeer. Ze vormt de beëindiging van een nieuwe wijk aan het water en is onderdeel van het lineaire silhouet van Huizen aan het meer. Voor deze kustzone is een totaalplan ontwikkeld van 152 woningen, waarvan de eerste 32 drive-in en panoramawoningen zijn gerealiseerd. Deze eerste fase beslaat drie bouwblokken, aangelegd rond een strandje en een uitkijkbastion. In een tweede fase volgen nog vijf gelijksoortige blokken en vijf heel andere woongebouwen in het water. De plandelen worden verbonden door een aaneengesloten buitenruimte, onderdeel van de wandelroute naar Huizen. Om aan de voorzijde optimaal te kunnen profiteren van het uitzicht op het Gooimeer en aan de achterzijde van de zon, is een nieuw type woning ontwikkeld, de 'panoramawoning'. Elke woning staat op een kavel van zes meter breed, maar heeft een woonkamer van twaalf meter breed met ramen over de volle breedte. Dit is bereikt door de toepassing van een bajonetdoorsnede, waarbij de ene woning over de kavel van de naastgelegen woning schiet. Door een insnoering in het hart van de woning dringt het zonlicht diep binnen. Elke woning heeft een tuin, een carport en een dakterras of hangend terras, in geval van respectievelijk een beneden- en een bovenwoning. Achter de schuin oplopende dakranden kunnen individuele dakopbouwen worden gemaakt.
De gevels aan de voorzijde zijn bekleed met cementvezelplaten in naturelkleur en aan de achterzijde met oranjerode baksteen. De openbare ruimte is door de architect gelijk met de woningen mee ontworpen.

The location is a strip 750 metres long on the southern bank of the Gooimeer. It closes off a new neighbourhood on the water and is part of Huizen's linear silhouette on the lake. An overall plan has been developed for this shore zone, with 152 dwellings, of which the first 32 drive-in and panorama dwellings have been realised. This first phase covers three blocks, built around a beach and a viewing bastion. Five similar blocks will follow in a second phase, and five completely different residential buildings in the water. The plan parts are joined by a linked exterior space, part of the pedestrian route to Huizen.
In order to make maximum use of the view over the Gooimeer on the front and the sun at the back, a new type of dwelling has been developed, the 'panorama' dwelling. Each dwelling is on a plot six metres wide, but has a living room twelve metres wide with windows along its full length. This is achieved by using a bayonet section, whereby one dwelling extends over the plot of the dwelling beside it. By a constriction in the heart of the dwelling the sunlight penetrates deeply. Each dwelling has a garden, a carport and a roof terrace or hanging terrace, in the case of the lower and upper dwellings respectively. Individual roof structures can be made behind the sloping eaves. The façades at the front are clad in cement slabs in natural colour and with orange-red brick at the back. The public space has been designed by the architect together with the dwellings.

In de verte het Bastion beplant met wilgen
In the distance the Bastion planted with willows
Foto Photo **Stijn Brakkee**

Woonkamer van panoramawoning
Livingroom of panorama dwelling
Foto Photo **Stijn Brakkee**

Woningen gezien vanaf het Bastion Foto Photo Ger van der Vlugt
Dwellings seen from the Bastion

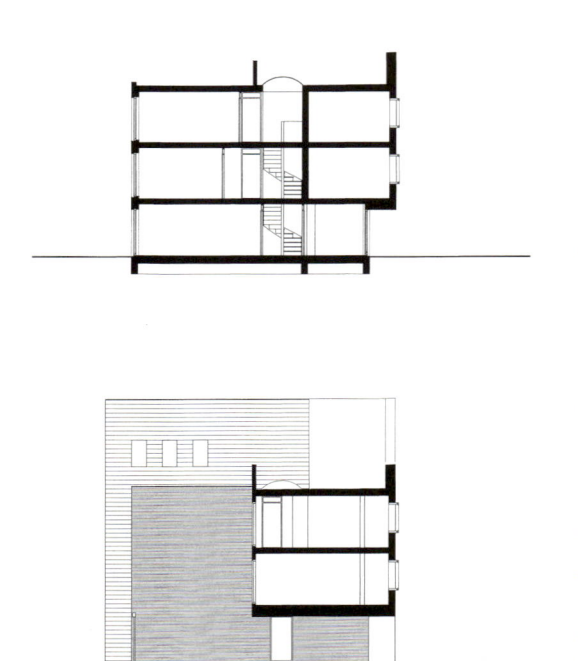

Tweede verdieping en dakverdieping, type P2 Second floor and roof floor, type P2

Dwarsdoorsneden type P1/P2
Cross sections type P1/P2

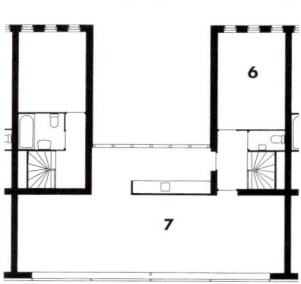

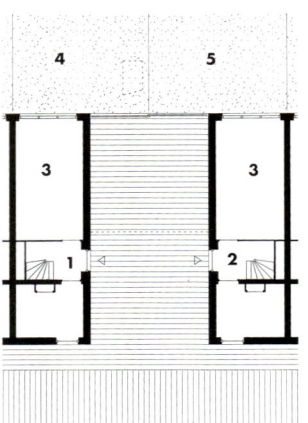

Begane grond
Ground floor

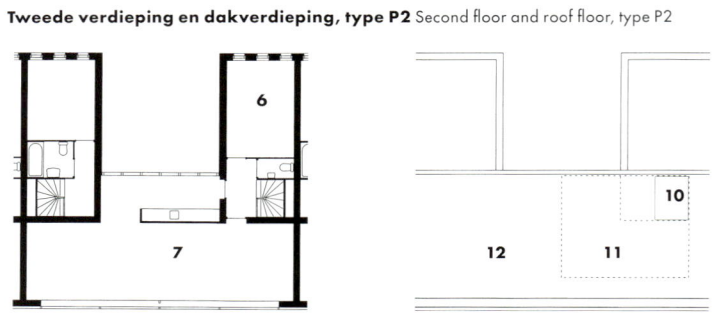

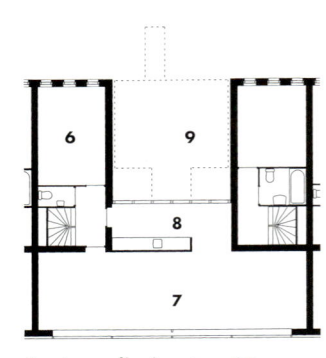

Eerste verdieping, type P1
First floor, type P1

1 **Entree type P1**
   Entrance type P1
2 **Entree type P2**
   Entrance type P2
3 **Tuinkamer**
   Garden room
4 **Tuin type P1**
   Garden type P1
5 **Tuin type P2**
   Garden type P2
6 **Slaapkamer**
   Bedroom
7 **Woonkamer**
   Living room
8 **Keuken**
   Kitchen
9 **Optioneel terras**
   Optional terrace
10 **Daklicht of optionele dakopgang**
   Skylight or optional roof staircase
11 **Optionele dakkamer**
   Optional roof room
12 **Dakterras**
   Roof terrace

Aansluiting van haaks op elkaar staande bouwstroken aan noordwestzijde
Connection of buildings strips at right angles to each other on the northwest side

Foto Photo **Ger van der Vlugt**

Type D3
Type D3

1 **Entree**
  Entrance
2 **Garage**
  Garage
3 **Keuken**
  Kitchen
4 **Verhoogd terras, optionele serre**
  Elevated terrace, optional conservatory
5 **Tuin**
  Garden
6 **Woonkamer**
  Living room
7 **Vide**
  Lightwell
8 **Hal**
  Hall
9 **Slaapkamer**
  Bedroom

Dwarsdoorsnede type D3
Cross section type D3

Begane grond
Ground floor

Eerste verdieping
First floor

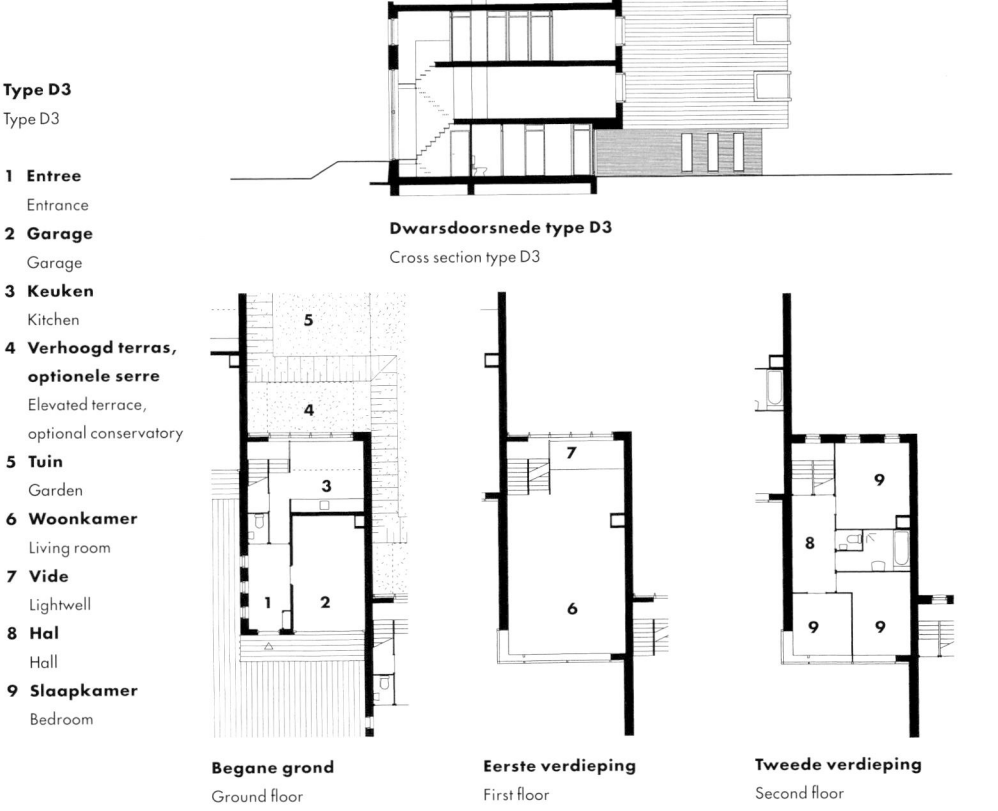

Tweede verdieping
Second floor

Tuingevels
Garden façades

Foto Photo **Ger van der Vlugt**

119

Woonzorgcomplex
Sheltered Housing Complex
Joh. de Deo

Reimerswaalstraat Amsterdam-Osdorp

Architect
MVRDV Rotterdam

Projectarchitecten Job Architects
Winy Maas, Jacob van Rijs,
Nathalie de Vries

Medewerkers Contributors
Willem Timmer, Arjan Mulder

Facilitair Bureau Technical Facilities
Bureau Bouwkunde, Rob Goverts

Ontwerp-oplevering Design-Completion
1994-1997

Opdrachtgever Commissioned by
Woningbouwvereniging Het Oosten
Amsterdam

Aannemer Contractor
Intervam BML Almere

Constructeur Structural Engineer
Pieters Bouw Techniek Haarlem

Bouwfysica Engineering
DGMR raadgevend ingenieurs Arnhem

Kunstenaar Artist
Jac Bisschops

Fotografie Photography **Hans Werlemann**

Vakwerkconstructie aanhangwoningen
Construction of suspended dwellings

1 Ookmeerweg
2 Reimerswaalstraat
3 Woonzorgcomplex
   Sheltered housing complex

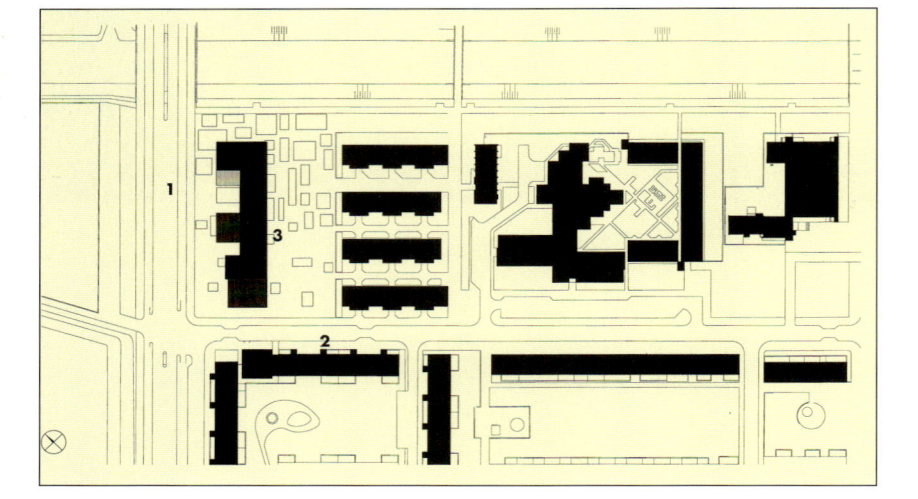

Gekleurd uitzicht door de glazen balkons
Coloured view through the glass balcons

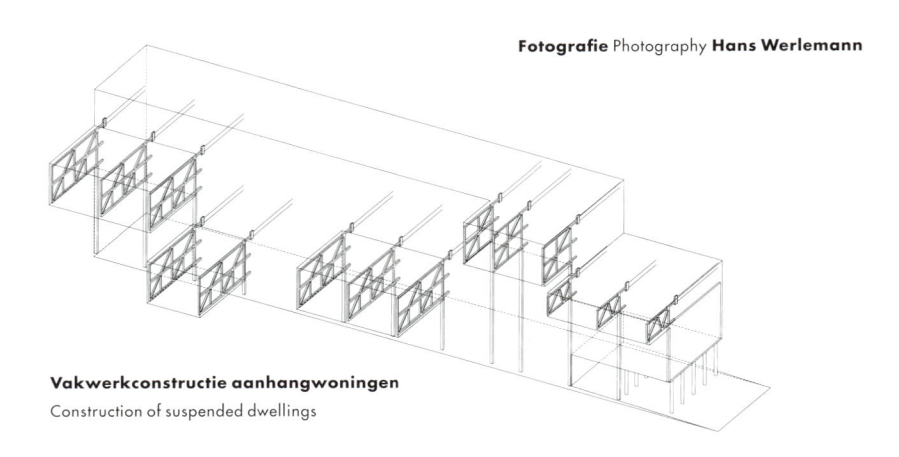

Als onderdeel van een omvangrijke verdichtingsoperatie in de Westelijke Tuinsteden is, ter beëindiging van een voorzieningengebied voor ouderen, een gebouw gemaakt met honderd appartementen. Als aanvulling op het bestaande arsenaal aan typen ouderenhuisvesting (verzorgingstehuis, aanleunwoningen) is gekozen voor appartementen waarin ouderen met thuiszorg zo lang mogelijk kunnen blijven wonen. Om de bestaande woningen in het gebied conform de stedebouwkundige uitgangspunten van Cornelis van Eesteren voldoende zonlicht te garanderen konden slechts 87 van de benodigde honderd woningen in de schijf worden geplaatst. Door de resterende dertien woningen in een lichte constructie aan de noordzijde van de stevige betonnen schijf in de lucht te hangen kon de exploitatie rond gemaakt worden en krijgt de straatwand aan de Ookmeerweg een welkome afwisseling. De op het noorden en zuiden georiënteerde woningen in de schijf worden nu aangevuld met op het oosten en westen georiënteerde typen, die uitzicht bieden op de aangrenzende polder. Door onder andere het aantal binnenwanden in het basistype te beperken kon op deze woningen zeven tot acht procent gespaard worden, voldoende om de vijftig procent duurdere hangwoningen te bekostigen. De Spartaanse galerijflat wordt er levendiger van, omdat elke galerij een ander perspectief biedt. Door middel van verschillende ramposities, balkonafmetingen en een scala aan hekmaterialen krijgen de anders zo gelijkmatige woningen ook aan de zuidzijde een eigen karakter.

Met het oog op ondermeer een goede geluidsisolatie schrijft het Bouwbesluit voor dat woningscheidende wanden acht centimeter dikker uitgevoerd moeten worden dan constructief strikt noodzakelijk is. In dit 'extra' kunnen de staven geplaatst worden voor de bevestiging van de uitkragende vakwerken van de aanhangwoningen. De begane grond blijft hierdoor open en de hoogte van een gebouw kan beperkt blijven. Wellicht is hiermee een prototypische aanpak gevonden voor de noodzakelijk geachte verdichting van naoorlogse wijken.

A building with hundred apartments was built as part of a large-scale condensation operation in the Western Garden Cities, to complete a facility area for the elderly. To supplement the existing battery of types of housing for the elderly (nursing home, sheltered dwelling), apartments were chosen in which the elderly can continue to live as long as possible with home help. In order to guarantee sufficient sunlight for the existing dwellings in the area according to Cornelis van Eesteren's town planning principles, only 87 of the required hundred dwellings could be placed in the slab. By suspending the remaining thirteen dwellings in the air in a light structure on the northern side of the sturdy concrete slab, it was possible to complete the task and the streetwall on the Ookmeerweg acquires a welcome variety. The dwellings in the slab, oriented to the north and south, are now complemented by types oriented to the east and west, which offer a view of the adjoining polder. By restricting the number of interior walls in the basic type, among other things, it was possible to save seven to eight percent on these dwellings, enough to pay for the fifty percent more expensive suspended dwellings. This makes the Spartan gallery flats more lively, as each gallery offers a different perspective. By means of different window positions, balcony dimensions and a range of fence materials the dwellings on the southern side, otherwise so regular, acquire an individual character.

With an eye to a good sound insulation among other things the Building Regulations lay down that the walls separating the dwellings must be made eight centimeters thicker than is strictly necessary in structural terms. The beams for fixing the protruding girders of the suspended dwellings can be placed in this 'extra'. This means that the ground floor remains open and the height of the building could be restricted. This approach is possibly a prototype for the condensing of postwar districts, where considered necessary.

Noordgevel North façade

Zicht vanaf galerij aan noordzijde
View from gallery on north side

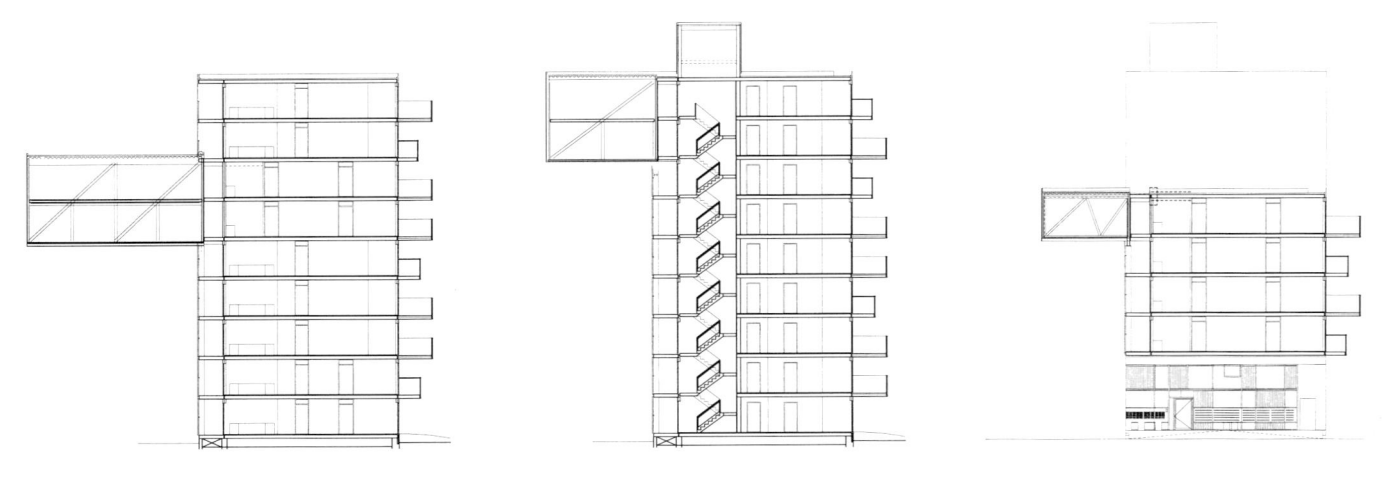

Dwarsdoorsneden
Cross sections

Vijfde verdieping
Fifth floor

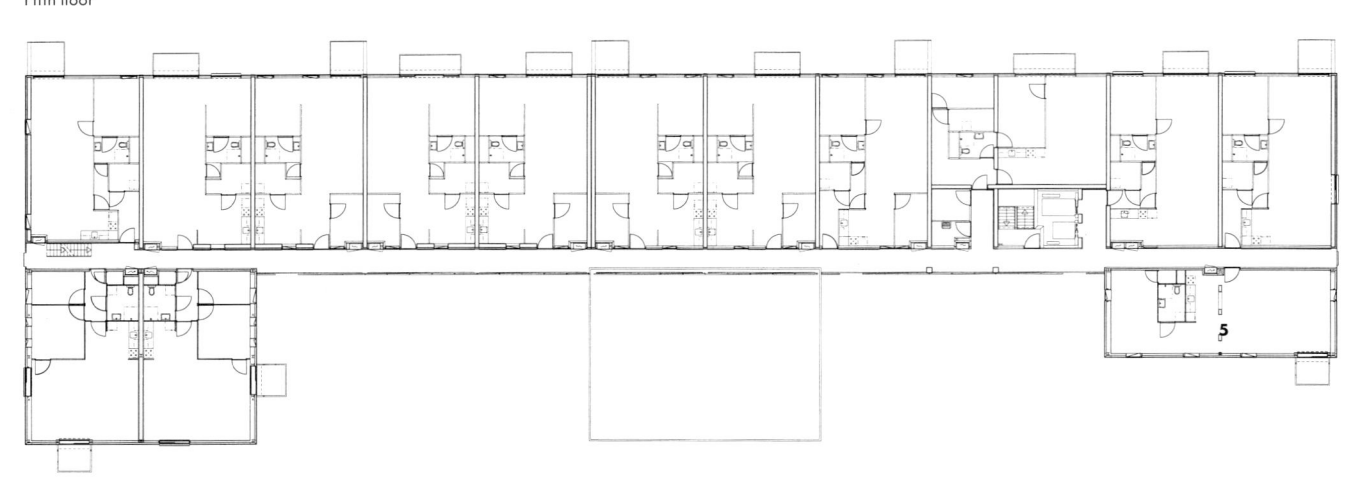

Eerste verdieping
First floor

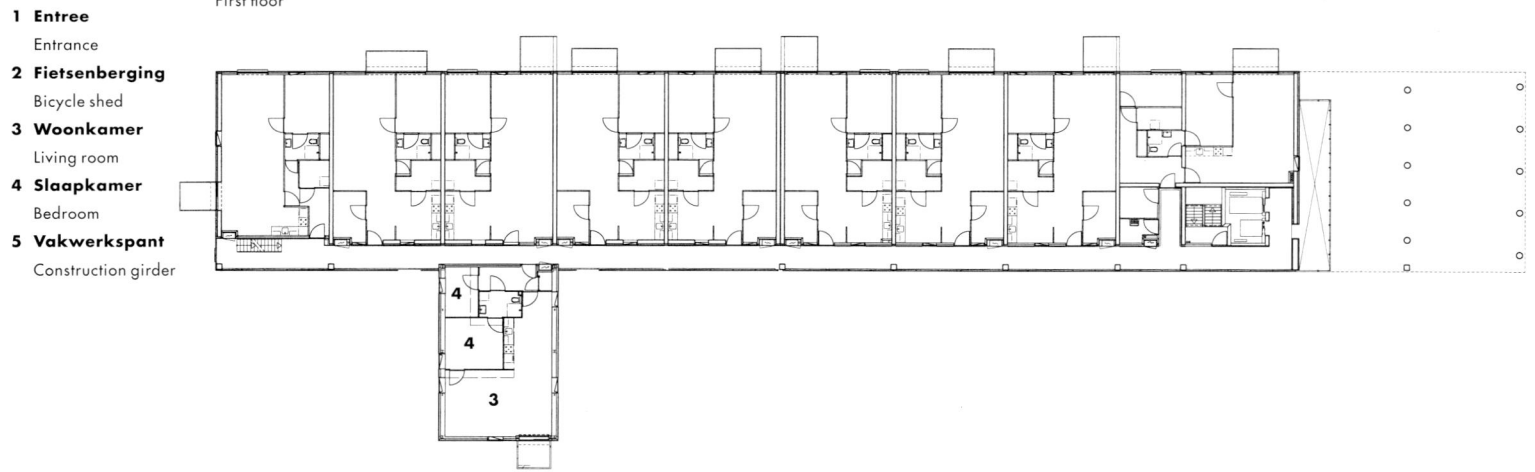

1 **Entree**
　Entrance
2 **Fietsenberging**
　Bicycle shed
3 **Woonkamer**
　Living room
4 **Slaapkamer**
　Bedroom
5 **Vakwerkspant**
　Construction girder

Begane grond
Ground floor

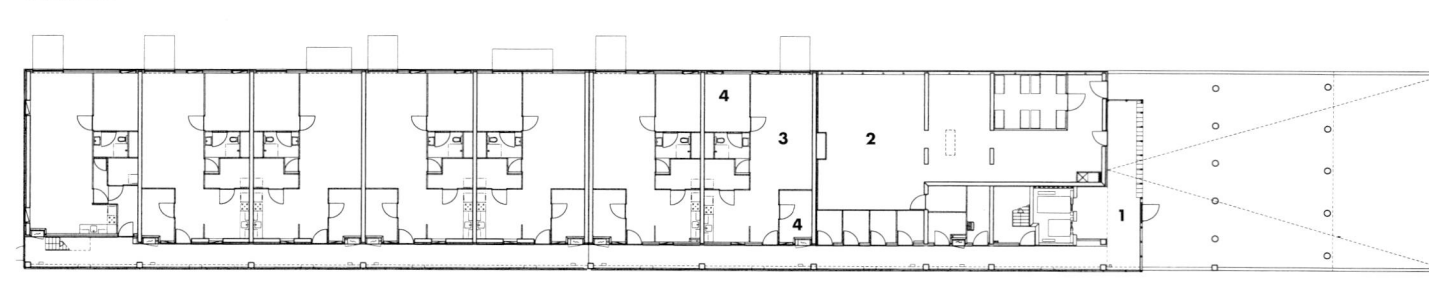

122

Zuidgevel
Southern façade

Diagonale balk, onderdeel van de vakwerkconstructie in de aanhangwoningen
Diagonal girder, part of the construction in the suspended dwellings

Directiegebouw
Management Building
KEMA

Utrechtseweg 310 Arnhem

Architect
Meyer en Van Schooten Architecten bna Amsterdam

Projectarchitecten Job Architects
Roberto Meyer, Jeroen van Schooten
Projectleider Project Leader
Felix van Bemmel
Medewerkers Contributors
Cas Bollen, Coen Kessels,
Maurice Paulussen
Ontwerp-oplevering Design-Completion
1994-1996
Opdrachtgever Commissioned by
nv KEMA Arnhem
Aannemer Contractor
BAM de Kinkelder Arnhem
Constructeur Structural Engineer
KEMA Nederland bv, unit T&D Arnhem
Interieurarchitect Interior Architect
Meyer & Van Schooten Architecten bna
Tuinarchitect Landscape Architect
Bureau B + B stedebouw en landschapsarchitectuur bv Amsterdam

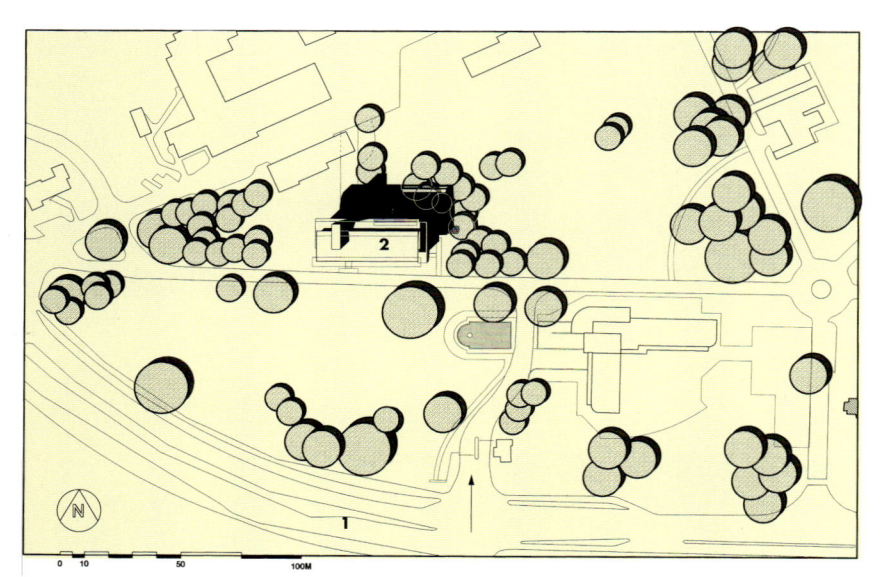

Fotografie Photography **Kim Zwarts**

Oostgevel Eastern façade
Foto Photo Fas Keuzenkamp

1 Utrechtseweg
2 Directiegebouw KEMA
Management building KEMA

Het gebouw maakt deel uit van het KEMA-bedrijvenpark, waarvoor het architectenbureau ook een masterplan maakte. Het directiegebouw bevindt zich vlak achter de ingang, zodat het van de openbare weg tussen de bomen goed zichtbaar is. Het gebouw is een 'compositie van contrasten'. In vorm en materiaal zijn de verschillende functies in het gebouw afleesbaar: een betonnen plint voor de deels ondergrondse parkeerlagen; zwart basalt voor de twee administratieve lagen; glas voor de vergaderlaag op de tweede verdieping en glas en zilverkleurig aluminium voor het sterk uitkragende directiegedeelte op de derde verdieping. Het contrast is tevens gezocht in de afwisseling van gesloten en open volumen. Tegenover deze contrastrijkheid in vormgeving staan heldere plattegronden en een overzichtelijke routing in het gebouw. Luchtbruggen dwars door de glazen entreehal over drie verdiepingen verbinden het trappenhuis en de lift met de werk- en vergaderruimten.
De geavanceerde energiehuishouding en de high-tech uitstraling van het gebouw moeten bijdragen aan een energiebewust en energiek imago van het bedrijf.

The building is part of the KEMA business park, for which the architects also made the masterplan. The management building is right behind the entrance, so that it is easily visible through the trees from the public highway. The building is a 'composition of contrasts'. The various functions of the building are legible in the form and material: a concrete base for the partly underground parking floors; black basalt for the two administrative floors; glass for the conference rooms on the second floor and glass and silvery aluminium for the sharply protruding management section on the third floor. Contrast is also sought in the alternation of closed and open volumes. This wealth of contrast in design is opposed by clear floor plans and a clear routing in the building. Air bridges diagonally through the glass entrance hall across three floors connect stairway and lift with the work rooms and conference rooms.
The advanced energy system and the high-tech appearance of the building are supposed to contribute to the company's image as energy-conscious and energetic.

Zuidgevel
Southern façade

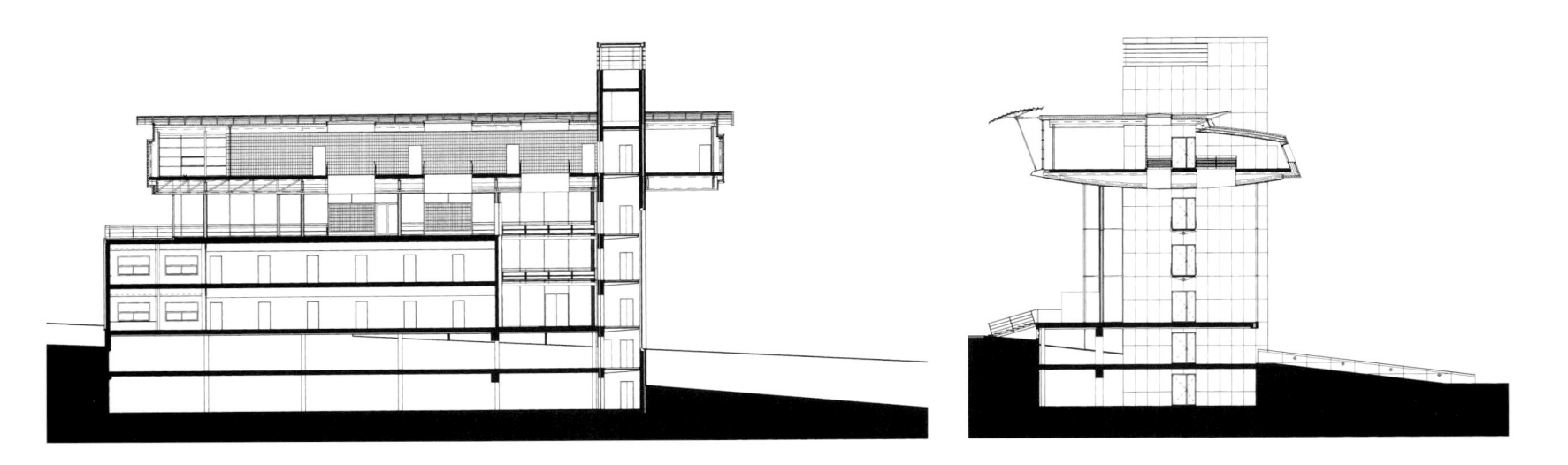

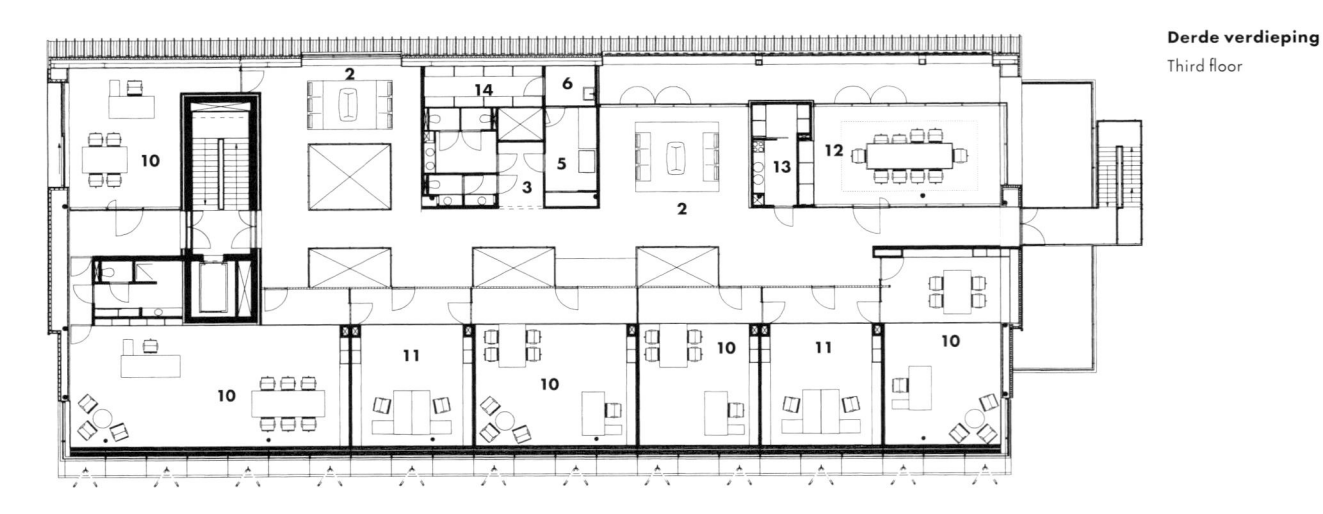

Derde verdieping
Third floor

Tweede verdieping
Second floor

Begane grond
Ground floor

1 **Entree**
　Entrance
2 **Wachtruimte**
　Waiting room
3 **Garderobe**
　Cloakroom
4 **Kantoren**
　Offices
5 **Kopie-/fax-/telefoon-
　ruimte**
　Copy/fax/telephone room
6 **Pantry**
　Pantry
7 **Loopbrug**
　Footbridge
8 **Vergaderruimte**
　Conference room
9 **Terras**
　Terrace
10 **Directieruimte**
　Management room
11 **Secretaresseruimte**
　Secretary room
12 **Executive lunchroom**
　Executive lunchroom
13 **Keuken**
　Kitchen
14 **Archief**
　Archive

Centrale gang op derde verdieping
Central corridor on third floor

Wachtruimten en terras op de tweede verdieping gezien vanaf de loopbrug
Waiting rooms and terrace on the second floor seen from the pedestrian bridge

de Architekten Cie./Pi de Bruijn i.s.m. S.P. van Breda Amsterdam

Stedenbouwkundige opzet Urban Design
T + T Design Gouda

Aankleding verdiepte straat, winkelpuien Decoration Sunken Street, Shop Fronts
The Jerde Partnership Venice, California, USA

Het westelijke deel van de traverse
The western part of the traverse

1 Coolsingel
2 Traverse
3 Passage

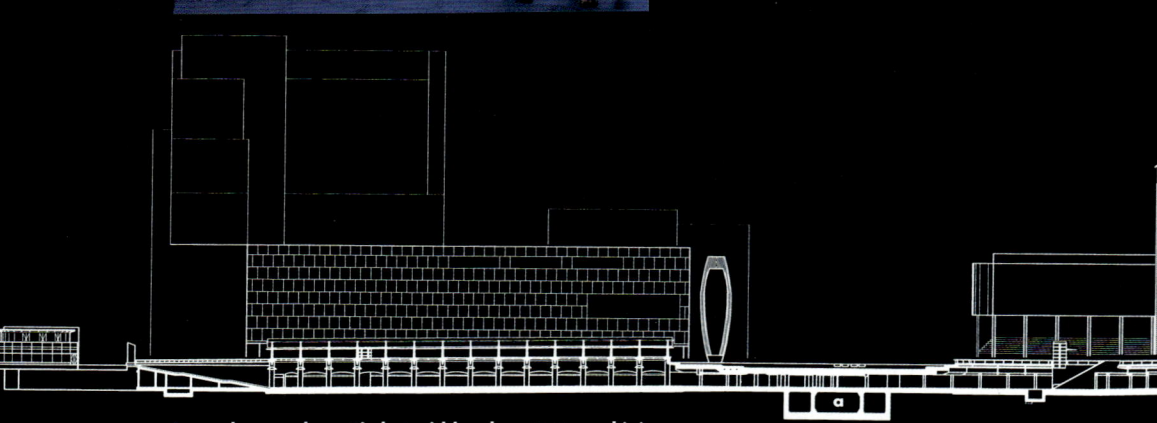

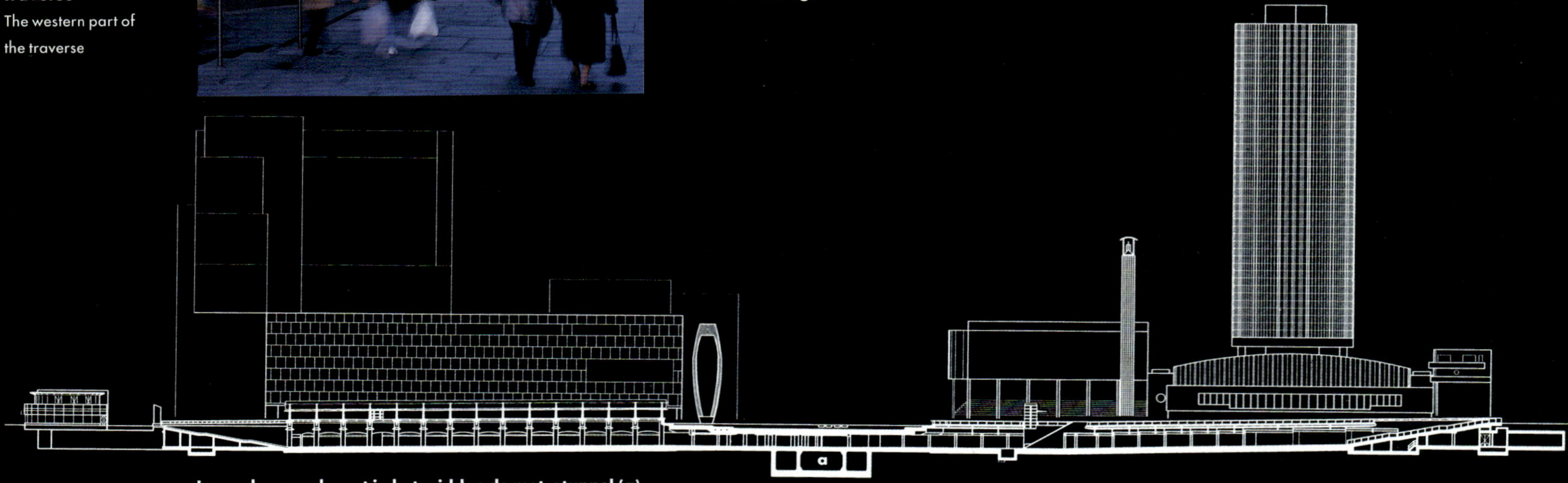

Langsdoorsnede met in het midden de metrotunnel (a)
Longitudinal section with the subway tunnel in the middle (a)

De nieuwe winkelpanden met de Schielandtoren die erbovenuit torent
The new shop buildings with the Schieland tower which towers above them

Fotografie Photography
Daria Scagliola, Stijn Brakkee

128

Traverse

Op het kruispunt van Beursplein en Coolsingel, in het hart van Rotterdam, is een multifunctioneel complex gebouwd ten behoeve van winkelen, recreëren, wonen en parkeren. Het bestaat uit twee delen: de verzonken en gedeeltelijk ondergrondse verdiepte winkelstraat die het Beursplein onder de Coolsingel verbindt met de Van Oldebarneveltplaats (de Beurstraverse, door de Rotterdammers inmiddels 'de koopgoot' genoemd) en het 'bouwblok' tussen Beursplein, Coolsingel, Korte Hoogstraat en het historisch museum Schielandshuis.

De door luie trappen en hellingen gekenmerkte verdiepte straat verbindt de winkelgebieden van de (vernieuwde) Lijnbaan en de Hoogstraat kruisingsvrij. Vanaf dit verdiepte niveau worden het metrostation Beurs en de souterrains van de omliggende grootwinkelbedrijven en de winkelpassage ontsloten. Met deze ingreep wordt 10.000 m² hoogwaardig winkeloppervlak toegevoegd, die met name de 'funshopper' naar het stadscentrum moet lokken. Door glooiende overgangen tussen open en overdekte delen en ongehinderde zichtlijnen over de gehele lengte onstaat een vanzelfsprekende doorgang onder de Coolsingel, bovengronds aan weerszijden begeleid door een golvende luifel van staal en glas. De Amerikaanse ontwerper Jon Jerde heeft de verdiepte straat aangekleed met marmer, natuursteen en een belichting die reageert op het daglicht, terwijl de waterwerken werden ontworpen door Wet Design.

Het bouwblok met nieuwe panden voor drie grootwinkelbedrijven (C&A, Kreymborg en Hema), alsmede een winkelpassage, een parkeergarage en een woontoren, voegt zich in het omringende stedenbouwkundige kader. Samen met de bestaande grootwinkelbedrijven waarvan enkele een grondige facelift ondergingen (ondermeer V&D door Rob Ligtvoet), vormen ze de hoekstenen van de kruising van Coolsingel en Beursplein. Vanaf de Coolsingel en Bulgersteyn loopt de passage in een boog naar het Beursplein, zich verwijdend tot een glazen hal. Horeca- en recreatiefuncties op de eerste verdieping zijn door trappen, roltrappen en liften met de twee winkellagen en de parkeergarage verbonden.

Toren

In de tweede lijn, verder van de as van de Coolsingel, staat de eveneens door Pi de Bruijn ontworpen woontoren, de Schielandtoren. Deze sluit in hoogte en positie aan bij de omringende kantoortorens, zoals van de Generale Bank, ontworpen door Helmut Jahn (1996) en van de Robeco-groep, ontworpen door Wim Quist (1991). De woontoren bevat 32 woonlagen. De metalen erkers geven scherpe hoeken aan het met roodbruine baksteen beklede gebouw en zorgen voor een afgetekend beeld. De toegang tot de woontoren, de parkeergarage en de ontsluitingshof van de omringende winkels ligt aan het straatje Bulgersteyn.

Traverse

A multifunctional complex has been built at the junction of Beursplein and Coolsingel, in the heart of Rotterdam, to be used for shopping, leisure, housing and parking. It consists of two parts: the sunken and partly underground shopping street which under the Coolsingel connects the Beursplein and the Van Oldebarneveltplaats (the Beurstraverse, now called the 'gutter market' by the inhabitants of Rotterdam) and the 'block' between Beursplein, Coolsingel, Korte Hoogstraat and the Historic Museum Schielandshuis.

The sunken street, characterised by easy steps and ramps, connects the shopping areas of the (renewed) Lijnbaan and the Hoogstraat without any crossings. From this sunken level there is access to the Beurs metro station and the basements of the big department stores and the shopping arcade in the vicinity. This intervention adds 10,000 m² of high quality shopping surface which is supposed to attract the 'fun shopper' to the city centre. Sloping transitions between open and roofed parts and unobstructed lines of sight over the entire length create a natural passageway under the Coolsingel, accompanied on either side aboveground by an undulating awning of steel and glass. The American designer Jon Jerde decorated the shopping street with marble, stone and a lighting which reacts to daylight, while the water parts were designed by Wet Design.

The block with new buildings three department stores (C&A, Kreymborg and Hema) as well as the shopping arcade, a car park and a tower block, fits into the surrounding urban context. Together with the existing department stores, some of which underwent an extensive facelift (including V&D by Rob Ligtvoet), they are the cornerstones of the junction of Coolsingel and Beursplein. From the Coolsingel and Bulgersteyn the arcade runs in a curve to the Beursplein, broadening into a glass hall. Cafés, restaurants and leisure functions on the first floor are connected by stairs, escalators and lifts to the two floors of shops and the car park.

Tower

The Schielandtoren, a tower block also designed by Pi de Bruijn, is in the second line, further from the Coolsingel axis. In height and position this links up with the surrounding office blocks, such as that of the Generale Bank designed by Helmut Jahn (1996) and the Robeco group, designed by Wim Quist (1991). The tower has 32 floors of housing. The metal bays give the building, clad in reddish brown brick, sharp corners and provide a silhouetted image. The entrance to the tower, car park and the access courtyard to the surrounding shops is on the Bulgersteyn street.

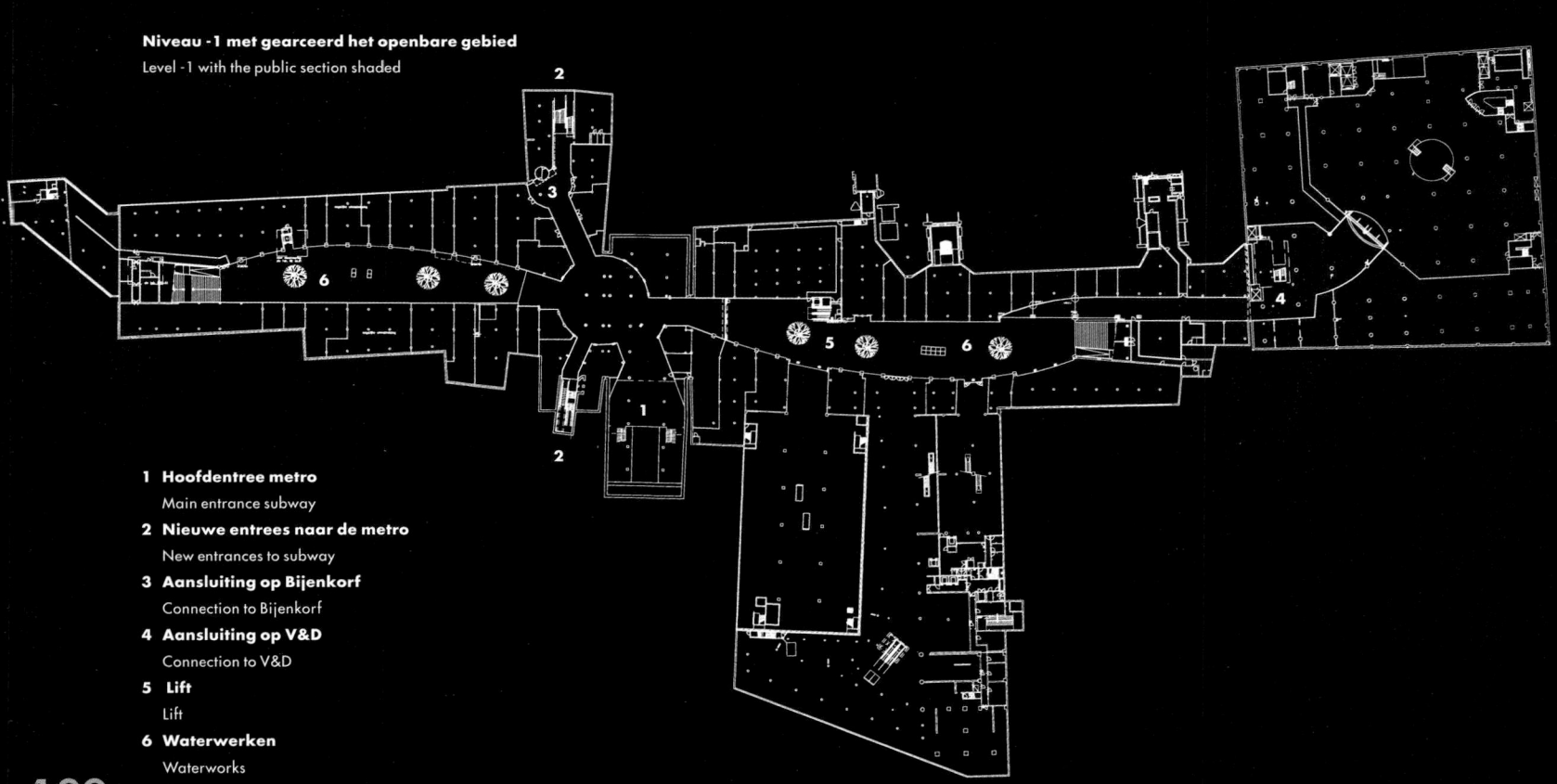

Niveau -1 met gearceerd het openbare gebied
Level -1 with the public section shaded

1 Hoofdentree metro
  Main entrance subway
2 Nieuwe entrees naar de metro
  New entrances to subway
3 Aansluiting op Bijenkorf
  Connection to Bijenkorf
4 Aansluiting op V&D
  Connection to V&D
5 Lift
  Lift
6 Waterwerken
  Waterworks

Oostelijke deel van de traverse met op de achtergrond de vernieuwde V&D
Eastern part of the traverse with the renewed V&D in the background

Herbouw Rebuilding **Kreymborg,**
Exterieur Exterior **C&A**
de Architekten Cie./Pi de Bruijn Amsterdam

Herbouw Rebuilding **C&A**
Architectenbureau Van Maanen Noordwijk

Ontwerp glazel gevel en binnengevel
Design Glass Façade and Interior Façade
Kreymborg Passage
Peter Struycken

Projectmanagement
Project Management
Starke Diekstra Utrecht
Opdrachtgever
Commissioned by
Multi Vastgoed Gouda
Beleggers Investors
Nationale Nederlanden;
Gemeente Rotterdam
Technisch adviseur
Technical Consultant
Techniplan Adviseurs
Rotterdam
Advies constructie
Structural Engineering
Consultant
Ingenieursbureau
Zonneveld bv Rotterdam
Hoofdaannemer
Contractor
HBM West Capelle aan den
IJssel

Herbouw Rebuilding **Hema**
Architectenbureau Van Moort en partners Amstelveen

Renovatie Renovation **V&D**
Kraayvanger Urbis/Rob Ligtvoet Rotterdam

Links op de foto de uitkragende glasgevel van de Kreymborg Passage
To the left of the photo the projecting glass wall of the Kreymborg Passage

Schielandtoren

Rotterdam

Architect
de Architekten Cie. Amsterdam

Projectarchitect Job Architect
Pi de Bruijn e.a.
Opdrachtgever Commissioned by
Multi Vastgoed nv/Multi Vastgoed bv Gouda
Aannemer Contractor
Volker Bouwmaatschappij bv Rotterdam
Constructeur Structural Engineer
Ingenieursbureau Zonneveld bv Rotterdam
Adviseur installaties Installations Consultant
Techniplan Adviseurs bv Rotterdam

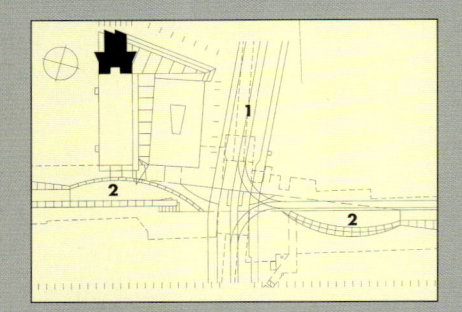

1 Coolsingel
2 Traverse

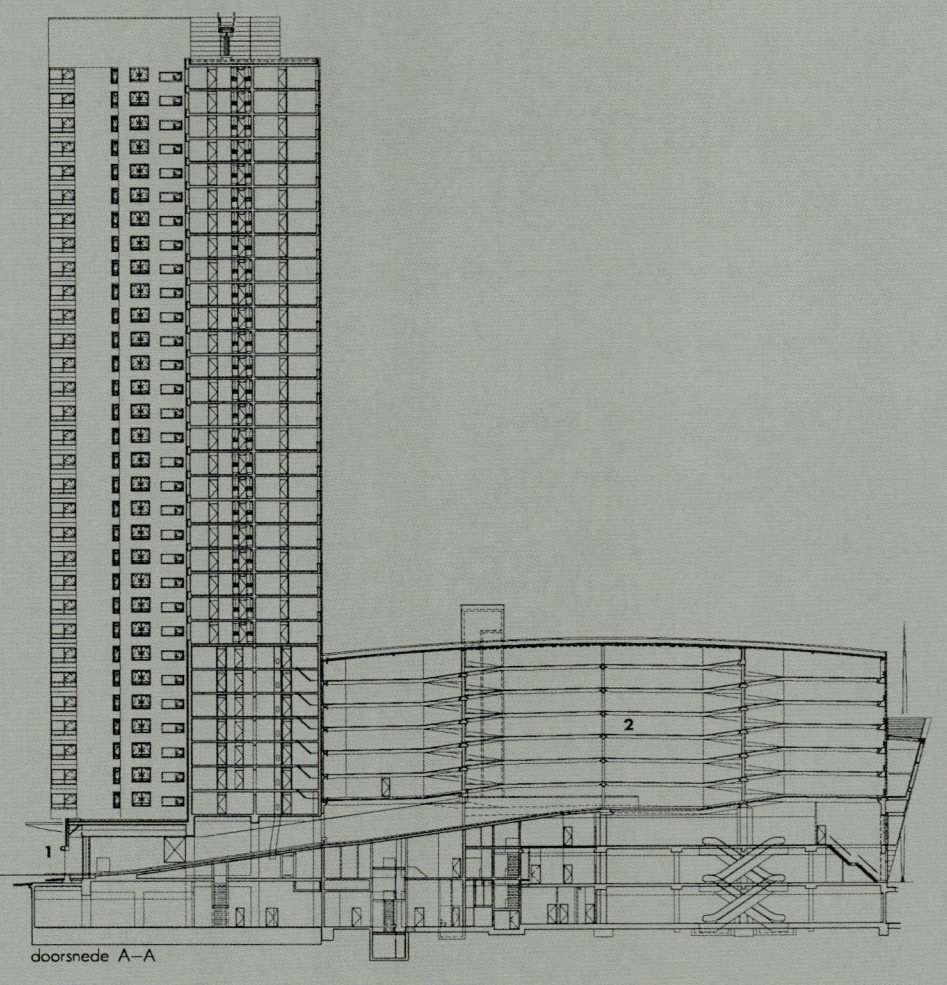

doorsnede A–A

Doorsnede toren en parkeergarage met daaronder winkels
Cross section of tower and car park with shops below

1 **Ingang parkeergarage** Entrance car park
2 **Parkeergarage** Car park

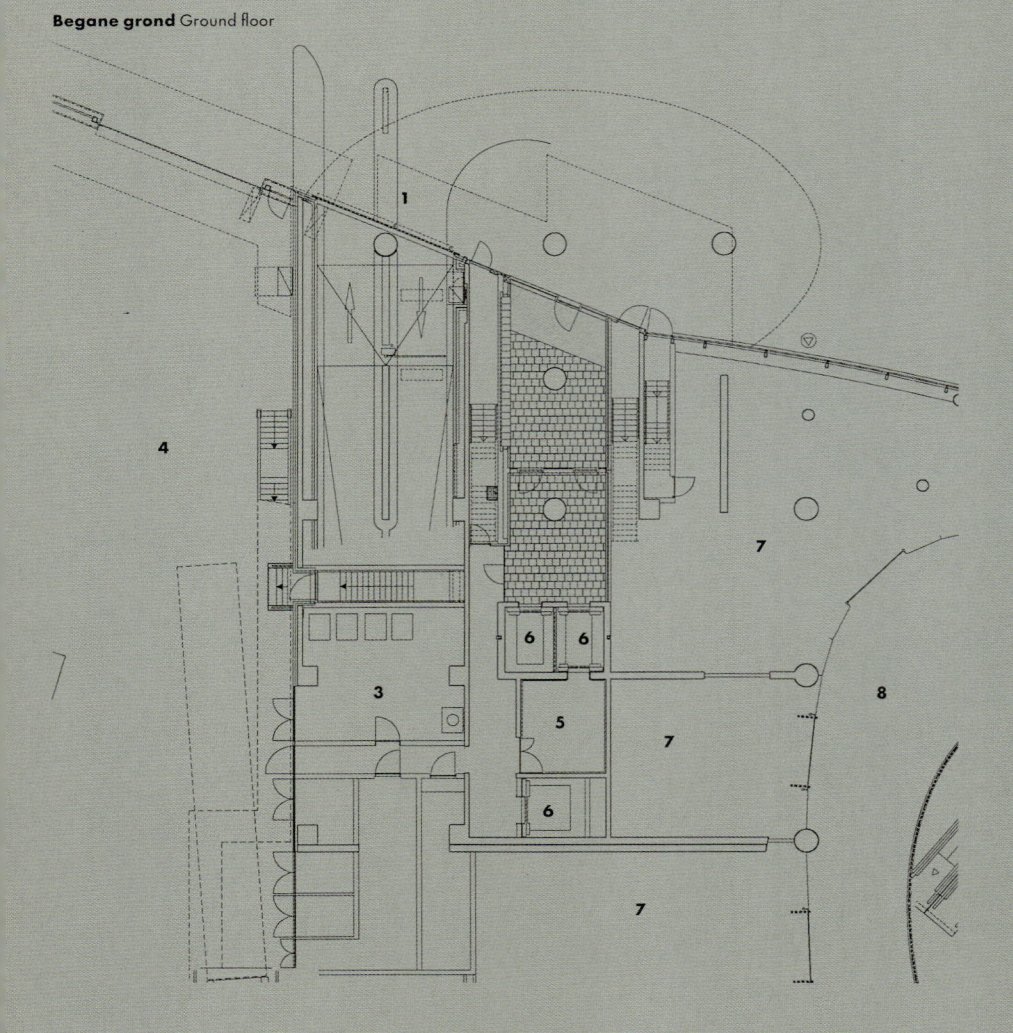

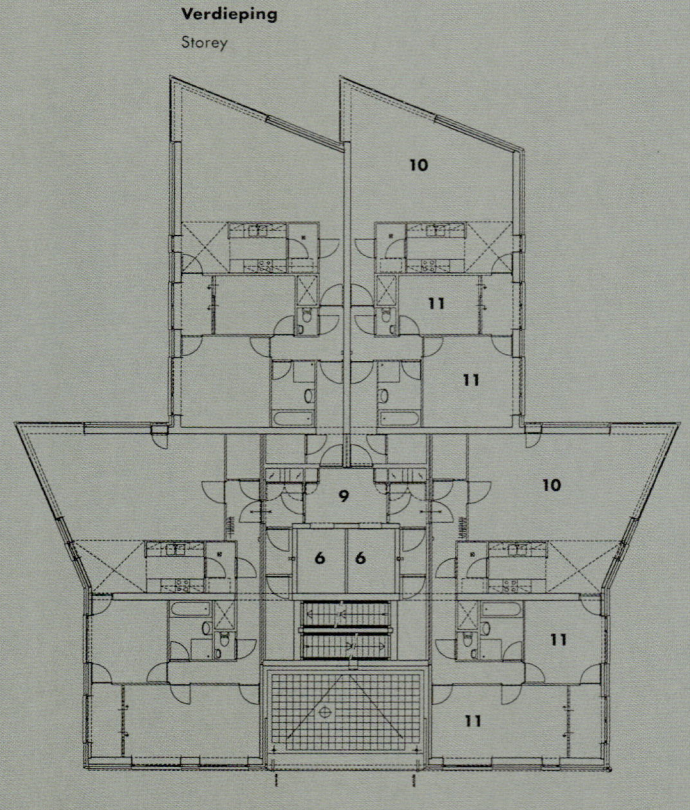

Begane grond Ground floor

Verdieping Storey

1 **Ingang parkeergarage**
Entrance car park
2 **Entree Schielandtoren**
Entrance Schieland tower
3 **Containerruimte**
Container space
4 **Expeditiehof**
Shipping court
5 **Verhuiskamer**
Moving room
6 **Lift**
Lift
7 **Winkelruimte**
Shop
8 **Passage**
Passage
9 **Hal**
Hall
10 **Woonkamer**
Living room
11 **Slaapkamer**
Bedroom

De Schielandtoren gezien vanaf de Blaak met op de voorgrond het Schielandhuis
The Schieland tower seen from the Blaak with the Schielandhuis in the foreground

Waagstraat en omgeving
Waagstraat and Surroundings

Groningen

Fotografie Photography **Arthur Blonk**

Architect
Natalini Architetti Florence

Projectarchitect Job Architect
Adolfo Natalini
Medewerkers Contributors
Marco Magni, Gaetano Martella, Nazario Scelsi, Corinne Schrauwen
Uitvoerend architect Site Architect
Architektenburo Cor Kalfsbeek bv Borger
Ontwerp-oplevering Design-Completion
1991-1996
Opdrachtgever Commissioned by
ING Vastgoed Ontwikkeling Den Haag
Aannemer Contractor
BAM Bredero Bouw Bunnik
Constructeur Structural Engineer
Grabowsky & Poort Groningen
Adviseur installaties Consultant Installations
BV Technical Management Consulting Engineers Groningen
Adviseur Bouwfysica en Akoestiek Engineering and Acoustics Consultant
Adviesbureau Peutz & Associes bv Mook
Interieurarchitect Interior Architect
Sibylle Kalfsbeek
Tuinarchitect Landscape Architect
Gemeente Groningen, Dienst RO/EZ
Kunstenaar Artist
Roberto Barni, Janet Mullarney

Waagstraat

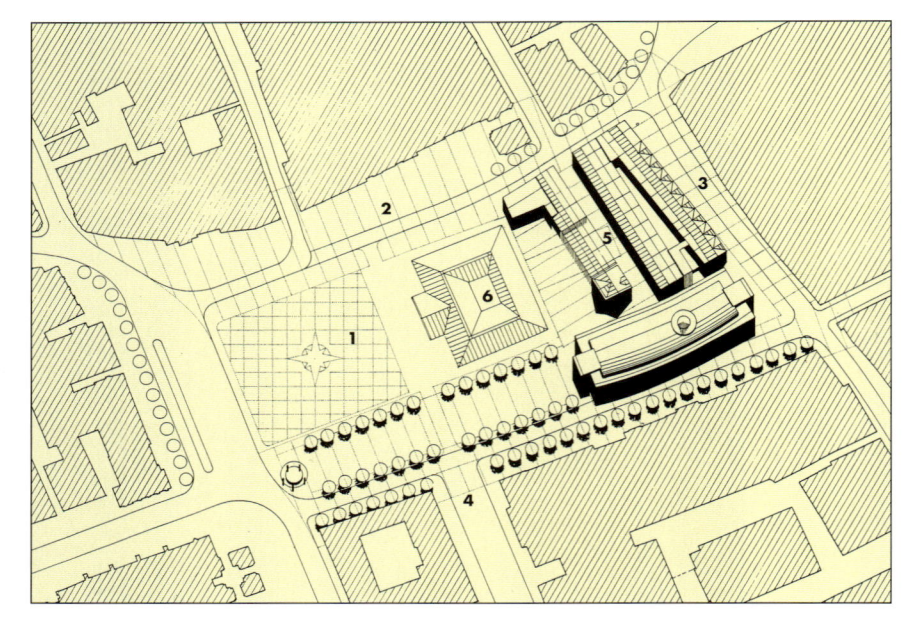

1 Grote Markt
2 Grote Markt noordzijde
   Grote Markt north side
3 Guldenstraat
4 Grote Markt noordzijde
   Grote Markt north side
5 Waagstraat
6 Stadhuis
   Town hall

De verwoestingen in de Tweede Wereldoorlog en de wederopbouw hebben in de vroeger dichtbebouwde overgang van Vismarkt naar Grote Markt leegte en onevenwichtigheid gebracht. Door een als detonerend ervaren uitbreiding van het stadhuis (1962, J. Vegter) annex winkel-, restaurant- en kantoorgebouw te slopen ontstond ruimte voor een dichte invulling. Nadat een meervoudige opdracht was gegeven koos de bevolking in een enquête voor het pan van Natalini. Het ensemble bestaat uit twee afzonderlijke bouwblokken langs de nieuwe Waagstraat en een derde blok aan de noordzijde daarvan, op de plaats van de vroegere Waag. Het derde blok met een lichtgebogen vorm wordt onderbroken door een passage in het verlengde van de Waagstraat. Met de nieuwe bebouwing wordt niet de vooroorlogse situatie herbouwd, wel is het de bedoeling de sfeer ervan op te roepen. De nieuwbouw volgt grotendeels de oude rooilijnen. Er ontstaat een nieuw stedelijk patroon, opgebouwd uit de Guldenstraat, de Waagstraat, een pleintje achter het stadhuis en een straat evenwijdig aan de noordzijde van de Grote Markt. Het bouwblok tussen de Guldenstraat en de Waagstraat bevat winkels over twee bouwlagen en daarboven woningen. De woningen worden ontsloten via een binnenhof boven de winkels. De kappen van beide stroken zijn verschillend. Aan de Guldenstraat heeft elk huis een puntdak, aan de Waagstraat is een doorlopende dakrand gemaakt.
Het tweede blok tussen de Waagstraat en het pleintje bevat sociale en culturele functies. Een openbare galerij verbindt het gebouw met het uit de zeventiende eeuw daterende 'Goudkantoor'. De galerij verbindt de Waagstraat met het pleintje en vormt het centrum van het nieuwe gebied. Ze bestaat uit een lichte metalen structuur met een glazen overkapping, die doorloopt in het koperen dak van de nieuwbouw. In het gebouw aan de noordzijde is de Bestuursdienst van de gemeente ondergebracht. Ook hier zijn de begane grond en de eerste verdieping ingevuld met winkels. Daarboven bevinden zich kantoren, die door een brug zijn verbonden met het stadhuis.
In het materiaalgebruik wordt tot uitdrukking gebracht dat oud en nieuw met elkaar worden verbonden: metselwerk, prefab betonelementen, natuur- en kunststeen, glas en koper.

The destruction of the Second World War and postwar reconstruction brought about emptiness and imbalance in the formerly densely built transition area from the Vismarkt to the Grote Markt. By demolishing an extension to the town hall (1962, J. Vegter) with shops, restaurant and offices which was considered to be out of place, space was created for a dense infill. After a multiple commission had been set, the inhabitants chose, by means of a questionnaire, Natalini's plan.
The ensemble consists of two separate blocks along the new Waagstraat and a third block on its north side, on the site of the former Waag. The third block, with a gently curved form is interrupted by a passageway continuing along from the Waagstraat. The prewar situation is not being rebuilt with the new buildings, but it is intended to evoke its atmosphere. The new building largely follows the old building lines. A new urban pattern is created, constructed from the Guldenstraat, the Waagstraat, a square behind the town hall and a street parallel to the north side of the Grote Markt. The block between the Guldenstraat and the Waagstraat contains shops over two floors and dwellings above. The dwellings are reached by an inner courtyard above the shops. The roofs of the two strips differ. On the Guldenstraat each house has a saddle roof, a continuous eaves has been made on the Waagstraat. The second block between the Waagstraat and the square contains social and cultural functions. A public gallery links the building to the 'Goudkantoor', dating from the seventeenth century. The gallery joins the Waagstraat to the square and forms the centre of the new area. It consists of a light metal structure with a glass roof, which continues in the copper roof of the new building. The governing body of the municipality is housed in the building on the northern side. Here too the ground floor and the first floor are filled in with shops. Above this are offices, which are joined to the town hall by a bridge.
The use of material expresses old and new being joined together: masonry, prefabricated concrete components, stone and synthetic stone, glass and copper.

Galerij tussen Waagstraat en binnenplein
Gallery between Waagstraat and courtyard

Vogelvluchtperspectief met nieuwbouw, stadhuis en Martinitoren
Aerial view with new building, town hall and Martini tower

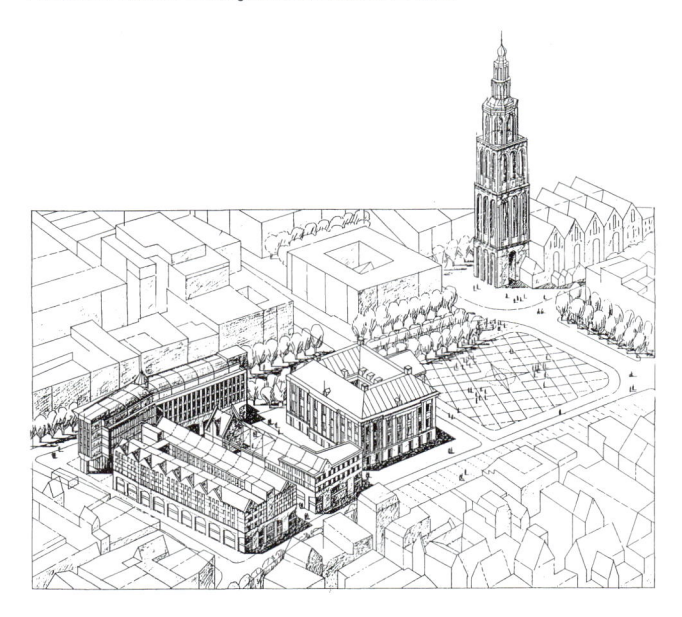

Grote Markt noordzijde met Martinitoren
Grote Markt north side with Martinitoren

Doorsnede west-oost Cross section west-east

Waagstraat vanaf het zuiden Waagstraat seen from the south

Doorsnede noord-zuid Cross section north-south

Begane grond
Ground floor

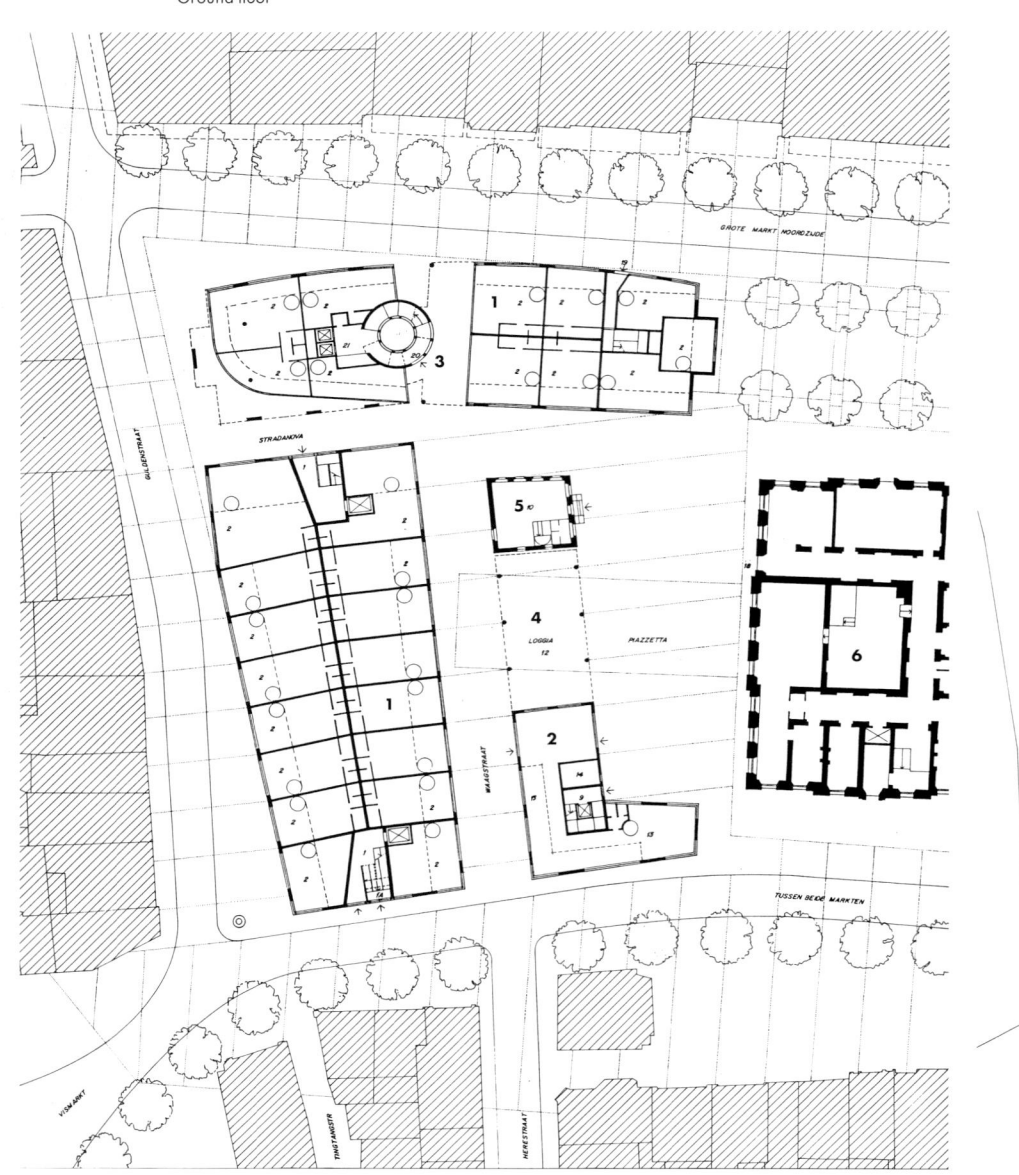

Kantoor bestuursdienst, vijfde verdieping
Offices of management department, fifth floor

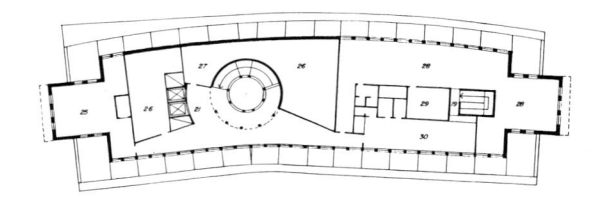

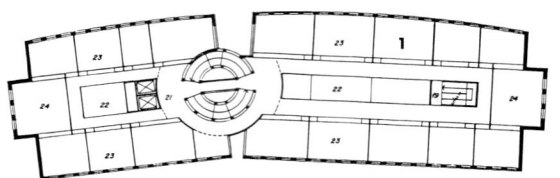

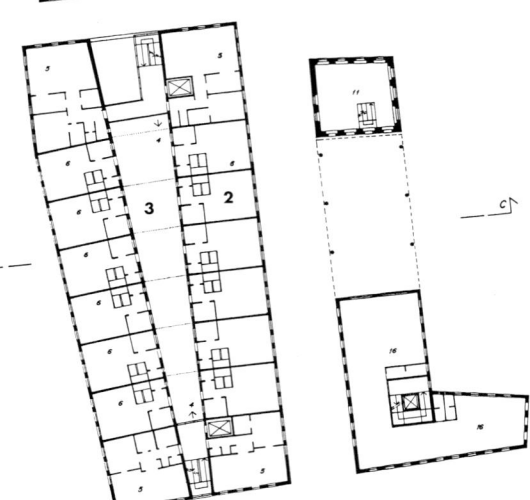

Tweede verdieping plangebied
Second floor plan area

1 **Winkels**
   Shops
2 **Sociaal-culturele functies**
   Social-cultural functions
3 **Passage**
4 **Galerij**
   Gallery
5 **Goudkantoor**
6 **Stadhuis**
   Town hall

1 **Kantoor**
   Office
2 **Woning**
   Dwelling
3 **Verhoogde binnenstraat**
   Elevated inner street

Guldenstraat vanuit het noorden met links de nieuwe wand
Guldenstraat from the north with on the left the new wall

Nieuwe vleugel Belastingkantoor
New Wing Tax Office

Brandweerstraat Enschede

Architect
Rijksgebouwendienst, Directie Ontwerp en Techniek, afdeling Architectuur en Bouwtechniek Den Haag

Projectarchitect Job Architect
Ruurd Roorda
Medewerkers Contributors
Jan van der Voort, Aad Duijvestein, Lin Santosa
Ontwerp-oplevering Design-Completion
1994-1996
Opdrachtgever Commissioned by
Rijksgebouwendienst, Directie Oost
Arnhem
Aannemer Contractor
Van Wijnen Eibergen
Constructeur Structural Engineer
Rijksgebouwendienst, Directie Ontwerp en Techniek, afdeling Constructie Den Haag
Adviseur energie Energy Consultant
W/E adviseurs duurzaam bouwen
Gouda
Kunstenaars Artists
Hans van den Ban, Antoinette Ruiter, Nour-Eddine Jarram

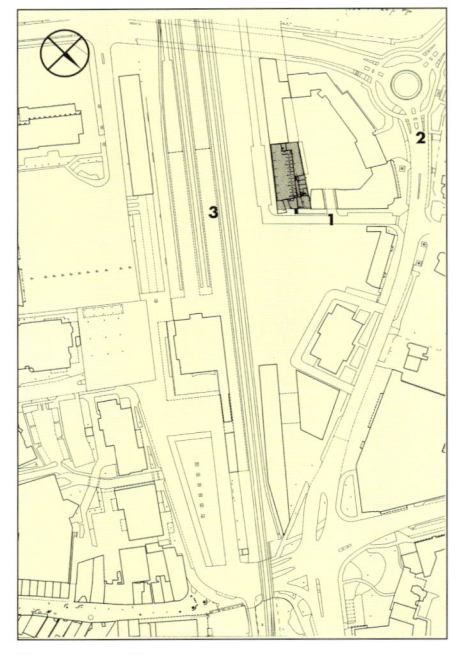

1 Brandweerstraat
2 Hengelosestraat
3 Spoorbaan
   Railway

De nieuwbouw van het belastingkantoor maakt deel uit van een omvangrijke stadsvernieuwingsoperatie. Nieuwbouw en oudbouw van de belastingdienst vormen samen met een nog te ontwikkelen kantoorgebouw en het bestaande gebouw van de brandweer een bouwblok met uniforme bouwhoogten. De nieuwe vleugel vormt een uitbreiding van het belastingkantoor (1939, architect Bremer), dat blijft fungeren als hoofdentree van het complex.
In de nieuwbouw bevinden zich boven de begane-grondlaag met de ingangspartij, parkeerruimte en twee vijvers vijf vrijwel identieke kantoorverdiepingen. Op vier daarvan is een verbinding gemaakt met het bestaande belastingkantoor. De gevels van het gebouw vormen een 'ruime jas', zodat er naast de marktconforme kantoren ruimte is voor een dubbelcorridor (galerij en gang) en een atrium. Gang en galerij worden verbonden door kleine bruggen. Het atrium, over de hele lengte en hoogte van het gebouw, verwijdt zich van boven naar beneden en wordt van verschillende kanten aangelicht: van boven via een daktuin, van beneden via ronde ramen in de vloer boven de parkeerlaag. De gevel langs het spoor is vloeiend en horizontaal vormgegeven, terwijl de pleinkant verticaal is geleed, als contrapunt van het torentje van het bestaande belastingkantoor. Het karakter van een belastingkantoor komt tot uitdrukking in een zekere monumentaliteit en de donkere kleur van de gevels.
Het gebouw vormt onderdeel van een demonstratieproject op het gebied van energiebesparing van de Europese Commissie, EC-2000, gericht op reductie van energieverbruik en daarmee CO_2-uitstoot. Twee componenten vormen de basis voor het energetisch ontwerp: natuurlijke ventilatie en het gebruik van daglichtafhankelijke verlichting. Het atrium zorgt met zijn 23 meter hoge luchtkolom voor een natuurlijke ventilatie. De voorzieningen op het gebied van de verlichting moeten het gebruik van kunstlicht terugbrengen met tegelijk een vergroting van het visuele comfort.
De materiaalkeuze is afgeleid van de milieudoelstellingen. De vlakke plaatvloer met de paddestoelkolommen zorgt voor een obstakelvrij ventilatietracé. De gevelbekleding bestaat aan de zuid- en oostkant uit herbruikbare keramische tegels, terwijl de noordgevel is afgewerkt met lichtblauw stucadoorwerk.

The new building for the tax office is part of a large-scale urban renewal operation. Together with an office building yet to be developed and the existing fire brigade building, the new and old tax office building form a block with uniform building heights. The new wing is an extension of the tax office (1939, architect Bremer), which continues to function as main entrance to the complex.
Above the ground floor level in the building with entrance, parking space and two ponds there are five almost identical office floors. On four of them a connection has been made with the existing tax office. The façades of the building form a 'roomy jacket', so that apart from the market standard offices there is room for a double corridor (gallery and hallway) and an atrium. Hallway and gallery are connected by small bridges. The atrium, along the entire length and height of the building, broadens from the top to the bottom and is lit from various sides, from above via a roof garden, from below via round windows in the floor above the parking area. The façade along the railway line has been designed fluidly and horizontally, while the plaza side is vertically articulated, as a counterpoint to the tower of the existing tax office. The character of a tax office is expressed in a certain monumentality and the dark colour of the façades. The building is part of a demonstration project in the area of energy conservation of the European Commission, EC-2000, aimed at reducing energy consumption and with it CO_2 exhaust. The energetic design is based on two components: natural ventilation and the use of daylight-dependent lighting. With its 23 metres high air column the atrium provides natural ventilation. The facilities in the field of lighting are supposed to reduce the use of artificial light with a simultaneous increase of the visual comfort.
The choice of material is derived from the environmental goals. The flat slab floor with the mushroom pillars ensures an obstacle-free ventilation route. The wall cladding consists of recyclable ceramic tiles on the south and east sides, while the north wall is finished in pale blue plaster.

De koppeling aan het belastingkantoor uit 1939 van architect Bremer. Kenmerkend voor de lange gevel zijn de bovenlichten die bijdragen aan de energiebesparing. De kopse gevel laat de F van financiën zien
The joint to the tax office from 1939 by the architect Bremer. The long façade is characterised by the roof windows which contribute to energy saving. The crosscut façade shows the F for Finances
Foto Photo Anne Bousema

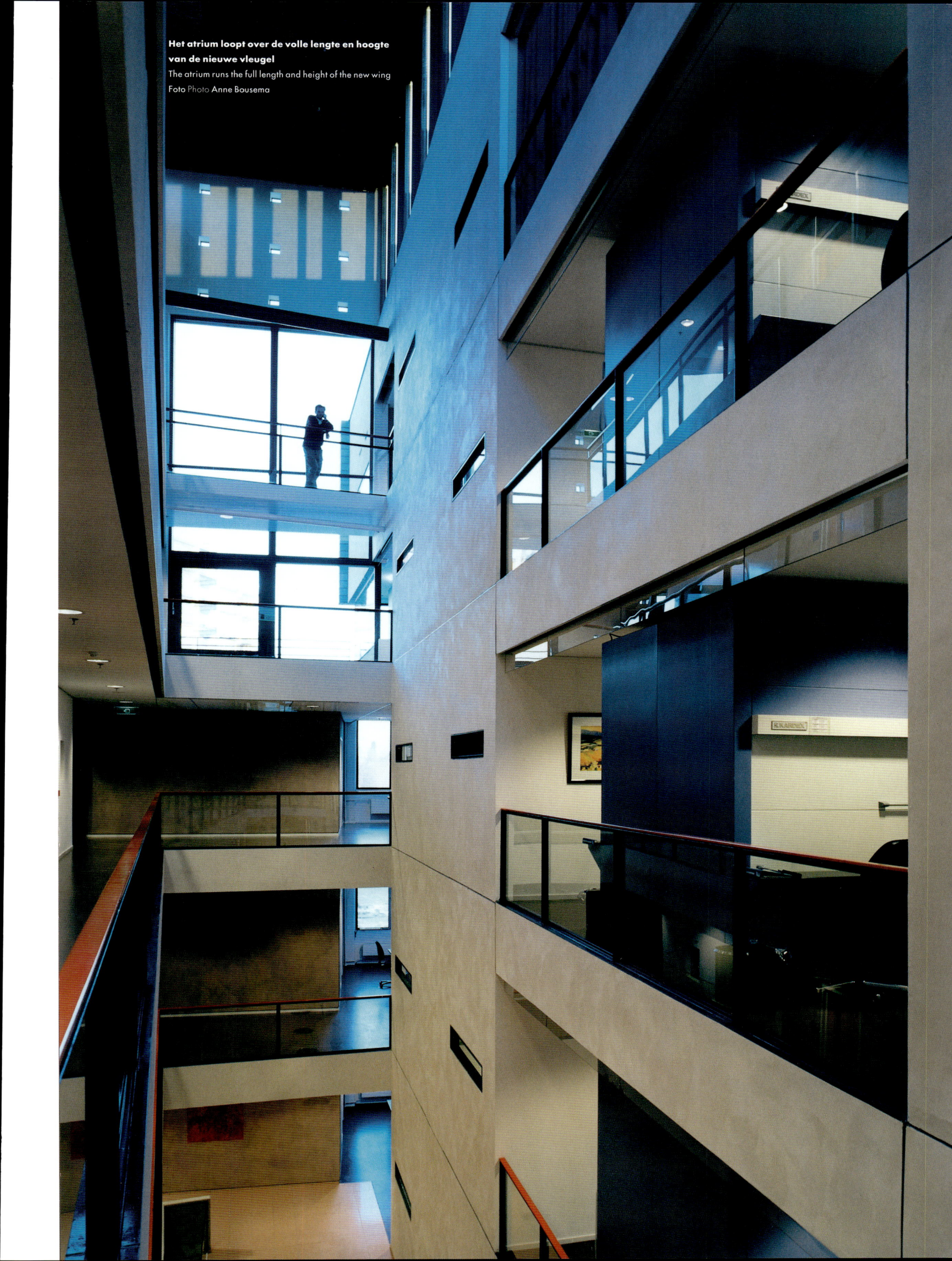

Het atrium loopt over de volle lengte en hoogte van de nieuwe vleugel
The atrium runs the full length and height of the new wing
Foto Photo Anne Bousema

Dwarsdoorsnede
Cross section

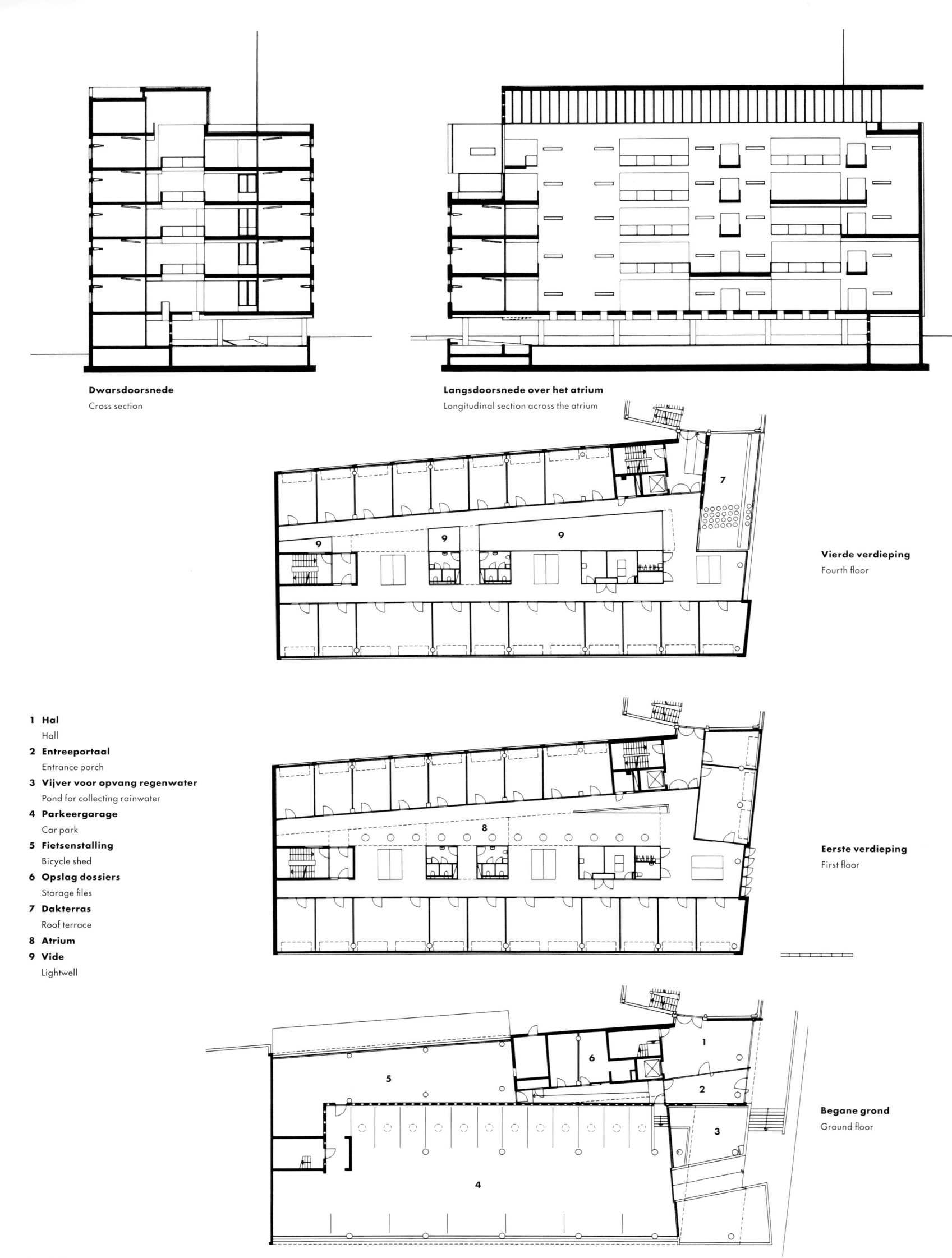

Langsdoorsnede over het atrium
Longitudinal section across the atrium

Vierde verdieping
Fourth floor

Eerste verdieping
First floor

Begane grond
Ground floor

1 **Hal**
  Hall
2 **Entreeportaal**
  Entrance porch
3 **Vijver voor opvang regenwater**
  Pond for collecting rainwater
4 **Parkeergarage**
  Car park
5 **Fietsenstalling**
  Bicycle shed
6 **Opslag dossiers**
  Storage files
7 **Dakterras**
  Roof terrace
8 **Atrium**
9 **Vide**
  Lightwell

140

Opvang regenwater Rainwater collection
Foto Photo Anne Bousema

Ramen met binnenwaarts gerichte luifels en roosters voor lichtspreiding en luchtcirculatie
Windows with awnings turned inward and grids for cisseminating light and air circulation
Foto Photo Robert Oerlemans

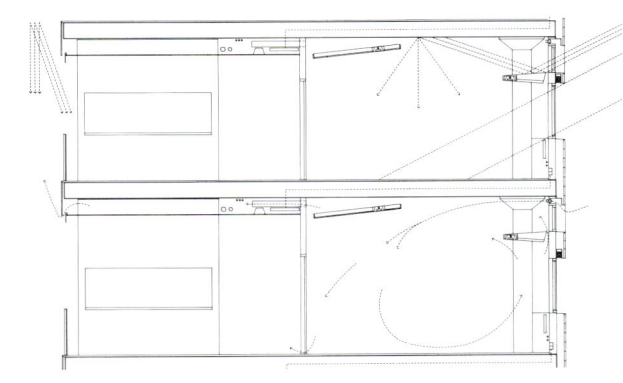

Schema daglichtspreiding en luchtcirculatie
Diagram of daylight dissemination and air circulation

Entreeruimte Entrance
Foto Photo Robert Oerlemans

Atrium met ronde ramen in de vloer Atrium with round windows in the floor
Foto Photo Robert Oerlemans

Parkeergarage met ronde vensters in het plafond
Car park with round windows in the ceiling
Foto Photo Robert Oerlemans

Seniorenwoningen
Dwellings for the Elderly

Dompvloedslaan 3a t/m 19 Overveen

Architect
Cees Dam en Partners Architecten Amsterdam

Projectarchitect Job Architect
Henk Heijink
Medewerker Contributor
Joop Kok
Ontwerp-oplevering Design-Completion
1992-1996
Opdrachtgever Commissioned by
Stichting Bleekersveld Overveen
Aannemer Contractor
Thunnissen Heemstede
Constructeur Structural Engineer
Pieters Bouwtechniek Haarlem
Gedelegeerd bouwheer Supervising Building Consultant
Bouwkosten Management Hoofddorp
Tuinarchitect Landscape Architect
Lodewijk Baljon Amsterdam

Fotografie Photography **Rien van Rijthoven**

Centrale hal met lift en galerijen
Central hall with lift and galleries

1 **Dompvloedslaan**
2 **Bejaardenhuis Oldenhove uit jaren zestig van architect Holt**
Oldenhove home for the elderly, built in the 1960s by architect Holt

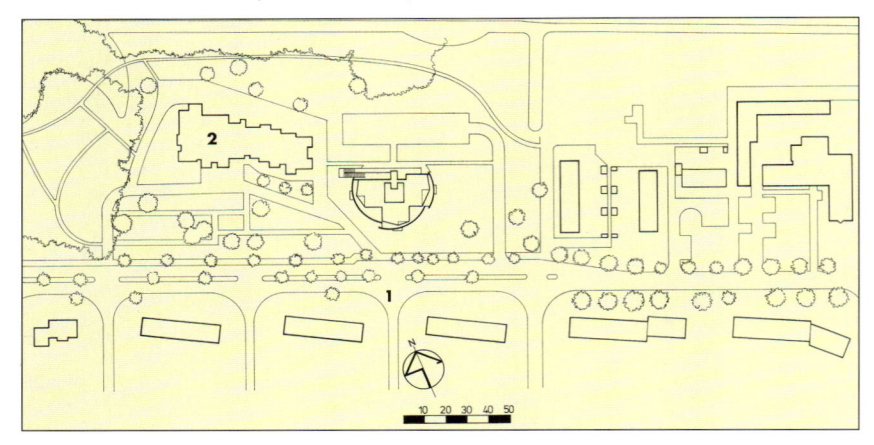

Het complex Overduin, met 27 seniorenwoningen, staat naast een bejaardenhuis, in de jaren zestig ontworpen door architect Holt. De getrapte gevels daarvan zorgen voor een diagonale zichtlijn die in de nieuwbouw wordt overgenomen. De ronde vorm contrasteert echter met de oudbouw en staat eveneens in contrast met de rechthoekige structuur van de ruimtes in de nieuwbouw zelf.

De hoofdentree aan de achterzijde ligt een halve bouwlaag boven het maaiveld en leidt naar een vierkante, transparante binnenhof, waarin zich het trappenhuis en de lift bevinden en van waaruit met galerijen alle woningen worden ontsloten.

De gesloten achtergevel wordt onderbroken door de liftkoker, die is bekleed met witte gevelsteen en een glazen pui, die zicht geeft op de binnenhof. Het complex is opgebouwd uit vijf woonlagen, waarvan vier met een identieke plattegrond. Op deze verdiepingen bevinden zich telkens zes woningen, elk van een verschillend type. De vijfde woonlaag bevat drie penthouses waarvan de gevel is uitgevoerd in witte baksteen.

The Overduin complex, with 27 dwellings for the elderly, is beside an old people's home, designed in the 1960s by the architect Holt. The multi-level façades ensure a diagonal line of sight which is continued in the new building. However, the round form contrasts with the old building and is also in contrast with the rectangular structure of the spaces in the new building itself.

The main entrance at the rear is half a storey above the ground level and leads to a square, transparent inner courtyard, in which are located the stairway and the lift, and from which galleries provide access to all the dwellings.

The closed rear wall is interrupted by the lift shaft, which is clad in white facing brick and a glass wall, providing a view of the inner court. The complex consists of five residential floors, four of them with identical floor plan. Each of these floors has six dwellings, each of a different type. The fifth residential floor has three penthouses with a façade in white brick.

Gevel op het noorden met ingang en lift- en trappenhuis
Façade to the north with entrance and lift shaft and staircase

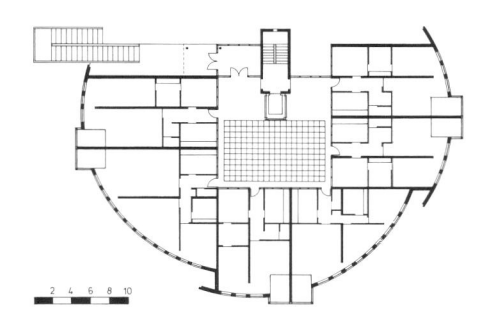

Begane grond met zes verschillende woningen
Ground floor with six different dwellings

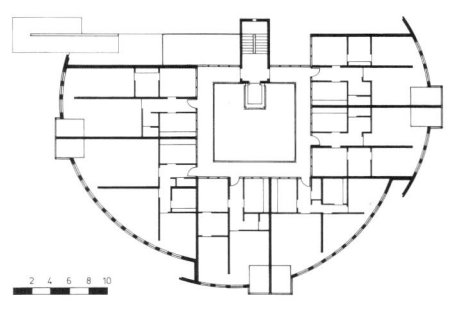

Eerste, tweede en derde verdieping, elk met zes verschillende woningen; alle woningen hebben een erker
First, second and third floor, each with six different dwellings; all dwellings have a bay window

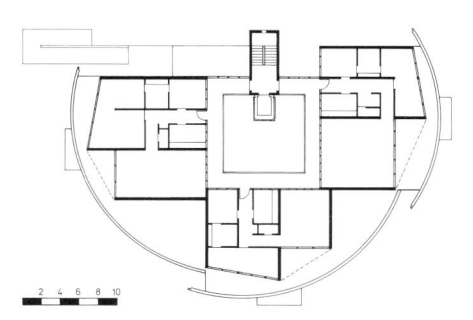

Vierde verdieping met penthouses
Fourth floor with penthouses

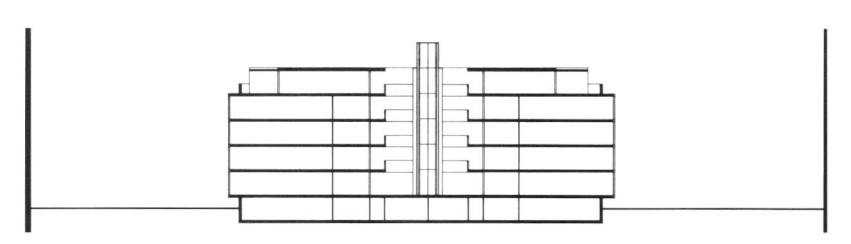

Doorsnede, de begane grond ligt een halve verdieping boven het maaiveld. In het souterrain zijn voorzieningen ondergebracht, waaronder een wasserette
Cross section, the ground floor is half a floor above the ground level. There are facilities in the basement, including a launderette

Detail verspringing gevel Detail of staggered façade

Façade op het zuidoosten met op de achtergrond het bejaardenhuis Oldenhove
Façade on the southeast with in the background the Oldenhove home for the elderly

Woongebouw met bedrijfsruimten
Housing with Commercial Premises

Gedempte Zalmhaven 761-999
Scheepstimmermanslaan 12-96 Rotterdam

Architect
Dobbelaar de Kovel de Vroom Architekten
Rotterdam

Medewerkers Contributors
Thijs de Haan, Roel Bosch,
Wolfgang Sanwald, Frederik Ellens
Ontwerp-oplevering Design-Completion
1992-1996
Opdrachtgever Commissioned by
Amstelland Vastgoed Rotterdam
Aannemer Contractor
NBM Amstelland Woningbouw West,
vestiging Tiemstra Capelle a/d IJssel
Constructeur Structural Engineer
Invecon Zwijndrecht

Zicht op woongebouw met op de voorgrond de Van Vollenhovenstraat en op de achtergrond de Erasmusbrug
View of residential building with the Van Vollenhovenstraat in the foreground and the Erasmus bridge in the background

Fotografie Photography **Bastiaan Ingen Housz**

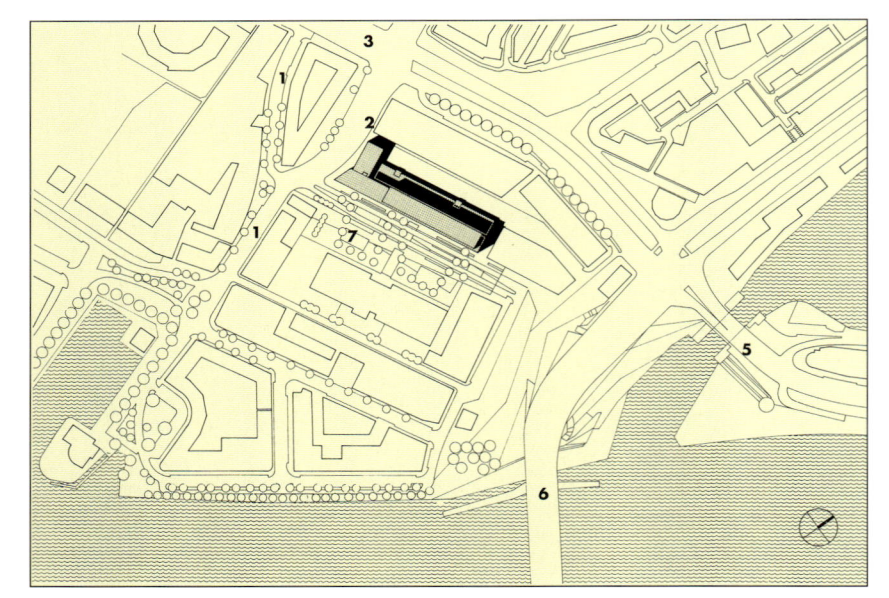

1 Van Vollenhovenstraat
2 Scheepstimmermanslaan
3 Westzeedijk
4 Vasteland
5 Boompjes
6 Erasmusbrug
  Erasmus bridge
7 Gedempte Zalmhaven

Om het kleinschalige karakter van de Scheepstimmermanslaan te respecteren is de bouwhoogte hier beperkt tot vijf lagen. Het overige deel van het gebouw kent een gelede opbouw tot elf lagen. De lange onderbouw in zes lagen is door een tussenlid met maisonnettewoningen verbonden met een iets terugliggend, korter blok van drie lagen.
Het woongebouw kent een verscheidenheid aan woningtypen, die in afmeting en prijsklasse sterk van elkaar verschillen. Alle woningen in het lange bouwvolume hebben een balkon of terras aan de zuidzijde met zicht op een stadsparkje.
Op de begane grond zijn aan de Scheepstimmermanslaan winkels gemaakt en langs het parkje bedrijfsruimten en zogenoemde werkwoningen. Aan de noordzijde van het gebouw is een parkeergarage gebouwd in twee lagen. In het woongebouw worden veel verschillende materialen gebruikt: baksteen, licht en donker gekleurd beton, hout, aluminium en stucwerk.

In order to respect the small-scale character of the Scheepstimmermanslaan the building height is here restricted to five storeys. The other part of the building has an articulated structure up to eleven storeys. The long base in six storeys is linked by an intermediary segment of maisonnettes to a shorter, three-storey block set somewhat back.
The residential building has a variety of dwelling types, which differ sharply among themselves in terms of dimensions and price class. All the dwellings in the long building volume have a balcony or terrace on the south side with a view of an urban park. Shops have been made on the ground floor on the Scheepstimmermanslaan and commercial premises and so-called work dwellings along the park. A car park has been built over two floors on the north side of the building. Many different materials are used in the residential building: brick, light and dark coloured concrete, wood, aluminium and plaster.

Aanzicht Vasteland met parkeergarage
View of Vasteland with car park

Aanzicht Gedempte Zalmhaven
View of Gedempte Zalmhaven

Appartementen en atelierwoningen eerste verdieping
Appartments and studio dwellings on the first floor

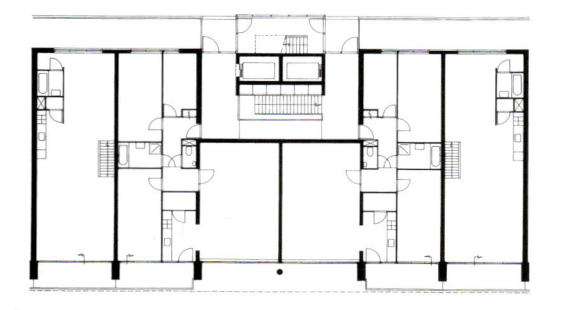

Appartementen vijfde tot en met tiende verdieping
Appartments fifth to tenth floor

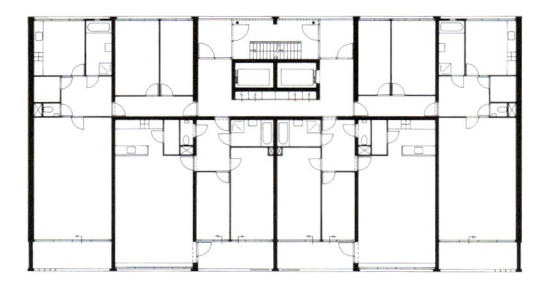

Maisonnettes zevende (slaap)verdieping
Maisonnettes seventh (bedroom) floor

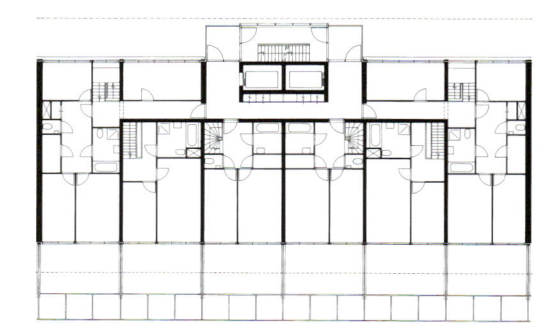

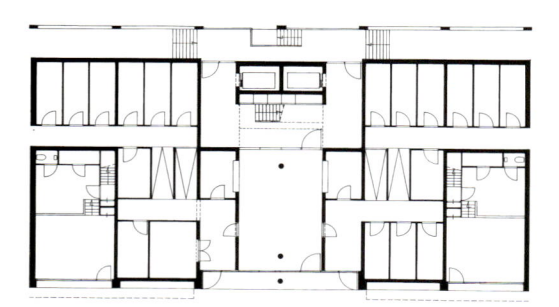

Entree en atelierwoningen begane grond
Entrance and studio dwellings on the ground floor

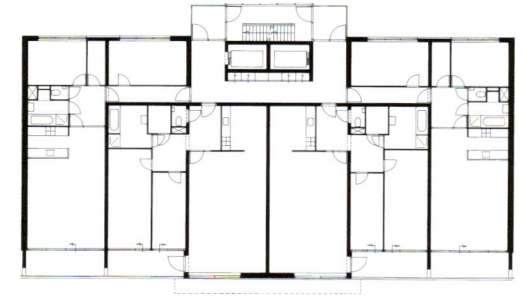

Appartementen tweede tot en met vijfde verdieping
Appartments second to fifth floor

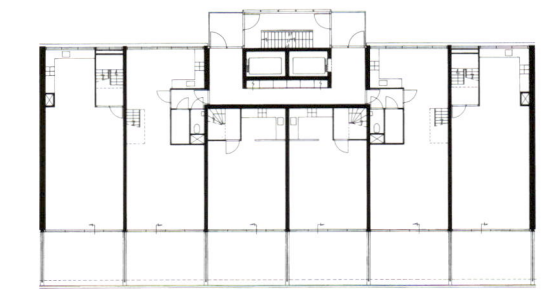

Maisonnettes zesde (woon)verdieping
Maisonnettes sixth (livingroom) floor

Aanzicht hoek Gedempte Zalmhaven – Scheepstimmermanslaan
View of corner Gedempte Zalmhaven – Scheepstimmermanslaan

1	**Entreehal**	1	**Atelierwoningen**
	Entrance hall		Studio dwellings
2	**Atelierwoning begane-gronddeel**	2	**Appartementen**
	Studio dwelling ground floor part		Appartments
3	**Winkel-/bedrijfsunits**	3	**Maisonnette met terras**
	Shops and commercial units		Maisonnette with terrace
4	**Bergingen**	4	**Bergingen**
	Storerooms		Storerooms
5	**Open corridor**	5	**Parkeergarage**
	Open corridor		Car park
6	**Parkeergarage**	6	**Vegetatiedak**
	Car park		Vegetative roof
7	**Appartementen tweede tot en met vijfde verdieping**	7	**Open corridor**
	Appartments second to fifth floor		Open corridor
8	**Appartementen achtste tot en met tiende verdieping**		
	Appartments eighth to tenth floor		

Dwarsdoorsnede Cross section

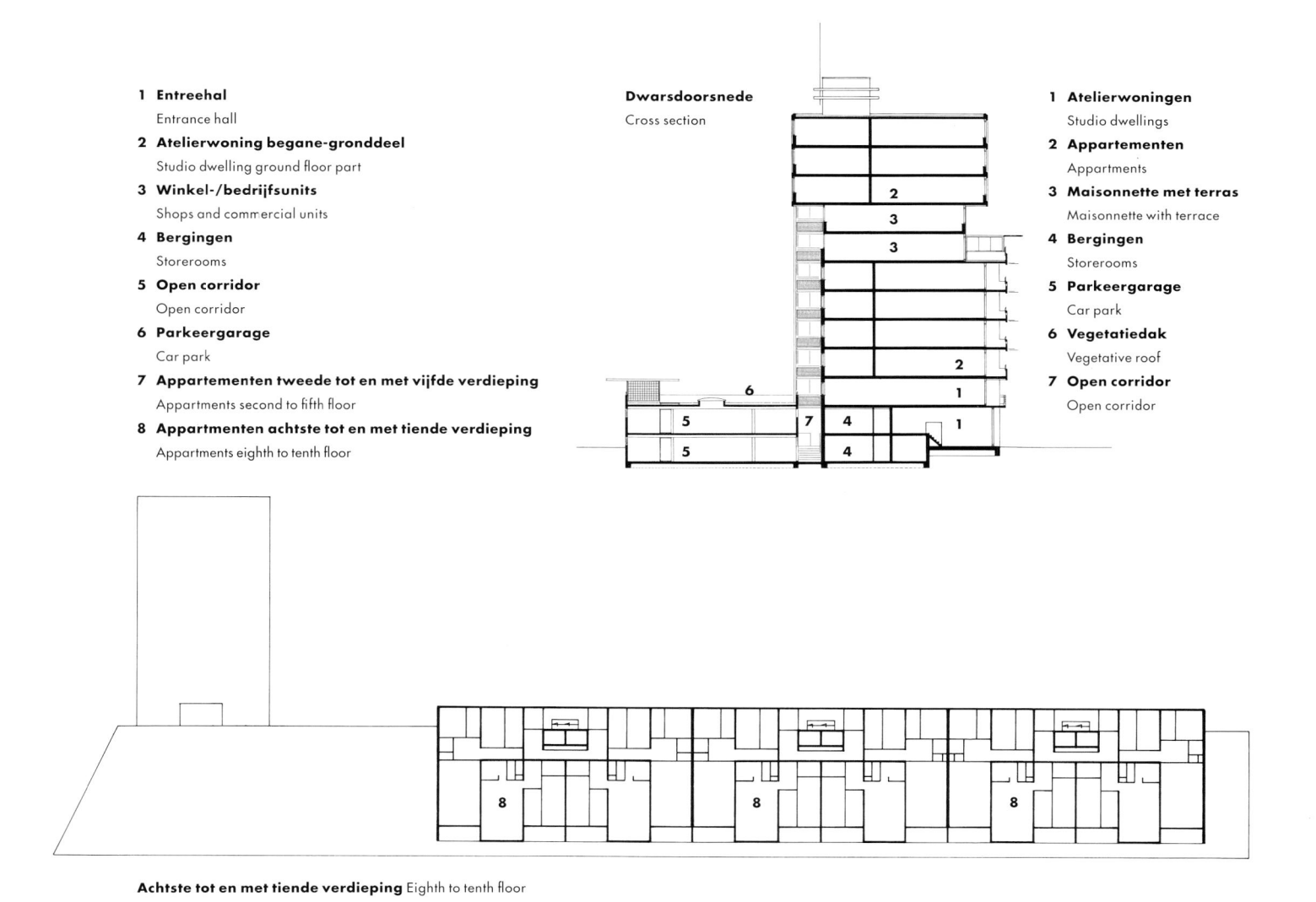

Achtste tot en met tiende verdieping Eighth to tenth floor

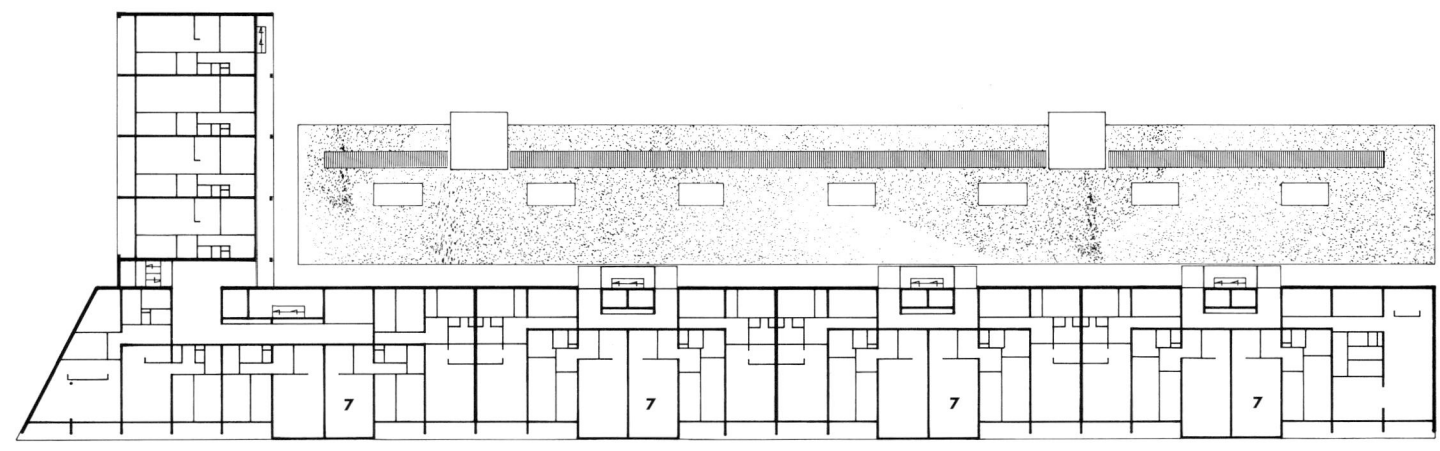

Tweede tot en met vijfde verdieping Second to fifth floor

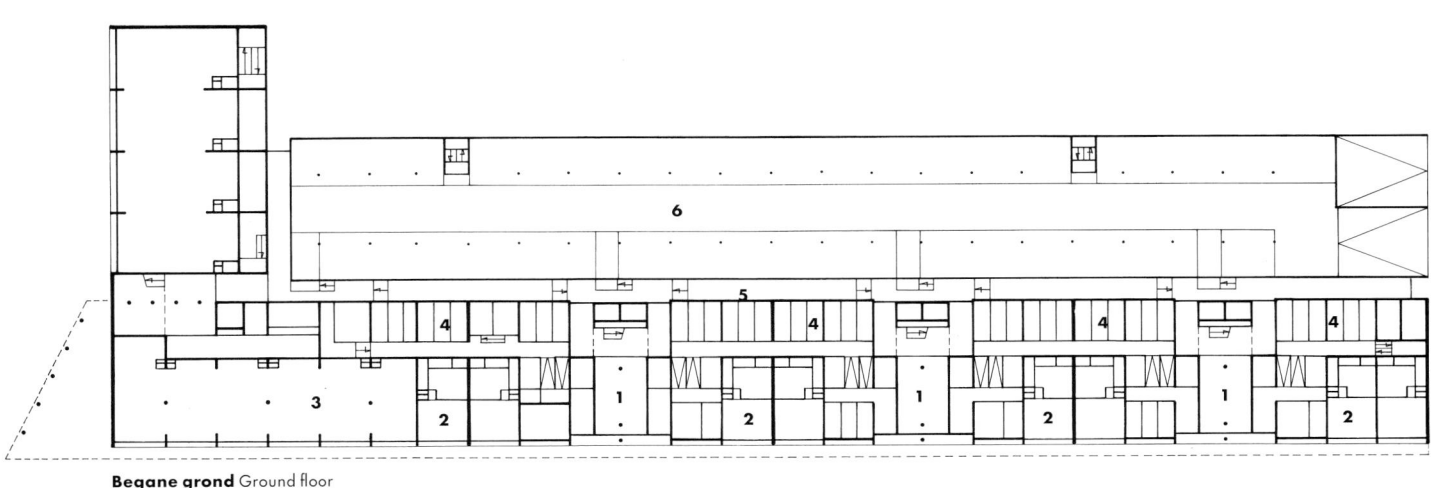

Begane grond Ground floor

Berichten Reports

Bedieningsgebouw Oostersluis, Groningen, naar ontwerp van Rene van Zuuk
Service building Oostersluis, Groningen, designed by Rene van Zuuk
Foto's Photos Arthur Blonk

Bedieningsgebouw Prins Willem Alexandersluis, Amsterdam, naar ontwerp van Aletta van Aalst
Service building Prins Willem Alexandersluis, Amsterdam, designed by Aletta van Aalst
Foto Photo Fas Keuzenkamp

Brugwachtershuisje Kop van Zuid, Rotterdam, van Bolles-Wilson
Bridgekeeper's house Kop van Zuid, Rotterdam, by Bolles-Wilson
Foto Photo Christian Richters

Dienstbaar gebouwd

Ze bevinden zich in de buurt van sluizen, bruggen, spoorwegen, roeibanen; bij kunstwerken die met water of verkeer, maar meestal met beide, te maken hebben. Vandaar dat er in Nederland veel staan en er nog steeds bijkomen: bescheiden, maar geen onooglijke gestalten. Onderin bevinden zich de technische installaties of een kantoortje. Het vormt de sokkel voor een vorstelijke bovenkamer, de bedieningsruimte met een panoramisch uitzicht. Het zijn de cockpits of stuurhutten van het vasteland met hun uitgebreide bedieningspanelen achter brede stroken glas. Soms zijn ze voorzien van een klep om hinderlijk zonlicht te weren. In hun gerichtheid op het kunstwerk vormen ze tevens een hommage. Maar de dienstbaarheid staat voorop: zelf nemen ze zo weinig mogelijk ruimte in beslag, om zoveel mogelijk uitzicht te bieden.

1. Bedieningsgebouw bij de Prins Willem Alexandersluis, Amsterdam

Aletta van Aalst

Het gebouwtje bevindt zich bij een van de sluiskolken tussen Binnen- en Buiten-IJ in Amsterdam. Vanuit het gebouw vindt de bediening en energievoorziening plaats. Vanuit de bedieningsruimte diende er uitzicht te zijn in de kolk en naar de aanvoerroutes tot aan de Schellingwouderbrug. Daarom staat het gebouwtje gedraaid ten opzichte van de kolk. En daarom springt het glas van de bovenkamer zo royaal uit. De ontwerper moet gedacht hebben dat bij alle kolkende beweging het oog ook enig houvast wil. Door de draaiing staat het gebouw in het verlengde van de kade van het Zeeburgereiland, wat vanuit het verticale raam bij de trap goed te zien is. En het gebouwtje klampt zich met behulp van een uitkraging in de fundering letterlijk aan de stalen damwand van de sluis vast.

2. Bedieningsgebouw Oostersluis Groningen

Rene van Zuuk

Dit gebouwtje vormt nog duidelijker dan het voorgaande een instrument om te turen. Het mocht vanwege zijn gewicht niet direct aan de sluis staan, maar tegelijkertijd mocht de afstand van de controlekamer tot de oever niet groter zijn dan anderhalve meter. Vandaar de ver uitkragende bedieningsruimte, die nog royaler is ontworpen dan te doen gebruikelijk bij dergelijke gebouwtjes. Meestal bevindt zich alleen de controleruimte bovenin, terwijl de extra kantoorruimte in de schacht of sokkel wordt ondergebracht. Van Zuuk stelde vast dat het personeel als het even kan bovenin gaat zitten. De hoge positie met riant uitzicht oefent kennelijk een onweerstaanbare aantrekkingskracht uit. 'De vlieg' wordt het gebouwtje genoemd, vanwege het fraai gelede en gebogen zinken dak. Aan de achterzijde is de hemelwaterafvoer opgenomen in de kolom die de uitkraging draagt. Het lijkt of hij het gebouwtje er tegelijk voor moet behoeden vorover in het water te vallen.

3. Brugwachtershuisje Kop van Zuid

Architectuurbureau Bolles-Wilson

Het huisje vormt het oostelijk uiteinde van het zuidelijk waterfront aan de Maas, dat werd heringericht tegelijk met de bouw van de Erasmusbrug, ontworpen door Ben van Berkel. Het vormt een van de kleinere objecten, waarmee Bolles-Wilson de overgang maakt van de grootschalige bouwwerken op de Kop van Zuid, zoals het complex Wilhelminahof, naar de individuele wandelaar langs het water. De functie van het gebouwtje is er niet minder gewichtig om. Van hieruit wordt het scheepvaartverkeer geregeld op de Maas en wordt het beweegbare deel van de Erasmusbrug bediend. Het gebouwtje 'kijkt' met zijn lange strookraam in de witte gevel naar de brug. Het rust op vijf slanke kolommen en een smalle onderbouw. De driehoekige vorm maakt dat het vanuit elke richting een andere vorm en uitdrukking heeft, temeer omdat de drie wanden met verschillend materiaal in verschillende kleuren zijn bekleed: gele geglazuurde baksteen, witte geëmailleerde panelen en zwarte metalen golfplaten.

Serviceably Built

You will find them in the vicinity of canal locks, bridges, railway lines, rowing lanes; at artworks involving water or traffic, but usually with both. That is why there are many in the Netherlands and more are coming: modest, but not unsightly shapes. Below you will find the technical installations, or an office. This is the base for a magnificent upper room, the control room with a panoramic view. They are the cockpits or bridges of the land, with their extensive control panels between broad strips of glass. Sometimes they are equipped with a shutter to keep off bothersome sunlight. In their focus on the artwork they are also a homage. But serviceability is to the fore: they themselves occupy as little space as possible, in order to provide as much view as possible.

1. Service Building at the Prins Willem Alexandersluis, Amsterdam

Aletta van Aalst

The building is beside one of the canal locks between Inner and Outer IJ in Amsterdam. Service and energy is provided from the building. From the service space there has to be a view into the lock and of the transport routes to the Schellingwouderbrug. That is why the building is rotated with regard to the lock. And that is why the glass of the upper room protrudes so substantially. The designer must have been thinking that with all the swirling water movements the eye also needs something to hold onto. The rotation puts the building in line with the quay of the Zeeburgereiland, which is easily visible from the vertical window. And with the help of a projection in the foundations the building is literally clamped onto the steel sheet piling of the lock.

2. Service Building Oostersluis Groningen

Rene van Zuuk

This building, even more clearly than the previous one, is an instrument for looking. Because of its weight it could not be located directly on the lock, but at the same time the distance from the control room to the bank could not be more than a metre and a half. That is the reason for the projecting control space, which is designed even more spaciously than is usual with such buildings. Usually, the control room only is above, while the extra office space is housed in the shaft or base. Van Zuuk ascertained that the staff prefer to sit above if possible. Apparently the high position with a fine view exerted an irresistible attraction. The building is called 'The Fly', because of the beautifully articulated and curved zinc roof. At the back drainage is included in the column which bears the projection. It looks as if it also has to simultaneously prevent the building falling forward into the water.

3. Bridgekeeper's House Kop van Zuid

Bolles-Wilson Architectural Bureau

The building is the eastern extremity of the southern waterfront on the Maas, which was redesigned together with the building of the Erasmus bridge, designed by Ben van Berkel. It is one of the smaller buildings, with which Bolles-Wilson makes the transition from the large-scale buildings on the Kop van Zuid, such as the Wilhelminahof complex, to the individual pedestrian along the water. This does not make the building's function any less weighty. From here the shipping traffic on the Maas is organised and the moveable part of the Erasmus bridge operated. With its long window in the white façade the building 'looks' at the bridge. It is standing on five slim columns and a narrow base. The triangular form gives it a different form and expression from every direction. All the more so as the three walls are clad in different material and different colours: yellow glazed brick, white enamelled panels and black metal corrugated plates.

Drie portiersloges voor De Hoge Veluwe

MVRDV

Portiersloges houden zich op bij een grens of overgang, veelal na betaling te passeren. Ze bieden ruimte aan een of twee personen en enkele bescheiden faciliteiten. Maar ze kunnen ook een voorbode zijn van het uiteindelijke doel van de bezoeker: een park, een museum, of zoals De Hoge Veluwe eens werd genoemd, een 'museum van landschappen'. In 1994 werd door de stichting Het Nationale Park De Hoge Veluwe, bij gelegenheid van het zestigjarig bestaan van het park, een prijsvraag uitgeschreven onder tien jonge ontwerpers. De stichting vroeg om drie loges voor de drie ingangen van het park, niet alleen begiftigd met een hoge symboolwaarde, maar ook met een voortreffelijk uitzicht. Er moest vanuit de huisjes goed overzicht zijn over de gehele entreesituatie. Bureau MVRDV won met een helder idee: de verbuiging van het archetype van het huisje naar de drie ter plekke aangetroffen situaties. De standaardvorm van het huis met puntdak werd bewerkt en vervormd en per situatie uitgevoerd in een ander materiaal: hout, baksteen en cortenstaal. Dak en gevel werden als een geheel behandeld, zonder onderbreking of materiaalverschil en zonder storende details als de hemelwaterafvoer. Opmerkelijk is dat juist de baksteen, toch het materiaal bij uitstek voor het huis, de meeste hoofdbrekens gaf bij het maken van een gave, allesomspannende huid. Het stenen huisje bevindt zich naast de ingang bij Otterlo. In tegenstelling tot een sluis in een drukke vaarroute gaat een museum op gezette tijden open en dicht. Zo ook de huisjes, waarvan 's morgens de luiken, uiteraard gemaakt van hetzelfde materiaal als de rest, worden uitgeklapt als zon- of regenklep. 's Avonds krijgen de dichtgeklapte loges met hun verwrongen donkere gestalten tussen de bomen iets geheimzinnigs.

Three Porter's Lodges for De Hoge Veluwe

MVRDV

Porter's lodges are found at a boundary or transition, and are usually passed after payment. They provide space for one or two people and a few modest facilities. But they can also be a forerunner of the visitor's ultimate goal: a park, a museum, or as the Hoge Veluwe was once called, a 'museum of landscapes'. In 1994 the National Park De Hoge Veluwe foundation, on the occasion of the park's sixtieth anniversary, set a competition for ten young designers. The foundation asked for three lodges for the three entrances to the park, not just endowed with a high symbolic value, but also with a splendid view. It had to be possible to survey the entire entrance from the houses. The MVRDV bureau won with a clear idea: the adjustment of the house archetype to the three situations found on site. The standard form of the house with saddle roof was processed and transformed and built in a different material in each location: wood, brick and corten steel. Roof and façade were treated as a whole, without interruption or difference in material and without disturbing details such as rainwater drains. It is striking that it was precisely the brick, the classic material for the house, which caused the most worry in making a smooth, all-enclosing skin. The stone house is at the entrance in Otterlo. In contrast to a canal lock in a busy shipping route, a museum opens and closes at fixed times. As do the houses, whose shutters, naturally made of the same material as the rest, are unfolded in the morning to keep off sun or rain. In the evening the shuttered lodges with their huddled, dark shapes have something mysterious.

Drie portiersloges voor De Hoge Veluwe, ontworpen door MVRDV
Three porter's lodges for De Hoge Veluwe, designed by MVRDV
Foto's Photos René de Wit

Entreegebouw De Efteling

Ton van de Ven

Van de helderheid van het bedieningsgebouw naar de sprookjeswereld van Grimm, blijkt niet eens zo'n grote stap. Steeds is er dat gebouwtje, dat voor iets anders staat en er het symbool van wordt – een hoogstaand technisch werk, een cultureel complex, een attractie van formaat. Het entreegebouw van het attractiepark de Efteling is niet alleen maar een dak boven de kassa's en de souvenirwinkel, het moet de bezoeker van verre al in de ban brengen van wat hem binnen te wachten staat. Tevreden stelt de ontwerper vast dat de spitsen van dit 'Huis van de Vijf Zintuigen' tot 42 meter hoog zijn. Er was dan ook nog ruim voldoende plaats voor een bordes vanwaar de bezoeker al wordt vermaakt voordat hij binnen is. Met behulp van honderden boomstammen, uit Beieren aangevoerd, werd dit huis in elkaar gezet, niet met de computer, zoals heden ten dage te verwachten valt, maar al knutselend aan een model van schaal 1:1000. Niet alleen de sprookjeswereld van de Efteling, waarvoor illustrator Anton Pieck ooit nog figuren bedacht als Holle Bolle Gijs, vormde de inspiratiebron, maar West-Sumatraanse gebouwen met hun spitsen in de vorm van buffelhoorns. Hier is een gevaarlijk punt bereikt. Het dienstgebouw gaat breeduit voor de attracties zitten, onder het uitroepen van 'ik ben hier de attractie!'

Entrance Building De Efteling

Ton van de Ven

The step from the clarity of the service building to the fairy tale world of Grimm would not seem to be such a big one. That building which is always there, which stands for something else and becomes its symbol – a high quality technical work, a cultural complex, a major attraction. The entrance building to the Efteling attraction park is not just a roof above the box offices and the souvenir shop, it has to enthrall the visitor from afar with what awaits him within. The designer notes with satisfaction that the spires of this 'House of the Five Senses' reaches 42 metres high. There was thus also enough room for a landing from which the visitor is already entertained before he is inside. Using hundreds of tree trunks, brought from Bavaria (Germany), this house was constructed not with the computer as could be expected nowadays, but by fiddling about with a 1:1000 scale model. Inspiration came not just from the magic world of the Efteling, for which the illustrator Anton Pieck once invented figures like Holle Bolle Gijs, but Western Sumatran buildings with their towers in the form of buffalo horns. Here a dangerous point has been reached. The service building plumps itself down in front of the attractions, exclaiming 'I'm the attraction here!'

Het nieuwe entreegebouw van De Efteling naar ontwerp van Ton van de Ven
New entrance building of De Efteling designed by Ton van de Ven
Foto Photo De Efteling

Klimhal Kardinge, Groningen, van Johannes Moehrlein
Kardinge climbing hall, Groningen, by Johannes Moehrlein
Foto Photo Johannes Moehrlein

Klimhal Kardinge, Groningen

Johannes Moehrlein

Er is misschien maar één gebouwtype dat als gebouw zelf de attractie is, namelijk de klimhal. De bezoeker heeft het gemunt op zijn muren en dak. Het gebouw is zijn functie, hoe tegenstrijdig deze ook is: het bieden van beschut ongemak. Een indoor klimhal is een overdekte canyon. Comfortabel hangt je leven er aan een zijden draad. De klimaccommodatie is in korte tijd geëvolueerd van een simpele muur, via een neutrale doos met scheve wanden binnenin, tot een scheef gebouw. De Klimhal Amsterdam, in het voorjaar van 1996 gerealiseerd bij station Sloterdijk, kwam als eerste openlijk voor zijn scheefheid uit. De steile trapeziumvorm geeft het gebouw het aanzien van een tent met een plat dak. Architect Joop van Stigt ontwierp een tijdelijke klimhal aan de Ruyterkade in Amsterdam. Ook deze is scheef van buiten, maar verder nog helemaal doos, bedoeld om zoveel mogelijk vierkante meter klimmuur te maken. 'Klimmuur Centraal' staat er voor alle zekerheid met grote letters op de buitenkant. Architect Moehrlein ging bij zijn klimhal in de Groningse uitbreidingswijk Noorddijk een stapje verder. De voorgeschreven hellingshoeken van de te beklimmen wanden binnenin (9, 11, 23 en 33 graden) zijn nauwkeurig overgenomen in de buitenwanden.

Twee dozen, gedragen door stalen bokken, zijn ten opzichte van elkaar gedraaid en gekanteld. Het mooist is dat te zien aan de noordkant. Aan de zuidkant wordt de sculptuur niet al te fijnzinnig doorbroken door de glazen gevels van de hoog boven het maaiveld gelegen kantine, die van buiten en van binnen is te bereiken via stalen trappen. Het zijn de enige rechte lijnen in dit gebouw, waar de scheefheid van de deconstructivistische architectuur zijn functionele rechtvaardiging heeft gevonden. De buitenkant is bekleed met houten klimpanelen en daarboven stalen golfplaten. Hoewel het gebouw bij mooi weer dus ook van buiten te beklimmen is, biedt alleen de binnenkant alle denkbare hellingen en klimroutes. Tot een hoogte van achttien meter, weer of geen weer.

Kardinge Climbing Hall, Groningen

Johannes Moehrlein

There is perhaps only one building type which is in itself an attraction, and that is the climbing hall. The visitor is after its walls and roof. The building is its function, contradictory as that is: providing sheltered discomfort. The indoor climbing hall is a covered canyon. Comfortable, your life hangs from a silken thread. The climbing accommodation has in a brief space of time evolved from a simple wall, via a neutral box, with slanted walls inside, into a slanted building. The Klimhal Amsterdam, built in Spring 1996 at the Sloterdijk station, was the first to openly proclaim its slant. The steep trapezium form gives the building the appearance of a tent with a flat roof. Architect Joop van Stigt designed a temporary klimhal on the Ruyterkade in Amsterdam. This too is slanted inside, but for the rest is still completely a box, intended to make as many square metres of climbing wall as possible. Just to make certain, 'Climbing Wall Central' is printed in big letters on the exterior. In his climbing hall in the Groningen expansion suburb Noorddijk, the architect Moehrlein went one step further. The prescribed gradients of the walls to be climbed inside (9, 11, 23 and 33 degrees) have been precisely continued in the outer walls.

Two boxes, borne by steel frames are rotated and tilted with regard to each other. That can best be seen on the northern side. On the southside the sculpture is rudely interrupted by the glass walls of the canteen, high above ground level, which can be reached from inside and outside via steel stairs. They are the only straight lines in this building, where the slant of deconstructivist architecture has found its functional justification. The exterior is clad in wooden climbing panels and above it, corrugated steel plates. Although the building can also be climbed outside in fine weather, only the interior offers all possible slopes and climbing routes. To a height of eighteen metres, weather or no weather.

Openbaar toilet te Groningen naar ontwerp van Rem Koolhaas en Erwin Olaf
Public toilet in Groningen designed by Rem Koolhaas and Erwin Olaf
Foto's Photos Kim Zwarts

Drijvend paviljoen ontworpen door Fumihiko Maki en Dora van der Groen
Floating pavilion designed by Fumihiko Maki and Dora van der Groen
Foto Photo Kim Zwarts

Mobiel podium ontworpen door Bruce Mclean en William Alsop
Mobile podium designed by Bruce Mclean and William Alsop
Foto Photo John Stoel

Openluchtfestival A Star is Born
Groningen, de stad als podium

Openair Festival A Star is Born
Groningen, the City as Podium

Zeven weken lang beschikte de stad Groningen in augustus en september over zes openluchtpodia, waar zich zo'n 150 voorstellingen afspeelden. Daartoe behoorden een bijzondere opvoering van de opera Norma door het Noord Nederlands Orkest, een theaterfestival, een jazz-festival, een historische processie en een schrijversschip. De openbare ruimte en het gebruik ervan zijn al jaren een belangrijk thema in deze stad. Het festival vormde de bekroning van een grondige verfraaiing van het stadshart, met medewerking van architectenbureau Mecanoo, op basis van een gemeentelijk plan uit 1991, 'Ruimte voor ruimte'. Straten en pleinen werden versoberd – wat inhield dat de hoeveelheid neonreclame, uitstallingen en plastic terrasstoeltjes werd verminderd – en heringericht met uniforme lichtgele klinkers. Het reconstructieproject Waagstraat naast de Grote Markt met woningen, winkels en een gedeeltelijke sloop en uitbreiding van het stadhuis (zie elders in dit Jaarboek) werd in 1996 voltooid. Al inrichtend heeft de stad tegelijk een traditie opgebouwd in het arrangeren van boeiende ontmoetingen van stedenbouw, architectuur en cultuur, zoals in de projecten 'Stadsmarkeringen' en 'What a wonderful world' uit 1990, die enkele markante eigentijdse stadspoorten en paviljoens aan het stadsbeeld hebben toegevoegd.

A Star is Born leidde behalve tot een intensieve bespeling van twee bestaande locaties, de Grote Markt en de gloednieuwe Waagstraat, tot de inwijding van een viertal podia in de stad. Ze bevonden zich op of aan het water en werden ontworpen door vier koppels van gerenommeerde architecten en kunstenaars. De podia aan de Winschoterkade en de Reitemakersrijge werden als permanente voorzieningen aan de binnenstad toegevoegd. De twee andere waren mobiel en tijdelijk: de een bij de sluis van Dorkwerd, het meest noordelijke punt van de stad, terwijl het andere door de Diepenring en over het Reitdiep moest gaan varen gedurende het festival.

Architect Rem Koolhaas (OMA) en fotograaf Erwin Olaf ontwierpen een openbaar toilet aan de Reitemakersrijge, bij een pleintje waar onder andere jazz-concerten plaatsvonden. Het chique toilet bestond uit een 'krul' van melkglas met een geperforeerd stalen dak. In de wand werden afbeeldingen geprint van menselijke figuren, die de strijd tussen de sexen tot onderwerp hadden.

Dora van der Groen, theaterregisseur in Antwerpen en de Japanse architect Fumihiko Maki ontwierpen een drijvend paviljoen aan de Diepenring, een lichte en elegante constructie van stalen buizen bekleed met doorzichtig canvas, dat zich liet gebruiken als varende tribune, maar ook als podium waar het publiek vanaf de waterkant naar keek.

De Winschoterkade vormde de locatie voor het ontwerp van de Spaanse architect Manuel de Solà-Morales. Hij ging alleen verder toen hij vond dat de Franse lichtkunstenaar Yann Kersalé teveel inbreuk pleegde op zijn idee. De Solà-Morales maakte een rustig en ingetogen parkje met aan de rand een lange, slingerende blauwe bank vanwaar men de omgeving kan beschouwen. Aan het einde van de bank staat een blauw 'venster' met uitzicht op het Winschoterdiep. Boven het water hangt als een 'balkon' een stalen platform aan de kadewand. Het tweede mobiele podium werd ontworpen door Bruce Mclean, performer uit Londen en William Alsop van het Londense bureau Alsop & Störmer. Het podium, met panelen die op allerlei manieren zijn uit te klappen, kan op een trailer door de stad worden vervoerd, maar vond zijn stek uiteindelijk aan de noordelijke stadsrand, vlakbij de sluis van Dorkwerd.

De stad Groningen was voor enkele weken een bruisend podium voorzover ze dat niet het hele jaar door al is. In totaal trokken de diverse festivalactiviteiten 180.000 bezoekers, met een opmerkelijk hoog percentage van buiten de stad. De Groningers zelf vroegen zich af waar gedurende het festival de homo's en junks waren gebleven, die daarvóór twee van de podiumlocaties plachten te frequenteren. Mochten zij er na het festival zijn teruggekeerd dan beschikken zij sindsdien over het chicste toilet en de fraaiste bank, ooit voor de zelfkant van de stad ontworpen.

For seven weeks the city of Groningen had, in August and September, six openair podiums, on which about 150 performances were given. That included a special performance of the opera Norma by the Noord Nederland Orkest, a theatre festival, a jazz festival, an historic procession and a writers' ship. For years the public space and its use have been an important theme in this city. The festival crowned a fundamental refurbishing of the heart of the city, with the collaboration of the Mecanoo architectural bureau, on the basis of a municipal plan of 1991, 'Space for Space'. Streets and squares were sobered – which meant reducing the amount of neon advertising, stalls and plastic terrace chairs – and redesigned with uniform pale yellow cobbles. The reconstruction project of Waagstraat beside the Grote Markt with dwellings, shops and a partial demolition and expansion of the city hall (see elsewhere in this yearbook) was completed in 1996. While designing, the city simultaneously built up a tradition in arranging exciting encounters of town planning, architecture and culture, as in the projects 'City Markings', and 'What a wonderful world' from 1990, which have added several striking contemporary city gates and pavilions to the cityscape.

Apart from an intensive manipulation of two existing locations, the Grote Markt and the brand-new Waagstraat, A Star is Born led to the introduction of four podiums in the city. They are on or beside the water and were designed by four duos of renowned architects and artists. The podiums on the Winschoterkade and the Reitemakersrijge were added to the inner city as permanent facilities. The two others were mobile and temporary: one at the lock of Dorkwerd, the most northerly point of the city, while the other had to sail through the Diepenring and across the Reitdiep during the festival.

Architect Rem Koolhaas (OMA) and photographer Erwin Olaf designed a public toilet on the Reitemakersrijge, beside a square where jazz concerts took place, among other things. The chic toilet consisted of a 'curl' of opaline glass with a perforated steel roof. Illustrations were printed in the walls, of human figures, with the subject being the battle of the sexes.

Dora van der Groen, theatre director in Antwerp and the Japanese architect Fumihiko Maki designed a floating pavilion on the Diepenring, a light and elegant construction of steel tubes clad in transparent canvas, which could be used as a floating stand, but also as a podium where the public could watch from the waterfront.

The Winschoterkade was the location for the design by the Spanish architect Manuel de Solà-Morales. He continued alone when he thought that the French light artist Yann Kersalé was interfering too much with his idea. De Solà-Morales made a quiet and modest park with a long, wavy, blue bench at the edge from which the surroundings can be contemplated. At the end of the bench there is a blue 'window' with a view of the Winschoterdiep. A steel platform hangs on the quay wall above the water, like a 'balcony'. The second mobile podium was designed by Bruce Mclean, performance artist from London and William Alsop of the London bureau of Alsop & Störmer. The podium, with panels which can be opened in all kinds of ways, can be moved through the city on a trailer, but ultimately found a home on the northern edge of the city, near the lock of Dorkwerd.

In so far as it is not so all year round, for some weeks the city of Groningen was a lively podium. The various festival activities attracted a total of 180,000 visitors, with a strikingly high percentage from outside the city. The Groningen people themselves wondered where the homosexuals and junkies who used to frequent two of the podium sites had gotten to during the festival. If they returned after the festival then they have since had the chicest toilet and the most beautiful bench ever designed for the underbelly of the city.

Kaartenrage

The Rage for Mapping

De snelle veranderingen in de ruimtelijke ordening leiden in Nederland tot een sterke behoefte de veranderingen in kaart te brengen. Men wil de op gang zijnde of binnen afzienbare tijd te verwachten ingrepen niet louter verzamelen, maar ook bij elkaar zien. Kaarten zijn per definitie een vertekening van de werkelijkheid, maar het maakt verschil of men de vertekening bewust voor ogen heeft of als onvermijdelijk beschouwt.

Tot de eerste categorie behoorde de Randstadkaart van ontwerper Lucas Verweij (Uitgeverij 010, 1996) die de Randstad polemisch weergaf in de stijl van de stadsplattegrond. Hij wilde iedereen confronteren met een voldongen feit: de Randstad is een metropool net als Parijs of New York. Ontwerper Paul Mijksenaar maakt een nieuwe metrokaart voor Amsterdam. Hij baseert zich daarbij op de toonaangevende Underground Map van Londen, alsof hij wil zeggen; Amsterdammers, jullie krijgen eindelijk een volwassen metro. Ook hier dus de tactiek van het voldongen feit.

De kaarten van de tweede categorie willen het publiek niet op voldongen feiten drukken, maar met het vervaardigen van een totaalbeeld discussie uitlokken. De Stichting Architectuur Centrum Amsterdam (ARCAM) maakte een kaart, bedoeld om de vooruitzichten van de regio Amsterdam, in casu de Noordvleugel van de Randstad, te visualiseren. De kaart van vijf bij vijf meter, schaal 1:10.000 en vanaf december 1995 tentoongesteld in de Zuiderkerk, bood een overzicht van alle plannen op het gebied van de ruimtelijke ordening die door, met medewerking van of in opdracht van een overheidsinstantie zijn gemaakt. De kaart gaf inderdaad de nodige gespreksstof, waarschijnlijk omdat de aanblik van een overweldigende maar vrij planloze bedrijvigheid een schokeffect teweegbracht.

De Zuidveugelkaart 96, een initiatief van de dienst Stedenbouw en Volkshuisvesting Rotterdam, inventariseert in navolging van de ARCAM-kaart de stand van zaken in de Zuidvleugel van de Randstad. Het jaar 2015 werd genomen als horizon van de gesignaleerde initiatieven. Behalve het vertrouwde beeld van de topografische ondergrond gaf de kaart (schaal 1:100.000) een glimp van het totaalbeeld van de Zuidvleugel anno 2005. Met de ervaringen in Amsterdam in het achterhoofd werd de kaart uitdrukkelijk gepresenteerd als een 'eye-opener' en een 'discussiestuk'. Hij moest belangrijke vragen over de Randstad oproepen, maar meer nog bespreekbaar maken. Door de aandacht te richten op de totaliteit van alle afzonderlijke plannen hoopte men onverwachte mogelijkheden en beperkingen zichtbaar te maken en conflicten bloot te leggen.

Een kaart vertelt veel, maar niets over wat zich erbuiten afspeelt. Het kon dan ook niet uitblijven: na de Randstad was heel Nederland aan de beurt. Er werd een Stichting de Nieuwe Kaart van Nederland opgericht, onder leiding van Joost Schrijnen, voorzitter van de Bond van Nederlandse Stedebouwkundigen (BNS) en als directeur van de dienst Stedenbouw en Volkshuisvesting van Rotterdam al animator van de Zuidvleugelkaart. Behalve de BNS sloten zich aan de beroepsorganisatie van de tuin- en landschapsarchitecten NVTL, de planologen verenigd in de BNP en het NIROV, het Nederlands Instituut voor Ruimtelijke Ordening en Volkshuisvesting. De stichting motiveerde haar initiatief door te verwijzen naar de beslissingen die over het ruimtelijk beleid voor de tijd na 2005 moeten worden genomen. Het is nuttig te weten wat er precies tot dat jaar op stapel staat. Bovendien vormt de kaart, zo hopen de initiatiefnemers, een prikkel tot reflectie op het ontwerpersvak en tot discussie over de ruimtelijke ontwikkelingen. De Nieuwe Kaart zal digitaal worden geproduceerd. In de zomer van 1996 werd een begin gemaakt met de verwerking van de plannen van het rijk, die werden aangevuld met de provinciale en gemeentelijke plannen. Aan het einde van het jaar vonden verspreid over het land zeven regioworkshops plaats voor ontwerpers. Een breed samengestelde 'regiegroep' reisde deze workshops langs en bereidde de hoofdconclusies voor. Deze werden tijdens een landelijke manifestatie in maart 1997 gepresenteerd.

The rapid changes in planning are leading to a strong desire in the Netherlands to map the changes. People not only want to collect the interventions underway or expected in the near future, but to see them together. By definition maps are a distortion of reality, but it makes a difference whether the distortion is done consciously or regarded as inevitable.

The Randstad map by designer Lucas Verweij (010 Publishers, 1996), who depicted the Randstad polemically in the style of a city map, belongs to the first category. He wants to confront everyone with a fait accompli: the Randstad is a metropolis, just like Paris or New York. Designer Paul Mijksenaar is making a new metro map for Amsterdam. In doing so he is basing himself on the exemplary Underground Map of London, as if he wants to say: Amsterdammers, finally you're getting a full-grown metro. Here too the tactic of the fait accompli.

The maps in the second category do not want to confront the public with a fait accompli, but invite discussion by making a total image. The Stichting Architectuur Centrum Amsterdam (ARCAM) made a map, intended to visualise the prospects for the Amsterdam region, the North Wing of the Randstad. The map of five metres by five metres, scale 1:10,000 and exhibited in the Zuiderkerk from December 1995, offered an overview of all plans in the area of spatial planning which have been made by, commissioned by, or in collaboration with, government institutions. The map did indeed provide the basis for debate, probably as looking at an overwhelming but quite unplanned activity had a shock effect.

The Zuidvleugelkaart 96, an initiative of the Town Planning and Public Housing Department Rotterdam, imitates the ARCAM map by listing the state of affairs in the South Wing of the Randstad. The year 2015 was taken as horizon for the initiatives noted. Apart from the familiar image of the topographic base the map (scale 1:100,000) gave a glimpse of the total image of the Zuidvleugel around 2005. With the experience in Amsterdam at the back of their minds, the map was expressly presented as an 'eye-opener' and a 'discussion piece'. It was supposed to raise important questions about the Randstad, but open more for discussion. By focussing attention on the totality of all separate plans it was hoped to make unexpected opportunities and limitations visible, and expose conflicts.

A map tells us much but nothing about what is happening outside it. It was therefore inevitable: after the Randstad it was the turn of the Netherlands as a whole. A New Map of the Netherlands Foundation was founded, led by Joost Schrijnen, chairman of the Association of Dutch City Planners (BNS) and as director of the Town Planning and Public Housing Department of Rotterdam, already an inspirer of the South Wing map. Apart from the BNS, it was joined by the professional organization of garden and landscape architects NVTL, the planners united in the BNP and the NIROV. The foundation explained its initiative by referring to the decisions which had to be made about the planning policy for the time after 2005. It is useful to know what exactly is planned to that year. In addition they hope the map will stimulate reflections by the design profession and discussions of spatial developments. The New Map will be produced digitally. In the summer of 1996 a start was made on the processing of the state plans, which were supplemented by provincial and municipal plans. At the end of the year, seven regional workshops for designers took place. A broadly composed 'guiding group' travelled to these workshops and prepared the main conclusions. These were presented during a national event in March 1997.

HSL in Holland

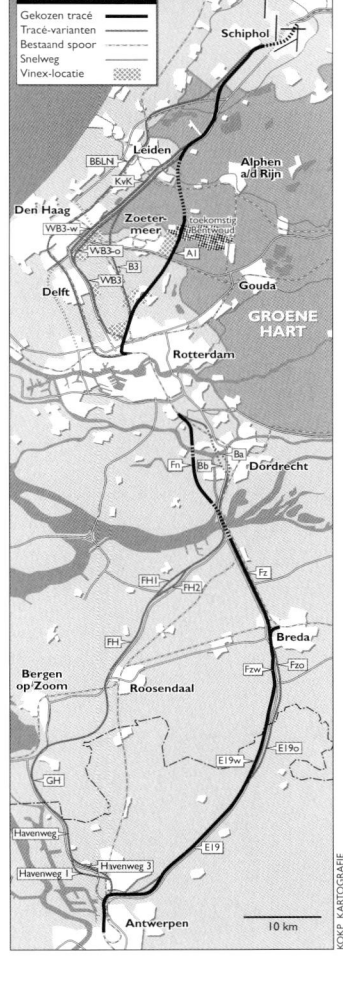

Ton Verstegen

Varianten van HSL-tracé die in de loop der tijd de revue gepasseerd zijn
Various HSL routes that have been considered at one time or another
Oene Bouma, KOKP Kartografie

Na zeven jaar van voorbereiding waren er twee varianten uitgekristalliseerd voor de hogesnelheidslijn (HSL), de lijn die Amsterdam (Airport) in de toekomst met Parijs moet verbinden. Eén door het Groene Hart van Holland en één via het bestaand spoor, dwars door steden als Delft en Den Haag. De Groene Hart-variant had de steun van alle machtige partijen van de 'BV Nederland'. De ambtenaren van het Ministerie van Verkeer en Waterstaat wilden een zo recht mogelijke HSL en geen 'boemel' die overal aanlegt. De lijn vroeg in hun ogen om een snelle besluitvorming en om een 'internationale' snelheid van driehonderd kilometer per uur. Pas dan was er sprake van een 'goed railproduct', waarmee de aansluiting met de ontwikkelingen in het buitenland behouden kon blijven. Zo'n rechtlijnige HSL, dwars door het Groene Hart, was tevens 'voorkeursvariant' van het paarse kabinet (de kleuraanduiding staat voor een coalitie van sociaal-democraten en liberaal-conservatieven) en had de steun van de KLM en luchthaven Schiphol. Daarmee zouden de korte en middellange (verliesgevende) vluchten – zoals op de afstand Amsterdam-Parijs – kunnen worden afgestoten. Bijkomend voordeel is dat vervuilend vliegverkeer wordt teruggedrongen, zo werd gesteld. Er is al een gemeenschappelijk vlieg-trein ticketsysteem opgezet voor de Thalys-trein, de snelle verbinding over bestaand spoor, die vanaf de zomer 1996 rijdt tussen Amsterdam en Parijs, zij het voorlopig alleen echt snel op Franse bodem. Maar snellere verbindingen met Schiphol maken dat vanuit de regio gezien de luchthaven juist dichterbij komt. Ze lokken dus ook luchtvaart uit en wie zal zeggen wat uiteindelijk het netto-effect is?

Tot de voorstanders van een HSL over bestaand spoor behoorden behalve de oppositiepartij het CDA, de steden Den Haag en Delft, die economisch en verkeerskundig profijt van zo'n lijn dwars door de stad dachten te hebben. Vooral Delft zou door ondertunneling voorgoed van haar spoorperikelen worden verlost, zonder de aansluiting op de lijn te missen. Tegenover het denken in snelheid werd het denken in aansluitingen gezet. Aansluitingen *binnen* Nederland wel te verstaan, als bijproduct van de aansluiting van Nederland op de rest van Europa. Een goed op de Randstad aangesloten HSL werd van strategisch belang geacht voor de economische uitbouw van die Randstad. De paar minuten extra reistijd moesten maar voor lief worden genomen.

Dit tweestromenland werd wreed verstoord door een derde variant, naar de maker de Bosvariant genoemd. Willem Bos werd even een nationale held, zijn doopceel

After seven years of preparation two variations of the high speed rail (HSL) which in the future must connect Amsterdam (Airport) and Paris, had taken final form. One through the Green Heart of Holland and one via the existing line, right through cities like Delft and The Hague. The Green Heart variation was supported by all the powerful parties of 'Holland Incorporated'. The officials at the Ministry of Transport wanted the most direct HSL possible and not a 'puffer' stopping everywhere. In their view the line demanded rapid decision-making and an 'international' speed of three hundred kilometres per hour. Only then would there be a good rail product, which could keep up with developments abroad. The straight HSL right through the Green Heart, was also the 'preferred variation' of the 'purple' cabinet (the colour refers to a coalition of social democrats and liberal conservatives) and was supported by KLM and Schiphol Airport. This way the short and medium-length (money-losing) flights – such as Amsterdam-Paris – could be scrapped. An additional advantage is that polluting air traffic will be reduced, or so it is claimed. A shared flight-train ticket system has already been set up for the Thalys train, the rapid connection on the existing line, which since Summer 1996 rides between Amsterdam and Paris, even if for the time being it is only really rapid on French territory. But faster connections with Schiphol mean that from the region's viewpoint the airport becomes even closer. They therefore also invite air traffic and who will say what the ultimate net effect is?

Apart from the opposition party, advocates of a HSL on the existing line included the CDA, and the cities of The Hague and Delft, who felt they could profit economically and in traffic terms from such a line through the city. Delft in particular would be saved for all time from its rail perils by a tunnel underneath, without missing a connection on the line. Thinking in terms of speed was opposed by thinking in terms of connections. That is, connections *inside* the Netherlands, as a byproduct of linking up with the rest of Europe. A HSL with good connections in the Randstad was considered to be of strategic importance for the economic development of that Randstad. The few extra minutes travelling time could not be avoided.

This two-track world was rudely disturbed by a third variation, called the Bos variation after its begetter. Willem Bos briefly became a national hero, his past was dragged out, his psyche probed. Bos, a somewhat dull and shy-looking

werd gelicht, zijn psyche doorwrocht. Bos, een wat saaie en schuchter ogende ambtenaar van het Ministerie van Onderwijs, leek in zijn eentje bureaucratisch en bestuurlijk Nederland te trotseren. Hans Brinker in het computertijdperk. Zijn variant spaarde het Groene Hart én de stadscentra: de HSL van Bos volgt eenvoudig het tracé van de bestaande snelwegen A4 en A13. Bos wist daarmee niet alleen de steun van land- en tuinbouworganisaties en de milieubeweging te verkrijgen, maar ook die van de 'netwerkers', speciaal diegenen die het belang van de Haagse regio nauwlettend in het oog hielden. Toen bleek dat de oplossing via bestaand spoor, uitgaande van de snelheidseisen van het Ministerie van Verkeer en Waterstaat, tot een uitbreiding tot zes sporen zou moeten leiden en daarmee veel te duur zou worden, diende de Bosvariant zich al snel aan als 'second best'. Hij liet zich immers goed verenigen met een nieuwe halteplaats aan de rand van Den Haag, de omgeving van het verkeersknooppunt Prins Clausplein, vanwaar de reiziger alsnog in een ommezien in het centrum van Den Haag kon komen. Naast de gemeente Den Haag was het vooral de Kamer van Koophandel van de regio Haaglanden, die pleitbezorger van deze oplossing werd.

Adri Duivesteijn, lid van de Tweede Kamer voor de Partij van de Arbeid en voormalig wethouder van Den Haag, zag eveneens grote voordelen. Met voornamelijk aan het buitenland ontleende voorbeelden toonde hij aan dat een stad en regio sterk kunnen profiteren van de aanleg van een belangrijke halteplaats. Ze kruipen er als het ware naartoe, daarmee ook gestalte gevend aan het 'moderne' beeld van de veelkernige stad.

Spruitjes

De Bosvariant wist tot in de boezem van het kabinet verdeeldheid te zaaien. Minister de Boer van VROM was vóór, minister Jorritsma van Verkeer en Waterstaat tégen. Toen dat in de ministerraad tot een patstelling dreigde te leiden, groeide de stemming om de HSL maar in Rotterdam te laten eindigen, het deel van Nederland daarboven veroordelend tot het 'Batavierenterritorium' van Noordwest-Europa. Maar met strategisch vernuft wist minister-president Kok de gelederen gesloten te houden. Op 3 mei werd door het kabinet gekozen voor een HSL door het Groene Hart, met negenhonderd miljoen gulden extra voor een ondertunneling over een afstand van negen kilometer, van Hoogmade tot Hazerswoude. 'Niet door, niet langs, maar onder het Groene Hart', zei Kok, die het besluit kwalificeerde als 'paars op zijn best'. Bovendien verwachtte hij van dit besluit een krachtige impuls voor de ontwikkeling van de technologie van het ondertunnelen in slappe bodem, die het tot nu toe met bescheiden experimenten moet stellen. Minister Jorritsma bleef echter tegen de ondertunneling, omdat zij daarvan een precedentwerking verwachtte voor andere delen van het traject en voor de rest van Nederland. Een ondertunneling voor honderd miljoen gulden per kilometer is natuurlijk veel geld om de 'mythe' van het Groene Hart in stand te houden, zoals dagblad *NRC-Handelsblad* schreef. De HSL bovengronds zou het Groene Hart vooral doorsnijden ter plaatse van uitgestrekte akkers met spruitjes en ontsierende tuinbouwkassen. Toch lijkt de ondertunneling de toekomst te hebben in het Nederlandse 'onderhandelingslandschap'. Want daarin neemt onvermijdelijk de neiging toe om ingrijpende voorzieningen als een HSL de grond in te onderhandelen. Het stevige zand van het pleistoceen diep in de bodem wekt meer vertrouwen dan de drassige bodem erboven, niet alleen in technisch maar ook in politiek opzicht. Hoe drassig deze is kwam in de verdere besluitvorming pijnlijk naar voren, toen de voorkeurstracé's zich in de politieke moerasdelta met de dag leken te verplaatsen. Ondanks het kabinetsbesluit bleven de fracties in de Tweede Kamer van de coalitiepartners D'66 en Partij van de Arbeid zich uitspreken voor de Bosvariant, weliswaar duurder dan de Groene Hart-variant zonder tunnel, maar niet kostbaarder dan de variant mét. Zij wisten zich daarbij gesterkt door het onderzoeksrapport 'Op het spoor...' waarin werd gesteld dat de verschillen tussen de twee varianten ook op andere punten, zoals de mate van doorsnijding van bestaande en toekomstige woongebieden, marginaal waren. Oppositiepartij CDA werd uitgedaagd van haar voorkeur voor een HSL via bestaand spoor over te stappen op de Bosvariant en ging daar ook prompt toe over. Niet om de PvdA aan de gewenste kamermeerderheid te helpen, zo stelden politieke waarnemers vast, maar om te zien of het deze coalitiepartner werkelijk ernst was met de Bosvariant. Prominente provinciale en lokale PvdA-bestuurders hadden onderwijl al in een ingezonden brief in dagblad *De Volkskrant* hun partijgenoten in de Tweede Kamer opgeroepen van hun heilloze

official at the Ministry of Education, seemed to singlehandedly defy the bureaucratic and administrative Netherlands. Hans Brinker of the computer age. His variation saved the Green Heart and the city centres: Bos's HSL simply follows the trajectory of the existing highways A4 and A13. With this Bos won the support not only of the agricultural and gardening lobbies and the environmental movement, but also that of the 'networkers', especially those who were closely concerned with the interests of the region of The Hague. When it appeared that the solution via the existing line, on the basis of the Ministry of Transport's speed requirements would lead to an expansion into six lines and would therefore become far too expensive, the Bos variation was soon seen as 'second best'. After all, it fitted in well with a new stop at the edge of The Hague, around the traffic junction Prins Clausplein, from where the traveller could reach the centre of The Hague, if in a roundabout fashion. Apart from the city of The Hague, this solution was advocated by the Chamber of Commerce of the Haaglanden region.

Adri Duivesteijn, a social democrat member of parliament and former alderman of The Hague, also saw great advantages. With examples taken mainly from abroad he demonstrated that a city and region could profit from building an important stop. They creep towards it, so to speak, thus also giving shape to the 'modern' image of the multi-centre city.

Sprouts

The Bos variation divided everyone, right into the heart of the cabinet. The minister of VROM, de Boer, was in favour, Jorritsma, minister of Transport, was against. When that threatened to lead to a conflict in the council of ministers, the feeling grew to have the HSL end in Rotterdam, thus condemning the part of the Netherlands above it to be the 'Batavian territory' of Northwest Europe. But with strategic ingenuity the Prime Minister Kok managed to keep the ranks closed. On 3 May the cabinet chose for a HSL through the Green Heart, with nine hundred million guilders extra to build a nine kilometre long tunnel, from Hoogmade to Hazerswoude. 'Not through, not beside, but under the Green Heart', said Kok, who categorised the decision as 'purple at its best'. He also expected that this decision would lend a powerful impetus to the development of the technology of underground tunneling in weak ground, which up to now had to make do with modest experiments. However, minister Jorritsma remained opposed to the tunneling, as she expected that as a precedent this would have an effect on other parts of the route and for the rest of the Netherlands. Naturally, a tunnel at one hundred million guilders per kilometre is a lot of money to maintain the 'myth' of the Green Heart, as the newspaper *NRC Handelsblad* wrote. The HSL aboveground would cross the Green Heart mainly at places with extensive fields of sprouts and unsightly glasshouses. Nevertheless, the tunnel seems to have secured its future in the Dutch 'negotiating landscape'. Because the tendency is inexorably growing, to negotiate fundamental facilities like the HSL into the ground. The sturdy sand of the pleistocene deep in the ground inspires more confidence than the swampy soil above, not only in technical but in political terms. Just how swampy this can be was to emerge painfully in the rest of the decision-making, when the preferred routes seemed to be moving deeper into the political quicksand with the day. Despite the cabinet decision the coalition parties in government, D'66 and PvdA, continued to prefer the Bos variation, which while more expensive than the Green Heart variation without tunnel, was not more expensive than the version with the tunnel. In this they were supported by the study 'On the line...' which stated that the differences between the two variations were also marginal on other points, such as the degree of intersection with present and future residential areas. The opposition CDA was challenged to abandon its preference for a HSL via the existing line and move to the Bos variation, and promptly did so. Not to help the PvdA win its desired parliamentary majority, said political observers, but to see whether this coalition partner was really serious about the Bos variation. Prominent provincial and local PvdA officials had in the meantime published an open letter in the daily *De Volkskrant*, calling on their party colleagues in parliament to forsake the path of unrighteousness. The Bos variation, they said, does indeed go right through the future urban area, the so-called VINEX locations, while commercial districts such as Overschie near Rotterdam, will be completely hemmed in. In addition, a stop at

dwaling terug te keren. De Bosvariant, zo stelden zij, gaat wel degelijk dwars door toekomstig stedelijk gebied, de zogenoemde VINEX-locaties, terwijl ook bedrijventerreinen, zoals Overschie bij Rotterdam, volledig worden afgekelmd. Bovendien zal een halte bij het Prins Clausplein leiden tot een uitholling van het Haagse stadscentrum, een standpunt waarmee de PvdA-magistraten dus ingingen tegen dat van partijgenoot Duivesteijn.

Op 11 december gingen de twee regeringsfracties opvallend gemakkelijk overstag. Een 'torentjesoverleg' tussen minister-president Kok, beide fractievoorzitters en enkele ministers volstond om iedereen weer op het rechte spoor te krijgen. Een kamermeerderheid stemde op 16 december in met het kabinetsvoorstel. Met het project, dat in 2005 klaar moet zijn is een bedrag gemoeid van 8,4 miljard gulden.

De pijn voor met name de PvdA-fractie werd enigszins verzacht door een aantal concessies van het kabinet, zoals een betere inpassing van de noord- en de zuid-uitgang van de tunnel. Ook werd 140 miljoen gulden extra uitgetrokken om de HSL en de A14 tussen Breda en Prinsenbeek onder te brengen in een tunnelbak, verzonken maar wel open.

Kwetsangst

Wat leert ons het HSL-debat tot zover? Ten eerste dat technische argumenten het moeten afleggen tegen het politieke rituteel. *NRC-Handelsblad* noemde de hele vertoning een 'rituele bezwering van infrastructurele kwetsangst'. Er is een opvallende angst bij politici om beslissingen te nemen die mensen benadelen: 'de bezweringsformule bestaat uit de woorden tunnel, tunnelbak en verdiepte ligging.' Met het voorgaande hangt de tweede gevolgtrekking nauw samen: het nagenoeg ontbreken van esthetische argumenten in het debat. Dat wat onder de grond verdwijnt of er thuishoort vormt niet langer onderwerp van bespiegelingen over mooi of lelijk. Het omgekeerde gaat blijkbaar ook op: waar het boven-gronds al lelijk is kan de HSL er nog wel bij.

De estheten ontbraken niet helemaal in het debat, maar het waren roependen in de woestijn. Een van hen was landschapsarchitect Maike van Stiphout. Zij wil met de trein niet zo snel mogelijk van A naar B maar zo mooi mogelijk. Een HSL-tracé aanleggen is volgens haar een volwaardige ontwerpopgave. Dit inzicht daagde toen zij tijdens een treinreis door Amerika zag dat op spectaculaire trajecten rijtuigen voorzien waren van panoramische vensters met de stoelen naar het raam gedraaid. Nu is het Groene Hart geen Rocky Mountains. Er moet een bepaalde verhouding zijn tussen de snelheid waarmee men zich voortbeweegt en de einde-loosheid of leegte van het landschap, om een esthetisch effect op te roepen. Een tracé voor de HSL door een kleinschalig landschap als het Groene Hart is volgens Van Stiphout dan ook een gruwel. Vandaar dat de lijn vlak voor Rotterdam onder de grond zou moeten schieten om bij Schiphol weer boven te komen. Pas bij de Deltawerken in de Zeeuwse wateren of in het containerlandschap van de Antwerpse haven wordt het volgens haar weer interessant. Maar zo hou je in het kleinschalige Nederland natuurlijk niet veel bovengrondse attracties over, zodat haar betoog indirect de roep om ondertunneling leek te ondersteunen. Met hoge snelheid door eindeloos spruitland zou toch ook een attractie kunnen zijn?

Dat neemt niet weg dat Van Stiphouts geluid interessant genoeg is om in het onder-handelingslandschap te weerklinken. Bepaalde plekken en landschappen zijn het mooist vanuit een rijdend voertuig. En vanuit andere plekken en landschap-pen kan een plotseling voorbijschietende trein heel spectaculair zijn. Ontwerpers kunnen helpen bij het opsporen van deze plekken. Als het aan Van Stiphout lag zou het tracé voor de HSL-oost van Amsterdam naar Berlijn dwars door de IJsselmeerpolders naar Groningen gaan en dan via Hannover of Hamburg naar Berlijn: 'de gids vertelt over de techniek van het inpolderen en het ontstaan van het grote natuurgebied Oostvaardersplassen. Terwijl we tussen de aardappelvel-den van Groningen suizen horen we over de wilde plannen voor eindeloze bos-sen.' Haar tracé wijkt sterk af van het huidige voorstel, 'waarbij de lijn door klei-ne dorpen aan de Veluwezoom gaat, om vervolgens de kleinschalige zandgron-den te doorkruisen, dwars door het coulissenlandschap met statige eiken van Oost-Nederland. Met als gevolg dat de reiziger zelf niets van Nederland ziet en de omwonenden nooit de flitstrein zien.'

Buitenspel gezet bij het debat over de noord-zuidverbinding is daarmee van ont-werperskant het debat over de west-oostlijn geopend, voordat ze geheel de grond in wordt onderhandeld.

the Prins Clausplein will lead to a draining of the city centre of The Hague, a standpoint with which the PvdA magistrates were opposed to party colleague Duivesteijn.

On 11 December the two government parties changed tack with surprising ease. A 'backroom conference' between prime minister Kok, the two party leaders and some ministers was enough to get everybody back on the right track. On 16 December a majority voted in favour of the government proposal. The project, which must be completed by 2005, involves a sum of 8.4 billion guilders.

The pain, especially for the PvdA, was softened somewhat by a number of concessions on the part of the cabinet, such as a better placement of the north and south exits of the tunnel. Also, 140 million guilders extra was allotted to place the HSL and the A14 between Breda and Prinsenbeek, in a tunnel trough, sunk but still open.

Fear of Hurting

What have we learned so far from the HSL debate? Firstly, that technical arguments succumb to the political ritual. The *NRC Handelsblad* called the whole show a 'ritual incantation of infrastructural fear of hurting'. The politicians are noticeably afraid of taking decisions which hurt people: 'the spell formula consist of the words tunnel, tunnel trough and sunken location'. The second conclusion is closely bound up with the former: the almost total lack of aesthetic arguments in the debate. That what disappears or belongs underground is no longer the subject of speculations concerning beautiful or ugly. Apparently the reverse is also true: where it is ugly above ground, the HSL can be added.

The debate was not entirely lacking in aesthetes, but they were voices calling in the wilderness. One of them was the landscape architect Maike van Stiphout. She wants to get from A to B by train not as quickly, but as beautifully, as possible. According to her constructing a HSL line is a fully-fledged design task. This insight came to her on a train journey through America when she saw that on spectacular sections of the line the carriages were provided with panoramic windows with the chairs turned towards them. The Green Heart is not the Rocky Mountains. There has to be a certain relation between the speed with which one travels and the infinity or emptiness of the landscape, in order to evoke an aesthetic effect. According to Van Stiphout a line for the HSL through a small-scale landscape like the Green Heart is therefore a nightmare. That is why the line should go underground just before Rotterdam to emerge again at Schiphol. Only at the Delta works in Zeeland or in the container landscape of the Antwerp harbour does it become interesting again. But in this way there would not be many aboveground attractions left in the small-scale Netherlands, so that her argument seems to indirectly support the tunneling. After all, travelling at high speed through landscapes filled with endless sprouts could also be an attraction?

That does not alter the fact that what Van Stiphout says is interesting enough to find an echo in the negotiation landscape. Certain places and landscapes are at their most beautiful seen from a moving carriage. And from other places and landscapes a train suddenly speeding by can be very spectacular. Designers can help in tracking down these places. If it were up to Van Stiphout, the route for the HSL east from Amsterdam to Berlin would move across the IJsselmeerpolders to Groningen and then via Hamburg or Hanover to Berlin: 'the guide will talk about the technology of drainage and the creation of the big nature reserve Oostvaardersplassen. While we zoom through the potato fields of Groningen we hear about the wild plans for endless forests'. Her route deviates sharply from the current proposal, 'whereby the line goes through small villages on the Veluwezoom, to then cross the small-scale sandy soils, through the decor landscape with majestic oaks of the East Netherlands. With the consequence that the traveller himself will see nothing of the Netherlands and the inhabitants will never see the streaking train.'

Declared offside in the debate about the North-South connection, the debate about the West-East line has thus been opened by the designers, before they are negotiated completely into the ground.

Van groen naar duurzaam bouwen

Bernard Hulsman

From Green to Durable Building

Duurzaam gebouwd kantoorgebouw te Amstelveen ontworpen door T+T Design
Durably built office building in Amstelveen designed by T+T Design
Foto Photo Tjeerd Frederikse

Het groene bouwen raakt ingeburgerd. Het beste bewijs hiervoor is dat het als begrip aan het verdwijnen is. Zoals het woord gastarbeider ten gunste van 'allochtoon' of zelfs 'medelander' uit het vocabulaire verdween toen duidelijk werd dat de arbeiders uit verre landen in Nederland zouden blijven, zo wordt 'het groene bouwen' steeds vaker vervangen door 'Duurzaam Bouwen' (DuBo) nu blijkt dat ecologische architectuur geen sektarisch of modieus verschijnsel is. En zoals medelander vriendelijker klinkt dan gastarbeider, zo wekt duurzaam bouwen andere associaties dan groen bouwen. Het laatste begrip doet vooral denken aan dure grasdak-huizen die worden bewoond door autoloze bewoners, maar duurzaam bouwen is ook voor de wereld van geld, onroerend goed en projectontwikkeling interessant. Al moet niet worden uitgesloten dat ook accountants, belastingadviseurs en juristen in dit New-Age-tijdperk steeds meer belangstelling krijgen voor andere dingen dan geldelijk gewin. Illustratief hiervoor is het nieuwe Amstelveense kantoor van Arthur Andersen, dat speciaal voor dit adviesbureau werd ontworpen door projectontwikkelaar Multi Vastgoed en architectenbureau T+T. Niet alleen is dit kantoor gebouwd van milieuvriendelijke materialen en, zoals het hoort bij een groen gebouw, voorzien van zonnecollectoren, mosdak en natuurlijke ventilatie, maar ook blijkt het te staan op een plek waar 'de aardstralen heel gunstig bleken', zo lieten ontwerper en eigenaar nadrukkelijk weten in *Het Parool*.

Toch speelden ook bij het nieuwe Andersen-kantoor geldelijke overwegingen een rol. 'Het bedrijf hoopt dat de prettige omgeving het ziekteverzuim drukt. Dat scheelt de ondernemer geld', schreef *Het Parool*. 'De exploitatiekosten zijn ook lager door de energiebesparende maatregelen en een "groen imago" is nooit weg. Bovendien hoopt het bedrijf dat de fiscus in de toekomst milieuvriendelijk bouwen zal belonen.'

Green building is becoming accepted. The best proof of this is that the concept itself is disappearing. Just as the word 'gastarbeider' disappeared from the vocabulary to be replaced by 'ethnic minority' or even 'fellow countryman' when it became clear that the workers from distant countries were going to stay in the Netherlands, 'green building' is being increasingly replaced by 'Durable Building' (DuBo) now that it appears that ecological architecture is not a sectarian or fashionable phenomenon. And just as 'fellow countryman' sounds friendlier than gastarbeider, durable building evokes different associations than green building. The latter concept is reminiscent chiefly of expensive grass-roofed houses inhabited by car-less residents, but durable building is also interesting for the world of money, real estate and project development. Even though it cannot be ruled out that in this New Age era accountants, tax advisors and lawyers are becoming more and more interested in things besides financial gain. This is best illustrated by the new Amstelveen office of Arthur Andersen, which was specially designed for this consultancy by the Multi Vastgoed project developer and the T+T architectural bureau. Not only is this building made from environmental-friendly materials, and as is proper for a green building, equipped with solar collectors, organic roof and natural ventilation, but it also turns out to be standing on a spot where 'the earth's rays seen particularly favourable', a point emphasised by designer and owner in *Het Parool*.

Nevertheless, financial considerations also played a role in the new Andersen office. 'The company hopes that the pleasant surroundings will keep absenteeism through sickness down. That saves the businessman money', wrote *Het Parool*. 'Running costs are also lower due to energy-saving measures, and a "green image" does no harm. In addition the company hopes that in the future

Dit laatste zal waarschijnlijk niet lang meer duren. Voor woningen is het al zover: in juli 1996 trad de Verordening stimuleringsregeling duurzaam bouwen in werking. Daarnaast heeft staatssecretaris Tommel van Volkshuisvesting een Nationaal Pakket Duurzaam Bouwen geïntroduceerd, terwijl het Bouwbesluit vooral in de vorm van de energieprestatienorm ook al duurzame eisen stelt. Al eerder bestond de *Handleiding Duurzaam Bouwen* van de Stuurgroep Experimenten Volkshuisvesting (SEV), een kloek boekwerk dat gemeenten vaak gebruiken om het gebruik van duurzame materialen in woningbouw af te dwingen.

Maar al is het groene bouwen dan geëmancipeerd, het aantal woonwijken dat zich nadrukkelijk als 'ecologisch' presenteert neemt nog steeds toe. Zo zijn nu in Enschede en Amsterdam nieuwe milieuwijken in aanbouw, die bovendien een uitgebreider repertoire aan milieuvriendelijke toepassingen laten zien. Daken met gras of zonnecellen, natuurlijke en duurzame bouwmaterialen, natuurlijke ventilatie, wc's die met zo weinig mogelijk opgevangen regenwater worden doorgespoeld zijn al lang bekende onderdelen van milieuvriendelijke woningen, maar in Oikos in Enschede wordt nu de zogenaamde 'wadi' geïntroduceerd, een Arabisch woord voor dal. In Oikos zullen wadi's in de vorm van droge greppels achter de zeshonderd woningen worden aangelegd om er voor te zorgen dat het regenwater niet via het riool verdwijnt maar wordt vastgehouden als bijdrage aan de strijd tegen het zakkende grondwaterpeil. In de Amsterdamse milieuwijk op het voormalige terrein van de Gemeentewaterleidingen (GWL) hebben de milieuvriendelijke stedenbouwkundige eisen geleid tot onorthodoxe ontsluitingen en ongebruikelijke indelingen van de woningen.

Ook het aantal architecten dat zich bezig houdt met het 'groene bouwen' wordt groter. Werden de eerste milieuwijken vooral ontworpen door 'ecologische' architecten, de laatste jaren houden ook ontwerpers zonder milieuvriendelijke reputatie zich er mee bezig. Zo is het stedenbouwkundig ontwerp voor de groene wijk in Amsterdam van de hand van Kees Christiaanse. Zijn naam is net zo min met groene architectuur verbonden als die van Liesbeth van der Pol, Willem Jan Neutelings, DKV en Meyer en Van Schooten die samen met hem voor de invulling van het GWL-terrein zorgen. In deze wijk, waarvan de bouw nu in volle gang is, zal geen spoor zijn te bekennen van de grasdakenesthetiek van het groene bouwen. 'Milieubewust bouwen hoeft niet laagbouw met grasdaken te zijn', zei Christiaanse hierover in een interview. 'Het milieu is een gewone technische eis geworden die je in hoogwaardige architectuur kunt verwerken.'

the tax system will reward environmental friendly building.

The latter will probably happen soon. It has already happened with dwellings: in July 1996 the Regulation stimulating durable building came into force. In addition the secretary of state for Public Housing, Tommel, has introduced a National Package for Durable Building, while building regulations also demand durability in the form of energy use norms. The *Durable Building Manual* already existed, a substantial book by the SEV (Steering Committee Experiments in Housing) which municipalities often use to enforce the use of durable material in housing.

But even though green building has become emancipated, the number of suburbs which present themselves emphatically as 'ecological' is still rising. In Enschede and Amsterdam for example, new ecological areas are under construction, which also show a broader repertoire of environmental friendly applications. Roofs with grass or solar cells, natural and durable building materials, natural ventilation, toilets which flush with as little rainwater as possible, have long been familiar parts of environmental friendly dwellings, but in Oikos in Enschede, the so-calld 'wadi' is now being introduced, an Arabic word for valley. In Oikos wadis in the form of dry gulleys are being made behind the six hundred dwellings to ensure that the rainwater does not disappear via the sewer but is kept as a contribution in the battle against the falling level of groundwater. In the Amsterdam ecological district on the former site of the Municipal Waterworks (GWL) the environmental-friendly town planning requirements have led to unorthodox entrances and unusual layouts of the dwellings.

The number of architects working with 'green building' is also growing. If the first ecological neighbourhoods were designed mainly by 'ecological' architects, in recent years designers with ecological reputations are also turning their attentions to it. For example, the urban design for the green neighbourhood in Amsterdam has been made by Kees Christiaanse. His name is as little associated with green architecture as that of Liesbeth van der Pol, Willem Jan Neutelings, DKV and Meyer and van Schooten who are filling in the GWL site together with him. In this neighbourhood, whose construction is now fully underway, there will be no trace to be found of the grass roof aesthetic of green building. 'Ecologically conscious building does not have to be lowrise with grass roofs', said Christiaanse in an interview. 'The environment has become just a technical requirement which you can incorporate in high quality architecture'.

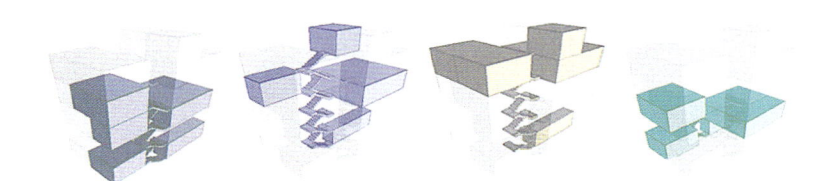

Organisatie en ontsluitingen van de woningblokken van W.J. Neutelings, GWL-terrein Amsterdam
Organization and access of housing blocks by W.J. Neutelings, GWL site Amsterdam

Maquette van het stedebouwkundige plan voor het GWL-terrein, Amsterdam, naar ontwerp van Christiaanse Architecten & Planners met de architectonische uitwerking door verschillende bureau's
Model of urban design for the GWL site, Amsterdam, designed by Christiaanse Architects & Planners, with architectural elaboration by several bureaus

Dit geldt ook voor de bouw van kantoren. Nieuwe kantoren in Enschede en Haarlem onderstrepen de woorden van Christiaanse. De uitbreiding van het belastingkantoor in Enschede, ontworpen door de Rijksgebouwendienst en Ruurd Roorda, vertoont geen sporen van groene-architectuurclichés. Integendeel, Roorda heeft de vele milieuvriendelijke toepassingen die dit kantoor telt ondergebracht in een zware, strenge reïncarnatie van het Nieuwe Bouwen, de architectonische metafoor voor de machine die door veel ecologen juist als de bron van veel kwaad wordt gezien. Ook Rudy Uytenhaak weet de milieutoepassingen voor het nieuwe VROM-kantoor bij het Haarlemse Centraal Station naar zijn hand te zetten. Hij heeft de zonweringen en de voor warmte-opslag benodigde extra massa verwerkt in een gelaagde betonnen gevel en zo een bekend thema in zijn oeuvre ook in dit groene gebouw laten weerkeren.

This also applies to the building of offices. New offices in Enschede and Haarlem underline Christiaanse's words. The extension to the tax office in Enschede, designed by the Government Buildings Department and Ruurd Roorda, shows no traces of green architecture cliches. On the contrary, Roorda has housed the many ecological applications in this building in a heavy, austere reincarnation of Functionalism, the architectural metaphor for the machine which for many ecologists is the source of much evil. Rudy Uytenhaak has been able to turn the ecological applications for the new VROM offices at Haarlem Central Station to his own use. He has incorporated the sunshade and the extra mass needed for heat storage into a layered concrete façade and thus a theme familiar from his oeuvre has also been echoed in this green building.

VROM-kantoor te Haarlem ontworpen door Rudy Uytenhaak
VROM office in Haarlem designed by Rudy Uytenhaak
Foto Photo Luuk Kramer

Bij beide gebouwen is de Rijksgebouwendienst (Rgd) betrokken: bij het belastingkantoor in Enschede als opdrachtgever en mede-architect, bij het onderdak voor VROM in Haarlem als huurder. De Rgd ontpopt zich steeds meer als de grote propagandist van het duurzame bouwen. Als de dienst zelf de opdrachtgever is, speelt Duurzaam Bouwen tegenwoordig vrijwel altijd een rol. Zo wordt bij de nieuwbouw van de Algemene Rekenkamer in Den Haag, ontworpen door het echtpaar Van Eyck, de thermische massa van het gebouw beter benut door de plafonds los van de wanden te hangen.

En als de Rgd niet zelf bouwt maar, zoals de laatste jaren steeds vaker gebeurt, kantoor- en bedrijfsruimte huurt, probeert de dienst bouwers en projectontwikkelaars te overtuigen van het nut van duurzaam bouwen. Om haar overredingskracht te vergroten heeft de Rgd een rekenmodel ontwikkeld waarmee de milieuwaarde van een gebouw kan worden uitgedrukt in geld, nog altijd het gevoeligste argument in de bouw. De milieuwaarde van het Haagse VROM-kantoor bleek de gunstigste van de tot nu toe in Nederland geregistreerde. Dit was overigens voor het grootste deel te danken aan de gunstige ligging tegen het bestaande stationsgebouw aan. De propaganda van de overheid voor Duurzaam Bouwen heeft succes, want ook particuliere opdrachtgevers willen steeds vaker een milieu- en energievriendelijk kantoor. Verzekeringsmaatschappij Zwitserleven liet bij Amstelveen een nieuw door Pi de Bruijn ontworpen kantoor neerzetten, dat het dank zij een klimaatgevel en warmteopslag in de grond zonder mechanische koeling kan stellen. Ingenieursbureau E-Connection Project ontwierp voor zichzelf in Bunnik een DuBo-kantoor en het bankconcern ABN-AMRO laat zijn monumentale kantoor in Den Haag nu verbouwen door Liag architecten en voorzien van 'adiabatische' koeling, waarbij lucht wordt gekoeld door verdamping van water.

The Government Buildings Department (Rgd) has been involved in both buildings: in the tax office in Enschede as client and co-architect, in the accommodation for VROM in Haarlem as tenant. The Rgd is increasingly developing as the great propagandist for durable building. When the department itself is the client, then Durable Buildings almost always plays a role nowadays. For example, with the new building for the Statistics Office in The Hague, designed by the Van Eyck husband-and-wife team, the thermic mass of the building is better exploited by suspending the ceilings separate from the walls.

And when the Rgd does not itself build, but leases, as has happened with increasing frequency in recent years, the department tries to convince builders and project developers of the use of durable building. In order to increase its argumentative power the Rgd has developed a table with which the ecological value of a building can be expressed in money, still the most convincing argument in building. The ecological value of the VROM offices in The Hague has turned out to be the best ever recorded in the Netherlands. This was due for a large part to the favourable location beside the existing station building. The state propaganda for Durable Building is successful, because private clients also increasingly want an ecologically friendly and energy-saving office. Insurance company Zwitserleven had a new building constructed in Amstelveen, designed by Pi de Bruijn, which can go without mechanical cooling due to a climatic façade and warmth storage in the ground. The E-Connection engineering bureau designed a DuBo office for itself in Bunnik and the ABN-AMRO bank is having its monumental offices in The Hague converted by Liag architects and equipped with 'adiabatic' cooling, with which air can be cooled by evaporating water.

Zwitserleven went for new building and in doing so responded in a different way than the ABN-AMRO to the question which everywhere confronts ecologically

Zwitserleven koos voor nieuwbouw en gaf zo een ander antwoord dan de ABN-AMRO op de vraag waarvoor elke milieubewuste opdrachtgever komt te staan: nieuwbouw of verbouwen. Maar eigenlijk luidt de allereerste vraag: moeten we wel bouwen? Want de allerduurzaamste vorm van bouwen is *niet bouwen*. Het besluit om niet te bouwen voorkomt niet alleen het gebruik van milieubelastende én duurzame materialen, maar ook sloop, het vernietigen van bouwmateriaal. Bovendien laat het de mogelijkheden van het eventueel te bebouwen terrein nog open, een punt waarop Rem Koolhaas verschillende keren heeft gewezen. Maar voor architecten is niet-bouwen natuurlijk niet echt aantrekkelijk: het mag dan de duurzaamste architectuur zijn, het heeft als ontegenzeggelijk nadeel dat het onzichtbaar is.

De volgende vraag waarvoor de milieubewuste opdrachtgever komt te staan is: hoeveel ruimte hebben we eigenlijk nodig? Als niet-bouwen de duurzaamste vorm van architectuur is, dan is minder bouwen het op een na duurzaamst. Vaak blijkt een verandering in werkwijze de ruimtebehoefte aanzienlijk te verkleinen. Zo leidde de invoering van het dynamische kantoor bij het verzekeringsbedrijf Interpolis in 1996 tot een aanzienlijke ruimtebesparing. Doordat in het dynamische of flexibele kantoor niemand meer een eigen werkplek heeft, is twintig procent minder ruimte nodig. Interpolis besloot dan ook nog tijdens de bouw van het nieuwe, grote kantoor in Tilburg een deel van het ontwerp van A. Bonnema *niet* uit te laten voeren. Ook Uytenhaaks gebouw voor VROM in Haarlem is een dynamisch kantoor dat met tachtig procent van de gebruikelijke ruimte toe kan. Uytenhaak gelooft zelfs dat uiteindelijk een reductie van de kantoorruimtebehoefte tot vijftig procent mogelijk is. Bovendien ziet hij ook besparingsmogelijkheden in een langdurigere benutting van kantoren die nu het grootste gedeelte van de dag ongebruikt blijven. Hetzelfde geldt voor woningen: ook hier is door grondige studie naar het wonen, woningbenutting en dichtheid van de bebouwing nog veel ruimtebesparing mogelijk.

Pas na de vaststelling van de nieuwe ruimtebehoefte kan het zichtbare duurzame bouwen beginnen. Het grootste milieubelastende probleem bij kantoren is de koeling en opvallend veel architecten zoeken de oplossing hiervan niet in high tech maar in low tech. Veel recente DuBo-kantoren, zoals het nieuwe belastingkantoor in Enschede en het VROM-gebouw in Haarlem, zijn uitgesproken 'dom' als het om techniek gaat: ventilatie en koeling worden hier op natuurlijke wijze geregeld. Ook het Minnaertgebouw, dat nu op het terrein van de Utrechtse Universiteit verrijst, is zo'n dom gebouw. Willem Jan Neutelings laat hier een met regenwater gevulde vijver in de centrale hal voor koeling zorgen: overdag neemt het water warmte op, 's nachts wordt het water naar een koeltoren gepompt waar het wordt gekoeld.

Domme gebouwen als deze hebben nauwelijks installaties nodig. Voor architecten biedt dit onverwachte mogelijkheden. Lange tijd werd hun werk steeds verder uitgehold door in omvang en complexiteit toenemende technische installaties die een steeds groter deel van het bouwbudget opslokten. Duurzaam Bouwen kan wellicht voor een omkering van deze ontwikkeling zorgen: het installatieloze gebouw, dat aan de horizon gloort, biedt de architect de mogelijkheid een deel van hun verloren macht over het ontwerp terug te veroveren. Misschien ligt de toekomst van de architectuur in het domme gebouw.

conscious clients: new building or conversion? But the first question is in fact: should we build? Because the most durable form of building is *not building*. The decision not to build does not simply avoid using materials which are durable and also damaging to the environment, but also demolition, the destruction of building material. In addition it leaves open the possibilities of the site to be built, a point which Rem Koolhaas has drawn attention to a number of times. But for architects not-building is of course not very attractive: it may be the most durable architecture, but it has the unavoidable disadvantage of being invisible.

The next question confronting the ecologically-conscious client is: how much space do we really need? If not building is the most enduring form of architecture, then building less is the second most durable. A change in working method often turns out to reduce considerably the need for space. For example, the introduction of the dynamic office in the insurance company of Interpolis in 1996 led to a considerable saving in space. As no one needs his own workplace in the dynamic or flexible office, twenty percent less space is needed. Interpolis therefore decided during the building of the big, new offices in Tilburg *not* to have part of the design by A. Bonnema, actually built. Uytenhaak's building for the VROM in Haarlem is also a dynamic office which can function with eighty percent of the usual space. Uytenhaak even believes that ultimately the need for office space can be reduced by fifty percent. In addition, he sees possibilities for savings in a long-term use of offices which are now unused for the larger part of the day. The same is true of dwellings: here too fundamental study of housing, the use of housing and the building density can make it possible to save much space.

Visible durable building can only begin after the new need for space has been determined. The greatest problem in terms of damage to the environment in offices is the cooling and a striking number of architects search for a solution to this not in high tech but in low tech. Many recent DuBo offices, such as the new tax office in Enschede and the VROM building in Haarlem are expressly 'dumb' when it comes to technology: here ventilation and cooling are organised in a natural manner. The Minnaert building, now rising on the site of Utrecht University, is such a dumb building. Here Willem Jan Neutelings has a pond filled with rainwater in the central hall provide cooling: the water absorbs warmth in the daytime, and at night the water is pumped to a cooling tower where it is cooled.

Dumb buildings like these need hardly any installations. This offers architects unexpected opportunities. For a long time their work was being increasingly undermined by technical installations increasing in size and complexity, which absorb an ever-larger part of the building budget. Durable Building can perhaps bring about a reversal in this development: the building free of installations, which beckons on the horizon, offers the architect the possibility of winning back a part of his lost power over the design. Perhaps the future of architecture is in the dumb building.

'Low-tech' luchtbehandeling in het Minnaertgebouw te Utrecht van W.J. Neutelings; de luchtkoeling vindt plaats met behulp van een vijver

'Low-tech' approach to air circulation in W.J. Neutelings' Minnaert building in Utrecht; the air is cooled wih the aid of a pond

Toneelspel 'Een Tempelbouw' van H.P. Berlage, voorgedragen door onder anderen Erna van Sambeek, Moshé Zwarts, Sjoerd Soeters en Cees Dam in de Balie in Amsterdam

Play 'The Building of a Temple' by H.P. Berlage, read by Erna van Sambeek, Moshé Zwarts, Sjoerd Soeters and Cees Dam among others, in De Balie in Amsterdam

Foto Photo Gijs Haak

Benoemingen
Appointments

Hoofdredacteur Archis
Editor-in-chief Archis

Ole Bouman, sinds 1993 deel uitmakend van de redactie van Archis, trad op 1 mei 1996 aan als de nieuwe hoofdredacteur van dit maandblad voor architectuur, stedenbouw en beeldende kunst. Hij volgde Geert Bekaert op die op 1 juli 1995 zijn functie neerlegde. De architectuur- en cultuurhistoricus publiceerde in 1994 met Roemer van Toorn het boek *The invisible in architecture*. Hij was de bedenker en samensteller van *RealSpace in QuickTimes*, over architectuur en digitalisering, de Nederlandse inzending in 1996 naar de Triënnale van Milaan.
Ole Bouman, since 1993 a member of the Archis editorial board, became new editor-in-chief of this monthly for architecture, urbanism and art on 1 May, 1996. He succeeded Geert Bekaert who resigned on 1 July 1995. In 1994 the architectural and cultural historian published the book *The invisible in architecture* with Roemer van Toorn. He created and compiled *RealSpace in QuickTimes* on architecture and digitalization, the Dutch entry for the 1996 Milan Triennale.

Stadsarchitect
City architect

Joop Slangen (1960) volgde Thijs Asselbergs op als stadsarchitect van Haarlem. Slangen studeerde in Delft, werkte als architect/stedenbouwkundige in Londen en bij Jo Coenen in Maastricht. Hij was betrokken bij stedenbouwkundige plannen voor Maastricht, Den Haag en Venlo.
Joop Slangen (1960) succeeded Thijs Asselbergs as city architect of Haarlem. Slangen studied in Delft, worked as architect/urban designer in London and with Jo Coenen in Maastricht. He was involved in the urban designs for Maastricht, The Hague and Venlo.

Rijksgebouwendienst
Government Buildings Departments

F.H. van der Veen is de nieuwe directeur-generaal van de Rijksgebouwendienst. Hij volgde F.W.R. Evers op die in 1996 in dienst trad als hoofddirecteur bij de Vereniging Natuurmonumenten.
F.H. van der Veen is the new director general of the Government Buildings Department. He succeeds F.W.R. Evers who in 1996 became director of the Vereniging Natuurmonumenten.

Hoogleraar (1)
Professor (1)

Kees Christiaanse gaf zijn functie als architectonisch ontwerper bij de Rijksgebouwendienst op na zijn benoeming tot hoogleraar stedenbouwkundig en architectonisch ontwerpen aan de Technische Universiteit van Berlijn.
Kees Christiaanse resigned from his function as architectural designer in the Government Buildings Department after being appointed professor of urban and architectural design at the University of Technology of Berlin.

Hoogleraar (2)
Professor (2)

Aan de faculteit Bouwkunde van de TU Eindhoven is D.R.W. Martens benoemd tot bijzonder hoogleraar stapelbouw. Hij is daarmee de opvolger van de eerste hoogleraar van deze leerstoel, C. Schiebroek.
D.R.W. Martens was appointed associate professor of stacked building in the Architecture faculty of the TU Eindhoven. He succeeds the first professor to hold this chair, C. Schiebroek.

Hoogleraar (3)
Professor (3)

Aan de faculteit Bouwkunde van de Technische Universiteit Delft is Maarten Wijk benoemd tot hoogleraar Toegankelijkheid. De leerstoel is ingesteld op initiatief van de stichting Bouwen voor Iedereen met het doel een integraal toegankelijkheidsbesef in het bouwkunde-onderwijs te bestendigen.
Maarten Wijk was appointed professor of Accessibility in the Architecture department of the TU Delft. The chair was set up on the initiative of the foundation Building for All, with the goal of perpetuating an integral consciousness of accessibility in architectural training.

Architectuuronderwijs
Architectural training

Na studentenprotesten over de noodsituatie bij het architectuuronderwijs aan de Faculteit der Bouwkunde van de TU Eindhoven is besloten tot het onderbrengen van dit onderwijs in een aparte vakgroep. Jo Coenen zal de levensvatbaarheid onderzoeken, gesteund door de hoogleraren Bert Dirrix, Hubert-Jan Henket en Jan Westra.
After student protests about the emergency situation in architectural training at the Architecture faculty of the TU Eindhoven, it was decided to put the training in a separate department. Jo Coenen will study the feasibility, helped by professors Bert Dirrix, Hubert-Jan Henket and Jan Westra.

Eredoctoraat (1)
Honourary doctorate (1)

De Technische Universiteit Eindhoven (TUE) bood Norman Foster ter gelegenheid van het veertigjarig bestaan van de opleiding een eredoctoraat aan. Foster wordt door de TUE als een van de belangrijkste architecten van de tweede helft van deze eeuw beschouwd.
On the occasion of the fortieth anniversary of the course the TU Eindhoven offered Norman Foster an honourary doctorate. Foster is regarded by the TUE as one of the most important architects of the second half of the twentieth century.

Eredoctoraat (2)
Honourary doctorate (2)

Voor zijn werk als 'uomo universale' kreeg de Spaanse architect, kunstenaar, ontwerper en ingenieur Santiago Calatrava het eredoctoraat van de Faculteit der Bouwkunde van de TU Delft.
The Spanish architect, artist, designer and engineer Santiago Calatrava was awarded an honourary doctorate by the Architecture faculty of the TU Delft for his work as 'uomo universale'.

Voorzitter VROM adviesraad
Chairman of advisory board VROM

Th. Quené is de voorzitter van de nieuwe VROM-adviesraad die per 1 januari 1997 de Raad voor Milieubeheer, de Raad voor de Ruimtelijke Ordening en de Raad voor de Volkshuisvesting vervangt. Quené was van 1985 tot 1996 voorzitter van de Sociaal Economische Raad.
Th. Quené is chairman of the new VROM advisory board which as of 1 January 1997 replaced the Board of the Environment, the Board of Planning and the Board of Public Housing. From 1985 to 1996 Quené was chairman of the Social Economic Council.

Koninklijke onderscheidingen
Royal distinctions

De voorzitter van de Koninklijke Maatschappij tot Bevordering der Bouwkunst Bond van Nederlandse Architecten (BNA), C. Weeber, werd in 1996 benoemd tot Ridder in de Orde van de Nederlandse Leeuw. Tevens was er een koninklijk lintje voor J. van Middelkoop, directeur van EGM Beheer te Zwijndrecht. Hij werd benoemd tot Officier in de Orde van Oranje Nassau.
In 1996, Carel Weeber, the chairman of the Royal Society for the promotion of Architecture BNA, was made a Knight of the Order of the Dutch Lion. There was also a royal ribbon for J. van Middelkoop, director of EGM Beheer in Zwijndrecht. He was made Officer of the Order of Oranje Nassau.

Evenementen
Events

OpGroeiStad
OpGroeiStad

Hedy d'Ancona nam op 9 oktober 1996, de officiële opening van de manifestatie OpGroeiStad in Eindhoven, het eerste exemplaar in ontvangst van de Staro-uitgave 'Visies op schoolgebouwen, ontwerpers en gebruikers in beeld'. Tussen de presentaties van de aaneengesloten bureaus door worden daarin interviews weergegeven van leerlingen, hun ouders en schoolbestuurders. Met OpGroeiStad stond Eindhoven een week lang in het teken van architectuur en kinderen. Architecten hielden lezingen, er waren fotowedstrijden en in workshops werden leerlingen en docenten uitgedaagd hun visie te geven op het wonen in de nieuwe wijk Meerhoven. Architectenbureaus gingen met een schoolklas aan het werk en er was een tocht langs beklimbare, hoge, gladde, doorzichtige en nog andere gebouwen.
On 9 October 1996, the official opening of the 'OpGroeiStad' (GrowUpCity) events in Eindhoven, Hedy d'Ancona was presented with the first copy of the Staro publication 'Visions of school buildings, a picture of designers and users'. In this, interviews with pupils, their parents and school managers are interleaved with the presentations by the associated bureaus. With 'OpGroeiStad' Eindhoven was dominated for a week by children and architecture. Architects gave lectures, there were photo competitions and in workshops pupils and teachers were challenged to give their vision of life in the new neighbourhood of Meerhoven. Architectural bureaus worked with a school class and there was a trip to climbable, high, smooth, transparent and other buildings.

Toneelspel
Theatre

Tijdens het Theaterfestival werd op 5 september 1996 in De Balie in Amsterdam het toneelspel 'Een Tempelbouw' van H.P. Berlage voorgelezen door zes architecten. 'Een Tempelbouw', één van de vijf toneelstukken die Berlage schreef, gaat over alles wat zich voordoet bij het maken van een groots bouwwerk, van de opdrachtverstrekking tot de inwijding. Ter gelegenheid van die inwijding wordt binnen het stuk een allegorisch schouwspel opgevoerd, Berlage vat hierin de hele architectuurgeschiedenis samen. De architecten die voorlazen: Tijmen Ploeg, Erna van Sambeek, Moshé Zwarts, Liesbeth van der Pol, Sjoerd Soeters en Cees Dam.
During the Theaterfestival, the play 'The Building of a Temple' by H.P. Berlage was given a reading by six architects on 5 September 1996 in De Balie. 'The Building of a Temple', one of the five plays written by Berlage, is about what happens in making a large-scale building, from acquiring the brief to the handing over of the completed building. On the occasion of this inauguration an allegorical play is performed within the play, in which Berlage summarises the entire history of architecture. The architects who read were Tijmen Ploeg, Erna van Sambeek, Moshé Zwarts, Liesbeth van der Pol, Sjoerd Soeters and Cees Dam.

Dag/Week/Jaar van de Architectuur
Architecture Day/Week/Year

De architectuur in het Groningse landschap stond een week lang centraal ter gelegenheid van de internationale Dag van de Architectuur. Met bus- en wandelroutes, cursussen en lezingen werden de belangstellenden gewezen op de voorbeelden van bouwkunst in het gebied van de voormalige Groningse veenkoloniën.
In Eindhoven waren er, in het kader van het Jaar van het Industrieel Erfgoed, het gehele jaar door evenementen. Van 14 juni tot 1 juli 1996 vond onder de noemer 'De grenzen van de architectuur' een manifestatie plaats. Paul Panhuyzen bouwde een installatie op het dak van de Bijenkorf, Jerry van Eijck toonde zijn Los Angeles-ontwerpen in de parkeergarage aan de Mathildelaan en Harry Hollands lichtte de watertoren van Wim Quist aan.
In Rotterdam stond hergebruik centraal. Onder de titel 'Het tweede leven' openden onder andere het voormalige GEB-kantoor, het Entrepotgebouw, het Leidsche Veem, de Verlosserskerk, de Hogeschool Rotterdam e.o. en de showroom van Tecno hun deuren voor het publiek. Tevens kon men een rondrit maken langs de herstructureringsbieden zoals het Binnenrotteplein, het Beursplein, de Kop van Zuid en het DWL-terrein.
In Amsterdam was de aandacht gericht op de schiereilanden van het Oostelijk Havengebied waarop woningbouw plaatsvindt. Er waren rondvaarten en op verschillende aanlegplaatsen werd een toelichting door architecten gegeven. In het hoofdstedelijke Hilton hotel had een openbare discussie over de hotellobby als onderdeel van het openbaar interieur plaats.
Ook in Delft mocht men naar buiten: er waren wandel- en fietstochten langs de arbeidershuisvesting in het Agnetapark, de door vijftien architecten ontworpen moderne rijtjeswoningen in de Schutterstraat en het cultureel centrum van de TU Delft.
For a week architecture in the

Groningen landscape was the centre of interest, on the occasion of the international Architecture Day. Interested parties were directed to the examples of architecture in the area of the former Groningen turf colonies by bus and walking routes, courses and lectures.
In the context of the Year of the Industrial Heritage, there were events all year long in Eindhoven. From 14 June to 1 July 1996, an event took place under the name 'The boundaries of architecture'. Paul Panhuyzen built an installation on the roof of the Bijenkorf, Jerry van Eijck showed his Los Angeles designs in the car park on the Mathildelaan and Harry Hollands illuminated Wim Quist's water tower.
Recycling was in the limelight in Rotterdam. Under the title 'The second life' the former GEB offices, the Entrepot building, the Leidsche Veem, the Verlosserskerk, the Hogeschool Rotterdam and the showroom of Tecno opened their doors to the public. It was also possible to go on a tour past the areas being restructured such as the Binnenrotteplein, the Beursplein, the Kop van Zuid and the DWL site. In Amsterdam attention was focussed on the peninsula of the Eastern Harbour Area where housing is being built. There were boat trips and at various halting places architects provided information. In the Hilton Hotel in Amsterdam there was a public discussion on the hotel lobby as part of the public interior. It was possible to go out in Delft too: there were walking and bicycle tours along the workers' housing in the Agnetapark, the modern terraced houses designed by fifteen architects in the Schutterstraat and the cultural centre of the TU Delft.

Open Monumentendag
Open Monument Day

Industrieel erfgoed was ook het thema van de jaarlijkse Open Monumentendag. Daarbij werd de nadruk gelegd op het hergebruik. Oude fabrieken, gemalen, pakhuizen, watertorens en stations hebben vaak een nieuwe bestemming gekregen als museum, restaurant of theater.
Industrial heritage was also the theme of the annual Open Monument day. The emphasis here was on recycling. Old factories, mills, warehouses, water towers and stations have often been given a new use as museum, restaurant or theatre.

Manifesta 1
Manifesta 1

In de zomermaanden had in Rotterdam de eerste Biënnale voor hedendaagse kunst, Manifesta, plaats op tien locaties in de stad waaronder het Chabotmuseum, het NAi, de Kunsthal en het Nederlands Foto Instituut. Vijf tentoonstellingsmakers, Rosa Martinez, Viktor Misiano, Katalin Néray, Hans-Ulrich Obrist en Andrew Renton, brachten 72 kunstenaars uit 25 Europese landen bijeen. Uitgangspunten waren thema's als migratie, communicatie en vertaling; de complexe relatie tussen natuur en cultuur en de zoektocht naar culturele identiteit.
The first Biennial for contemporary art, Manifesta, took place in the Summer months in Rotterdam on ten locations in the city, including the Chabot museum, the NAI, the Kunsthal and the Nederlands Foto Instituut. Five exhibition makers, Rosa Martinez, Viktor Misiano, Katalin Néray, Hans-Ulrich Obrist and Andrew Renton, brought together 72 artists from 25 European countries. Starting points were themes like migration, communication and translation; the complex relationship between nature and culture and the quest for cultural identity.

Building Scenes
Building scenes

Van 14 juni tot 8 juli 1996 werden vier tijdelijke paviljoens, gebouwd in het Rotterdamse Museumpark, blootgesteld aan licht, regen en wind. Tijdens de manifestatie werd de invloed van het Nederlandse klimaat op de bouwsels nagegaan. Dat was mogelijk omdat de gebouwtjes gemaakt waren van materialen die onder de weersinvloeden veranderen en steeds andere vormen aannemen. Op de openingsdag gaven musici, dansers en acteurs een voorstelling over de weersinvloeden op de architectuur. Op 15 juni 1996 werd in het NAi een symposium gehouden over Het Stedelijke Klimaat.
From 14 June to 8 July 1996 four temporary pavilions, built in the Rotterdam Museumpark, were exposed to light, rain and wind. During the event the influence of the Dutch climate on the buildings was investigated. That was possible as the buildings were made from materials which change under weather conditions and acquire constantly changing forms. On the opening day there was a performance about the influence of weather on architecture by musicians, dancers and actors. On 15 June 1996 a symposium was held in the NAI on the Urban Climate.

Prijsvragen en meervoudige opdrachten
Competitions and Multiple Commissions

Gebouw voor de christelijke eredienst
Building for the Christian service

Hoewel het animo voor de openbare ideeënprijsvraag, uitgeschreven voor een gebouw voor de christelijke eredienst in het derde millennium groot was, bleek geen van de tachtig inzendingen te voldoen aan de wensen van de jury. Gezocht werd naar een ruimte voor tweehonderd mensen die een vernieuwende vormgeving bezit en op een inspirerende wijze plaats biedt aan de liturgie. Tweede prijzen werden wel uitgereikt. Die gingen naar B.J.M.M. Pouderoyen; Bart Goedbloed en Harmen van de Wal; Robert Winkel, Willemijn Lofvers, William Verbeek en Sebastiaan Veldhuisen. Zij ontvingen 8.000 gulden. De derde prijs, 5.000 gulden, was voor Richard Kikkert en Judith Korpershoek. In de jury hadden onder andere zitting de architecten Heijdenrijk, Knol en Röling. Een signaal werd gegeven: 'Van de architect, speler met ruimte en materie, wordt verwacht dat hij niet alleen een technisch goed geconstrueerd dak levert, maar dat hij als kunstenaar ook een visie heeft: hoe ruimte kan worden geboden aan de naar transcendentie zoekende mens'.
Although there was great enthusiasm for the public ideas competition set by the Diocese of Rotterdam for a building for the Christian service in the third millennium, none of the eighty entries turned out to meet the requirements of the jury. A space was sought for two hundred people with an innovatory design and which offers space for the liturgy in an inspiring manner. Second prizes were awarded. These went to B.J.M.M. Pouderoyen; Bart Goedbloed and Harmen van de Wal; Robert Winkel, Willemijn Lofvers, William Verbeek and Sebastiaan Veldhuisen. They received 8,000 guilders. Third prize, 5.000 guilders, went to Richard Kikkert and Judith Korpershoek. The jury included the architects Heijdenrijk, Knol and Röling. A comment was made: 'It is expected of the architect, who plays with space and material, that he not only provides a well constructed roof, but that he also has a vision as an artist: how to offer space to the person in search of transcendence.'

Stadhuis Kampen
Kampen Town Hall

Het ontwerp van B+D architecten voor een nieuw stadhuis in Kampen is uitverkoren boven dat van Kas Oosterhuis. Bij B+D zijn in de centrale cilinder de raadszaal en andere overleg/vergaderruimtes opgenomen. De lineaire vleugels zijn daar tegenaan geschoven. De beide vleugels worden beëindigd door ook weer een cilindervormig volume.
The design by B+D architects for a new town hall in Kampen was preferred to that of Kas Oosterhuis. B+D included the council chamber and other consultation/conference rooms in the central cylinder. The linear wings are placed against it. The two wings are also finished off by a cylindrical volume.

Uitbreiding Salzburg
Salzburg extension

One Architecture (Matthijs Bouw, Joost Meuwissen) uit Amsterdam heeft de ontwerpwedstrijd voor een nieuwe wijk bij Salzburg gewonnen. Het gaat om een gebied tussen het vliegveld en de stad, met nu enkele kleine wijkjes, sportaccommodaties en villa's. Het oordeel van de jury met daarin Dominique Perrault, Massimiliano Fuksas, William Alsop, Florian Riegler en Peter Latz, leidt ertoe dat One Architecture de supervisie krijgt met nog de uitnodiging studenten-en ouderenhuisvesting en openbare voorzieningen te ontwerpen. In de nieuwe wijk komt een bierpaviljoen naar ontwerp van de Nederlandse beeldend kunstenaar Berend Strik.
One Architecture (Matthijs Bouw, Joost Meuwissen) from Amsterdam won the design competition for a new suburb for Salzburg. It is an area between the airport and the city, which now has a few small neighbourhoods, sports facilities and villas. The jury of Dominique Perrault, Massimiliano Fuksas, William Alsop, Florian Riegler and Peter Latz, decided that One Architecture will be given the supervision and in addition the invitation to design housing for students and the elderly, and public facilities. There will be a beer pavilion in the new suburb, designed by the Dutch artist Berend Strik.

Expo '98
Expo '98

De Noordzee is het uitgangspunt van de Nederlandse inzending voor de wereldtentoonstelling Expo '98 in Lissabon. Het past in het hoofdthema: Oceans, a heritage for the future. Quist Wintermans architecten uit Rotterdam en Total Design te Amsterdam zijn door het bestuur van de Stichting Nederland Wereldtentoonstellingen uitverkoren om een ontwerp te maken voor het Nederlandse paviljoen. De bureaus hadden zich, volgens het bestuur, van de drie meedingende combinaties het best ingeleefd in het thema en de rol van de bezoeker.
The North Sea is the starting point for the Dutch entry to the World Fair Expo '98 in Lisbon. It fits in with the main theme: Oceans, a heritage for the future. Quist Wintermans architects from Rotterdam and Total Design of Amsterdam were selected by the board of the Dutch World Fair Foundation to make a design for the Dutch pavilion. According to the board, of the three competing combinations these bureaus had best absorbed the theme and the role of the visitor.

Wils'kracht
Wil(l)s' power

De jury, bestaande uit vertegenwoordigers van de gemeente en bewoners, koos uit vijf inzendingen het plan van het architectenbureau Van den Dikkenberg en Bons uit Veenendaal voor de nieuwbouwwijk Morsebel in Oegstgeest. De 42 woningen komen tussen de Aldo van Eycklaan, Jan Wilspark en Hendrik Jesselaan. Het ontwerp (Wils'kracht) is geïnspireerd op het werk van Wils. De namen van de drie woningtypen refereren daar dan ook aan: Papaver (Papaverhof), Dubbele Sleutel (hotel-restaurant in Woerden) en Olympia (Olympisch Stadion).
The jury, consisting of representatives of the city and residents, chose from among five entries the plan by architectural bureau Van den Dikkenberg and Bons from Veenendaal, for the new district of Morsebel in Oegstgeest. The 42 dwellings will be between the Aldo van Eycklaan, Jan Wilspark and Hendrik Jesselaan. The design (Wil(l)s' power) is inspired by the work of Wils. The names of the three dwelling types thus also refer to this: Papaver (Papaverhof), Dubbele Sleutel (hotel-restaurant in Woerden) and Olympia (Olympic Stadium).

Goedkoop bouwen in Flevoland
Cheap building in Flevoland

De ideeënprijsvraag Goedkoop bouwen in Flevoland leverde 59 inzendingen op. Voorstellen voor twee typen huurwoningen, klein en groot, werden gevraagd. De eerste prijs voor het kleine type ging naar de combinatie bouwbedrijf Noordersluis, Lelystad en architectenbureau Gernand & De Lindt, Amsterdam. De eerste prijs voor het grote type was voor Nijhuis bouw in samenwerking met architectenbureau Abken uit Nieuwegein, Heembeton en Matura Inbouw. De eerste prijs in de categorie duurzaam bouwen werd gewonnen door Heymans Bouw, Almere en ONX architecten, Haarlem.
The ideas competition Cheap building in Flevoland produced 59

Prijswinnend ontwerp voor de kerk voor het derde millennium (prijsvraag uitgeschreven door het bisdom Rotterdam) van Bart Goedbloed en Harmen van de Wal, waarbij hergebruik van het wederopbouwgebouw van Huf, Rotterdam, wordt voorgesteld
Award-winning design for the church of the third millennium (competition organized by the Diocese of Rotterdam) by Bart Goedbloed and Harmen van de Wal; proposes recycling a post-war reconstruction building, the Huf shoe store in Rotterdam

Prijswinnend ontwerp van Jan Richard Kikkert en Judith Korpershoek voor de kerk voor het derde millennium
Prize winning design by Jan Richard Kikkert and Judith Korpershoek for the church of the third millennium

Het prijswinnende en te realiseren stedebouwkundige ontwerp van One Architecture (Matthijs Bouw, Joost Meuwissen) voor een uitbreidingswijk bij Salzburg, Oostenrijk
The prize-winning urban design, which is to be realised, by One Architecture (Matthijs Bouw, Joost Meuwissen) for a new suburb near Salzburg, Austria
Foto Photo Michel Boesveld

Bolles-Wilson Architects won de ontwerpprijsvraag voor het nieuwe Luxor theater in Rotterdam
Bolles-Wilson Architects won the design competition for the new Luxor theatre in Rotterdam

Ontwerp voor een nieuw transformatorhuisje voor energieconcern Eneco, ontworpen door Cepezed, die de meervoudige opdracht won
Design for a new transformer building for energy company Eneco, designed by Cepezed, who won the multiple commission

entries. Proposals for two types of rental dwellings, small and large, were requested. The first prize for the small type went to the combination of builders Noordersluis, Lelystad and architectural bureau Gernand & De Lindt, Amsterdam. The first prize for the large type was for Nijhuis building in collaboration with architectural bureau Abken from Nieuwegein, Heembeton and Matura Inbouw. The first prize in the category durable building was won by Heymans Bouw, Almere and ONX architects, Haarlem.

Luxor theater
Luxor Theater

Peter Wilson won de ontwerpprijsvraag voor het nieuwe Luxor theater in Rotterdam. De jury roemde de pragmatische en eenvoudige, maar toch warme uitstraling van het ontwerp, dat, volgens haar, als enige in het stedenbouwkundige plan voor de Kop van Zuid past. De nieuwbouw kost 72,5 miljoen gulden en levert een theater voor grootschalige producties op met een capaciteit van 1.500 plaatsen. Aan de besloten prijsvraag namen naast (Bolles+)Wilson, Rem Koolhaas/OMA, Kees Christiaanse, Herman Hertzberger, Boris Sipek en Jan Hoogstad deel. In de jury hadden zitting de wethouders Hans Kombrink en Herman Meijer en voorts Riek Bakker, Kees Weeda, Carel Alons, Joost Schrijnen en Rob Wiegman.
Peter Wilson won the design competition for the new Luxor theatre in Rotterdam. The jury praised the pragmatic and simple yet warm appearance of the design which it believed to be the only one which fit into the urban design for Kop van Zuid. The new building cost 72.5 million guilders and produced a theatre for large-scale productions with a capacity of 1500 places. Apart from (Bolles+) Wilson, Rem Koolhaas/OMA, Kees Christiaaanse, Herman Hertzberger, Boris Sipek and Jan Hoogstad participated in the closed competition. The jury consisted of aldermen Hans Kombrink and Herman Meijer as well as Riek Bakker, Kees Weeda, Carel Alons, Joost Schrijnen and Rob Wiegman.

Paardenwal Zutphen
Paardenwal Zutphen

Na de sloop van de voormalige brandweerkazerne was een gat ontstaan in de gesloten stedelijke wand van de Paardenwal in het historische centrum van Zutphen. Een jury nomineerde drie plannen, waarna de bewoners na een inspraakronde mochten stemmen welk plan zou worden gerealiseerd. Zij kozen vrijwel unaniem voor het ontwerp van Cees van Gent, Rotterdam. De andere plannen waren van Michiel ter Braak (Utrecht) en Jaap Pontier (Delft). In het ontwerp voor woningen en winkels blijft het zicht op de historische muur en toren behouden.
After the demolition of the former fire station a hole was created in the closed urban wall of the Paardenwal in the historic centre of Zutphen. A jury nominated three plans, after which the residents could vote, after a round of public debate, on which plan was to be realised. Almost unanimously they chose the design by Cees van Gent, Rotterdam. The other plans were by Michiel ter Braak (Utrecht) and Jaap Pontier (Delft). The view of the historic wall and tower is preserved in the design for dwellings and shops.

Helmond (1)
Helmond (1)

Voor de stedelijke invulling van het drie hectare groot terrein waarop ruim honderd jaar het metaalconstructiebedrijf Begemann was gevestigd koos de gemeenteraad het ontwerp van een bekend buitenlands architect (Adolfo Natalini). Het is voor Helmond een belangrijk project want niet alleen komen er 150 woningen, kantoorruimten, parkeerplaatsen en commerciële functies, maar ook wordt het de plaats voor de nieuwe raadzaal, een museumruimte, een faciliteit voor kunstuitleen, verschillende bioscoopzalen en een groot café.
For the urban filling of a site of three hectares on which the metal construction company Begemann had been established for about a hundred years, the city council chose a design by a famous foreign architect (Adolfo Natalini). It is an important project for Helmond because not only will there be 150 dwellings, office spaces, parking places and commercial functions, there will also be space for the new council chamber, a museum space, a facility for art lending, various cinemas and a big café.

Helmond (2)
Helmond (2)

Voor een ander gebied zocht Helmond naar een combinatie van belegger/projectontwikkelaar, aannemer en architect. Op het terrein van de oude ambachtsschool in Helmond is ruimte voor honderd woningen, 2.500 m² kantoorruimte, een parkeerkelder en zo'n 750 m² bedrijfs- en winkelruimten, zo besloot het gemeentebestuur. Drie combinaties werden uitgenodigd plannen te leveren. De combinatie Amstelland Vastgoed/Nelissen van Egteren won samen met de architectencombinatie Gulikers en Magis. De andere ontwerpen kwamen van de architectenbureaus EGM en Inbo.
For another area Helmond sought a combination of investor/project developer, contractor and architect. The city council decided that on the site of the old crafts school in Helmond there is space for a hundred dwellings, 2.500 m² of office space, an underground car park and about 750 m² of commercial and shopping space. Three combinations were invited to submit plans. The combination of Amstelland Vastgoed/Nelissen van Egteren, together with the architects Gulikers and Magis won. The other designs were from the architectural bureaus of EGM and Inbo.

Transformatorstations
Transformer stations

Het Zuid-Hollandse energieconcern Eneco had vier architectenbureaus, MVRDV, Cepezed, Claus en Kaan en Van Berkel en Bos, gevraagd een ontwerp te maken voor een nieuw transformatorhuisje: een prototype dat op industriële wijze in serie vervaardigd zou kunnen worden. De jury met K. Rijnboutt als voorzitter koos voor het ontwerp van Cepezed dat voorziet in huisjes van glad, onafgewerkt beton omhuld met een verzinkt persrooster. Vorm, afmeting en materiaal moeten er voor zorgen dat ze vrijwel onopgemerkt blijven.
The South Holland energy company Eneco had asked three architectural bureaus, MVRDV, Cepezed, Claus and Kaan and Van Berkel and Bos, to make a design for a new transformer building: a prototype that could be manufactured industrially. The jury, chaired by K. Rijnboutt, chose the design by Cepezed which envisages buildings of smooth, unfinished concrete enclosed in a galvanised grille. Form, dimensions and material must ensure that they remain hardly noticeable.

Wijk in Wenen
Neighbourhood in Vienna

Het stedenbouwkundige plan voor een buitenwijk aan de Laaer Berg Strasse in Wenen van Cepezed is uitverkoren om gerealiseerd te worden. Het plan behelst 450 woningen in de sociale huursector voorzien van een parkeergarage. Het gebied grenst aan een natuurgebied met een meertje. Uit de tachtig aanvankelijke aanmeldingen werden acht bureaus geselecteerd om een plan te maken.
The urban design for a suburb on the Laaer Berg Strasse in Vienna by Cepezed was selected for realisation. The plan includes 450 dwellings in the social rental sector, with a car park. The area borders a nature reserve with a lake. Eight bureaus were selected from the eighty original applications, to make a plan.

Seniorenwoningen Roden
Dwellings for the elderly, Roden

De bevolking van Roden mocht haar voorkeur uitspreken voor een plan voor de bouw van ongeveer veertig seniorenwoningen. Door middel van een enquête werd gekozen voor het ontwerp Villa Nova van Artès Architecten uit Groningen. De jury had dit plan op de derde plaats gezet, zij nomineerde het plan Strawwe Berrie van Olga Architecten (Groningen). De raadscommissie voor ruimtelijke ordening besloot na lang beraad de bewonersuitslag te volgen.
The population of Roden was allowed to express its preference for the building of about forty dwellings for the elderly. By means of a survey the design Villa Nova by Artès Architects of Groningen was chosen. The jury had placed this plan third, they nominated the plan Strawwe Berrie by Olga Architects (Groningen). After lengthy deliberations the council committee for planning decided to follow the public's decision.

Glazen woonhuis
Glass house

Paul van der Erve (Kruunenberg Van der Erve architecten) won de ideeënprijsvraag die was uitgeschreven ter gelegenheid van het veertigjarig jubileum van de woningbouwvereniging Stichting Centraal Woningbeheer Lingesteden in glasstad Leerdam. Er diende in de constructie en vormgeving van de vrijstaande woning maximaal gebruik te worden gemaakt van glas als bouwmateriaal. Uit de 136 inzendingen selecteerde de jury tien eervolle vermeldingen, vijf kregen opdracht het plan verder uit te werken in een tweede ronde. De jury (J. Benthem, M. Eekhout, L. van der Pol, R. Snikkenburg en burgemeester Van Veelen van Leerdam) vond het niveau van de inzendingen matig en constateerde dat de vijf uitgewerkte ontwerpen niet voldeden aan de randvoorwaarden: een maximum bouwvolume van zeshonderd m³ en een bouwkostenlimiet van 300.000 gulden. De tweede prijs was voor Herman Verkerk en Laura Weeber, de derde voor Marco Henssen en Robert Winkel.
Paul van der Erve (Kruunenberg Van der Erve architects) won the ideas competition which was set on the occasion of the fortieth anniversary of the housing corporation Stichting Centraal Woningbeheer Lingesteden in the glass city of Leerdam. Glass had to be made maximum use of as building material in the construction and design of the detached house. The jury awarded ten honourable mentions from the 136 entries, five were commissioned to further develop the plan in a second round. The jury (J. Benthem, M. Eekhout, L. van der Pol, R. Snikkenburg and the mayor of Leerdam, Van Veelen) thought the level of entries mediocre and stated that the five developed designs did not meet the limiting conditions: a maximum building volume of six hundred m³ and a building cost limit of 300,000 guilders. The second prize went to Herman Verkerk and Laura Weeber, the third to Marco Henssen and Robert Winkel.

Energiezuinig gebouw
Low energy building

Het ontwerp van Atelier Z voor een energiezuinig gebouw voor Rijkswaterstaat in IJmuiden werd door de jury, onder voorzitterschap van Wytze Patijn, verkozen boven dat van Mecanoo. Zes architectenbureaus waren uitgenodigd voor deze prijsvraag. De concepten van Atelier Z en Mecanoo bleken uiteindelijk het meest interessant. Het ontwerp van Atelier Z had de laagste milieukosten hetgeen uiteindelijk de doorslag gaf.
The design by Atelier Z for a low energy building for Rijkswaterstaat in IJmuiden was chosen, in preference to that by Mecanoo, by the jury chaired by Wytze Patijn. Six architectural bureaus were invited for this competition. The concepts by Atelier Z and Mecanoo ultimately turned out to be the most interesting. The design by Atelier Z had the lowest energy costs, which was ultimately decisive.

Ichthus Hogeschool
Ichthus Hogeschool

De nieuwbouw van de Ichthus Hogeschool, een omvangrijk bouwwerk op de Kop van Zuid in Rotterdam, zal gerealiseerd worden naar ontwerp van Erick van Egeraat. De jury, onder leiding van Riek Bakker, koos zijn ontwerp boven dat van Herman Hertzberger en Inbo/Kohn Pedersen Fox, een voorkeur die door het bestuur van Ichthus is overgenomen. De Hogeschool leidt vijfduizend studenten op, verdeeld over dertien vakgroepen. De nieuwe school moet plaats bieden aan veranderingen in het onderwijs, zoals informatie- en communicatietechnologie.
The new building for the Ichthus Hogeschool, a large building on the Kop van Zuid in Rotterdam, will be realised after a design by Erick van Egeraat. The jury, led by Riek Bakker, preferred his design to that of Herman Hertzberger and Inbo/Kohn Pedersen Fox, a preference which was shared by the board of Ichthus. The Hogeschool educates five thousand students, divided among thirteen departments. The new school must offer space to changes in education, such as information and communications technology.

Prijzen
Prizes

Oeuvreprijzen Fonds BKBV
Oeuvre prizes BKBV Fonds

Architect John Habraken (1928) kreeg deze bekronende prijs, 50.000 gulden, ingesteld door de Stichting Fonds voor Beeldende Kunsten, Bouwkunst en Vormgeving. Habraken is oprichter van de Stichting Architectenresearch (SAR), voormalig redactielid van *Forum* en hoogleraar aan de MIT in Cambridge, Massachusetts. Voorts is hij auteur van *De dragers en de mensen* waarin een scheiding tussen duurzame dragende structuren en wisselbare invullingen naar behoefte op een vast maatsysteem staat uitgewerkt. Andere winnaars zijn André Volten (beeldende kunst), Aart Klein (fotografie) en Benno Wissing (grafische vormgeving). 'Zij overstijgen het hedendaagse avantgardisme en de voorkeuren van dit moment', aldus de jury onder voorzitterschap van Benno Premsela.

Architect John Habraken (1928) received this special prize of 50,000 guilders set up by the BKBV Foundation. Habrakan founded the Architects Research Foundation (SAR), was a member of the editorial board of *Forum* and professor at MIT in Cambridge, Massachusetts. He is also the author of *Loadbearers and people* in which a distinction is developed on a fixed scale between durable loadbearing structures and interchangeable contents according to needs. Other winners are André Volten (visual arts), Aart Klein (photography) and Benno Wissing (graphic design). 'They transcend contemporary avant gardism and the preferences of the moment', according to the jury chaired by Benno Premsela.

BNA-kubus
BNA Cube

ABT Adviesbureau voor Bouwtechniek ontving van de jury (J.M.R. Berger, voorzitter; J.Brouwer, K.W. Christiaanse, J.H. Pesman, J.G. Kraus, H. Kerkdijk) de BNA-kubus voor de constante kwaliteit van de projecten en voor de creatieve wijze waarop ABT met architecten samenwerkt: 'ABT is in staat grootschalige en complexe projecten van hoogstaande kwaliteit te realiseren.' De jury vindt tevens dat het bureau zich van andere adviserende bureaus onderscheidt door de kennisoverdracht die zij verzorgt aan een toekomstige generatie ingenieurs. De BNA-kubus wordt jaarlijks op of rond de Dag van de Architectuur uitgereikt aan personen of instellingen die zich bijzonder hebben ingezet voor de totstandkoming van werken met een hoge architectonische kwaliteit.

The jury (J.M.R. Berger, chairman; J. Brouwer, K.W. Christiaanse, J.H. Pesman, J.G. Kraus, H. Kerkdijk) awarded the BNA cube to ABT Adviesbureau voor Bouwtechniek for the consistent quality of the projects and for the creative way in which ABT collaborates with architects: 'ABT is able to realise large scale and complex projects of high quality.' The jury also believes that the bureau distinguishes its itself from advisory bureaus by the way it transfers knowledge to a future generation of engineers. The BNA cube is awarded annually on or near Architecture Day, to people or institutions who have made special efforts to create works of high architectural quality.

Wolf-prijs voor architectuur
Wolf prize for architecture

De Nederlandse architect Aldo van Eyck kreeg eind december 1996 de Israelische Wolf-prijs voor architectuur. Hij deelde de prijs ter waarde van honderduizend dollar met de Duitse architect Frei Otto. Beide architecten worden door de Wolf Foundation geprezen vanwege hun fundamentele bijdragen aan de vooruitgang van de moderne architectuur.

At the end of December 1996 the Dutch architect Aldo van Eyck received the Israeli Wolf Prize for architecture. He shared the prize, worth one hundred thousand dollars, with the German architect Frei Otto. Both architects were praised by the Wolf Foundation for their fundamental contributions to the progress of modern architecture.

Wibautprijs
Wibaut prize

De architecten Jan Benthem en Thijs Veldman kregen de door het Amsterdamse Fonds voor de Kunst ingestelde prijs voor hun aandeel in het masterplan Schiphol 1988-2003. De jury noemde de uitbreiding van Schiphol 'een sprong vooruit in de verstedelijking van Amsterdam'. De architecten ontvingen een bedrag van 15.000 gulden. De aanmoedigingsprijs bouwkunst, 7.500 gulden, was voor Hans Timmer voor zijn opwaardering van de openbare ruimte in de Amsterdamse wijk De Pijp.

The architects Jan Benthem and Thijs Veldman were awarded the prize set up by the Amsterdam Arts Board for their share in the masterplan Schiphol 1988-2003. The jury called the expansion of Schiphol 'a leap forward in the urbanization of Amsterdam'. The architects received a sum of 15,000 guilders. The incentive prize for architecture, 7,500 guilders, went to Hans Timmer for his upgrading of the public space in the Amsterdam neighbourhood of De Pijp.

Océ/BNA prijs voor de industrie-architectuur
Océ/BNA prize for industrial architecture

De architect Kas Oosterhuis en de opdrachtgever, de Regio Twente, ontvingen de aan deze prijs verbonden trofee voor het voorzieningengebouw op het afvalverwerkingsterrein Elhorst/Vloedbelt in Zenderen. De jury (C. Berendsen, J.C. Blankert, L.A. Geelhoed, P.G. Vermeulen, A. Tuns) oordeelde dat 'de fluïde vorm van het gebouw dramatisch en indrukwekkend is maar tevens een rust uitstraalt ondanks de bedrijvigheid van af- en aanrijdende vuilniswagens.' Er waren zestien inzendingen voor deze prijs.

The architect Kas Oosterhuis and his client, the Twente Regional Government, received the trophy accompanying this prize for the facilities building on the waste processing site of Elhorst/Vloedbelt in Zenderen. The jury (C. Berendsen, J.C. Blankert, L.A. Geelhoed, P.G. Vermeulen, A. Tuns) judged that 'the fluid form of the building is dramatic and impressive but also looks tranquil despite the activity of the garbage trucks coming and going.' There were sixteen entries for this prize.

Scholenbouwprijs 1996
School building prize 1996

De prijs, een geldbedrag en een kunstwerk, werd toegekend aan het schoolbestuur van het Isala college in Silvolde. Het gebouw is een ontwerp van Francine Houben van Mecanoo. De eervolle vermelding ging naar de Scholengemeenschap Helinium in Hellevoetsluis, een ontwerp van A. Bonnema Bureau voor Architectuur en Ruimtelijke Ordening met als projectarchitect S. Baars. De tweejaarlijkse prijs is een initiatief van het Ministerie van Onderwijs, Cultuur en Wetenschappen en wordt uitgereikt aan een schoolbestuur dat met succes een nieuw gebouw tot stand heeft gebracht.

The prize, a sum of money and an artwork, was awarded to the school board of the Isala college in Silvolde. The building is a design by Francine Houben of Mecanoo. The honourable mention went to the School Society of Helinium in Hellevoetsluis, a design by A. Bonnema Bureau for Architecture and Urban Design, with S. Baars as project architect. The biannual prize is an initiative of the Ministry of Education, Culture and Science and is awarded to a school board which has successfully created a new building.

Omgevingsarchitectuurprijs
Environment architecture prize

De Nederlandse Vereniging voor Tuin- en Landschapsarchitectuur en de Bond van Nederlandse Stedebouwkundigen (BNS) bekroonden de wijk Nieuw Sloten in Amsterdam met de tweejaarlijkse prijs. De 50.000 gulden is toegekend aan de opdrachtgever, het Gemeentelijk Grondbedrijf, en de ontwerpers, het Ingenieursbureau Amsterdam en de dienst Ruimtelijke Ordening. In de vijfduizend woningen tellende wijk is volgens de jury sprake van 'een compact woonmilieu, dat evenwel als tuinstad is vormgegeven en ook als zodanig wordt beleefd en ervaren'. Daaraan dragen groensingels, waterpartijen en pleinen bij, evenals de combinatie van hoog- en laagbouw en het creatieve gebruik van kleur.

The Dutch Society for Garden and Landscape Architecture and the Dutch Association of Town Planners (BNS) awarded the biannual prize to the neighbourhood of Nieuw Sloten in Amsterdam. The 50,000 guilders was given to the client, the Gemeentelijk Grondbedrijf, and the designers, the Ingenieursbureau Amsterdam and the Planning Department. According to the jury the neighbourhood with 5,000 residents has 'a compact housing environment, which is also designed as a garden city and is perceived and experienced as such.' This is contributed to by greenery, water and squares, as well as the combination of highrise and lowrise and the creative use of colour.

Charlotte Köhlerprijzen
Charlotte Köhler prizes

Heren 5 (Edwin Bijman, Jan Klomp en Bas Liesker) en Onix architecten (Alex van de Beld en Haiko Meijer) kregen de architectuurprijzen, toegekend aan veelbelovende jonge kunstenaars tot 35 jaar op het gebied van beeldende kunst, decorontwerp en architectuur. Heren 5 ontwierp woonhuizen in Wormer en Den Ilp en tachtig woningen voor Borneo en Sporenburg in Amsterdam die nog in uitvoering moeten komen. Op het Java-eiland in Amsterdam wordt naar ontwerp van Onix een 'grachtenhuis' gebouwd. De architecten ontwierpen ook een skicentrum en patiowoningen in Groningen.

Heren 5 (Edwin Bijman, Jan Klomp and Bas Liesker) and Onix architects (Alex van de Beld and Haiko Meijer) won the architecture prizes, awarded to promising young artists under 35 in the field of the visual arts, decor design and architecture. Heren 5 designed houses in Wormer and Den Ilp and eighty dwellings for Borneo en Sporenburg in Amsterdam which are yet to be built. A 'canal house' after a design by Onix is being built on the Java island in Amsterdam. The architects also designed a ski centre and patio dwellings in Groningen.

Victorine Hefting prijs
Victorine Hefting prize

Het oeuvre van de architecte Vera Yanovshtchinsky (44) werd beloond met deze nieuwe door de gemeente Den Haag ingestelde prijs, vernoemd naar de kunsthistorica en voormalig directeur van het Haags Gemeentemuseum, voor kunstzinnige vrouwen in Den Haag. De jury meent dat het werk van Yanovshtchinsky zich kenmerkt door respectvolle omgang met de omgeving, het is open en licht, met oog voor detail.

The oeuvre of the architect Vera Yanovshtchinsky (44) was recognised with this prize, newly set up by the City of The Hague, called after the art historian and former director of the Municipal Museum of The Hague, for female artists in The Hague. The jury was of the opinion that the work of Yanovshtchinsky is characterised by a respectful treatment of the surroundings, it is open and light, with an eye for detail.

Nationale Schildersprijs
National Paint prize

Voor de tiende maal werd de prijs, ingesteld door het Bedrijfschap Schildersbedrijf om te streven naar een kleurrijker Nederland, uitgereikt. Ditmaal ging de lof naar de gekozen kleuren voor de penitentiaire inrichting Norgerhaven in Veenhuizen, een ontwerp van Magis en partners. De jury, voor de laatste maal onder voorzitterschap van G. de Klerk, prees de verrassende kleurstelling temidden van de omliggende grauwe bebouwing. Een eervolle vermelding was er voor de parkeergarage Markt in Apeldoorn. De functionele en eigentijdse decoratie, een kleurontwerp van Willemien Buurman, zorgt daar voor een positieve uitstraling, aldus de jury.

The prize, set up by the Bedrijfschap Schildersbedrijf to promote a more colourful Netherlands, was awarded for the tenth time. This time the praise went to the colours chosen for the prison of Norgerhaven in Veenhuizen, a design by Magis and partners. The jury, chaired for the last time by G. de Klerk, praised the surprising colour composition, in the midst of the surrounding grim buildings. An honourable mention went to the Markt car park in Apeldoorn. The functional and contemporary decoration, a colour design by Willemien Buurman, gives a positive atmosphere, according to the jury.

Archinormprijs
Archinorm prize

Ter ere van de tiende maal dat deze Utrechtse stadsverfraaiingsprijs werd uitgereikt, zijn er in 1996 twee eerste prijzen toegekend. In de categorie architectuur werd Dolf de Maar bekroond voor de rehabilitatie van de chauffeurswoning die Rietveld eind jaren twintig ontwierp voor de arts Van Vuurst de Vries. In de categorie beeldende kunst in relatie tot architectuur en stedenbouw kreeg Floris van Manen de prijs voor het lichtkunstwerk op de vernieuwde toneeltoren van de

Utrechtse Stadsschouwburg.
To celebrate the tenth year of this Utrecht prize for city improvement, two first prizes were awarded in 1996. Dolf de Maar was a winner in the architecture category for the rehabilitation of the chauffeur's house which Rietveld designed at the end of the 1920s for doctor Van Vuurst de Vries. Floris van Manen won first prize in the category of ar- in relation to architecture and urban design, for the light artwork on the renovated stage tower of the Utrecht Theatre.

(Geen) Rotterdam-Maaskantprijs
(No) Rotterdam Maaskant prize

Het bestuur van de Stichting Rotterdam Maaskant heeft het voorstel van de jury, bestaande uit A. Graafland, H. van Haaren, J. Linthorst, E. Taverne en K. Vollmer, om de prijs in 1996 uit te reiken aan de Rotterdamse haven niet geaccepteerd. Het bestuur vond de nominatie weliswaar interessant, maar strijdig met de doelstellingen. Kandidaten moeten zich door publicistische, onderwijs- en/of onderzoeksactiviteiten op het gebied van architectuur en stedenbouw onderscheiden hebben. De inhoudelijke onderbouwing werd onvoldoende geacht om een afwijking te rechtvaardigen.
The board of the Rotterdam Maaskant Foundation did not accept the proposal of the jury, consisting of A. Graafland, H. van Haaren, J. Linthorst, E. Taverne and K. Vollmer, to award the prize in 1996 to the Rotterdam port. The board thought the nomination was interesting, but went against the goals. Candidates have to have distinguished themselves through journalistic, educational and/or research activities in the field of architecture and town planning. It was considered that there was not enough basis to justify a deviation.

Designprijs Rotterdam
Design prize Rotterdam

De affiche-ontwerpen voor het Holland Dance Festival van Bob van Dijk (Studio Dumbar) waren goed voor de officiële bekroning. De publieksprijs werd toegekend aan de mobiele vakantiewoning De Markies van architect Eduard Böthlingk.
The poster designs for the Holland Dance Festival by Bob van Dijk (Studio Dumbar) earned the official prize. The public prize went to the mobile holiday home De Markies by architect Eduard Böthlingk.

Nationale Staalprijs
National Steel prize

De tweejaarlijkse prijs in de categorie gebouwen met een stalen of hybride draagconstructie werd uitgereikt aan het architectenbureau Cepezed voor het ontwerp van het Centre for human drug research in Leiden. Het glazen kantoorgebouw, waarbij aan weerszijden over de gehele hoogte geperforeerde stalen schermen zijn geplaatst, was voor de jury een goed voorbeeld van integrale architectuur en het bewijs dat energie-efficiënt bouwen met lichte constructies mogelijk is. De overkapping van de tribune van het Feyenoordstadion (architectencombinatie Van den Broek en Bakema en Zwarts en Jansma) kreeg een prijs in de categorie karakteristieke stalen bouwdelen. In de categorie bruggen en overige staalconstructies ging de eer naar het kraanschip Rambiz. Het constructieve ontwerp is van Itrec uit Rotterdam. De hijsinstallatie is na gebruik uiteen te halen in componenten die opnieuw toepasbaar zijn.
The biannual prize in the category of buildings with a steel or hybrid loadbearing construction was awarded to the architectural bureau Cepezed for the design of the Centre for human drug research in Leiden. The glass office building, with perforated steel screens placed over the entire height on either side, seemed to the jury a good example of integral architecture and proof that it is possible to build with energy efficiency with light structures. The roof for the stands of the Feyenoord stadium (architectural combination of Van den Broek and Bakema and Zwarts and Jansma) won a prize in the category of characteristic steel building components. The crane ship Rambiz won in the category of bridges and other steel constructions. The constructive design is by Itrec of Rotterdam. The hoisting installation can be dismantled after use into components which can be recycled.

Archiprix
Archiprix

Met een ontwerp voor een cultureel handelscentrum in de Malinese hoofdstad Bamako, Marché Rose, won Janneke Bierman (TU Eindhoven) de eerste prijs voor het beste afstudeerplan van de Nederlandse opleidingen voor architectuur, landschapsarchitectuur en stedenbouw. De jury met daarin Hans van Beek, Jaap van den Bout, Thomas van Leeuwen, Eric Luiten en Rudy Uytenhaak prees 'het grote inlevingsvermogen van de ontwerpster in de lokale tradities'. De tweede prijs was voor Robbert de Koning (Academie van Bouwkunst, Amsterdam) met zijn Fine Dutch Tradition, een drinkwatermachine in de Alblasserwaard en Vijfheerenlanden. Pieter Bannenberg en Kamiel Klaasse (TU Delft) wonnen de derde prijs met een autovriendelijk woon- en winkelcomplex voor de Amsterdamse binnenstad. Stedenbouwkundige plannen en woningbouwprojecten waren bij de inzendingen ondervertegenwoordigd. De jury merkte op dat de realiteitswaarde van de ingezonden projecten toeneemt ten opzichte van die in vorige jaren.
Janneke Bierman (TU Eindhoven) won first prize for the best graduation plan from Dutch courses in architecture, landscape architecture and town planning for a cultural trade centre in the Malinese capital of Bamako, Marché Rose. The jury, with Hans van Beek, Jaap van den Bout, Thomas van Leeuwen, Eric Luiten and Rudy Uytenhaak praised the 'designer's great empathy with local traditions'. The second prize was for Robbert de Koning (Academie van Bouwkunst, Amsterdam) with his Fine Dutch Tradition, a drinking water machine in the Alblasserwaard and Vijfheerenlanden. Pieter Bannenberg and Kamiel Klaasse (TU Delft) won third prize with a car-friendly shopping and housing complex for the Amsterdam inner city. Urban designs and housing projects were under-represented in the entries. The jury noted that the reality level of the projects entered is increasing with regard to previous years.

Jonge Architecten Prijs (1)
Young Architects Prize (1)

De derde ronde van de JA Prijs 1994-1995, waarin een flexibel tentoonstellingssysteem voor de Vleeshal in Middelburg moest worden ontworpen, is gewonnen door Marco Groenen en Arco Zweistra. Op de tweede plaats eindigden ex aequo Carla van Hooff en Wim van Hornsveld. De drie inzenders kregen van de Stichting Beeldende Kunst Middelburg een vervolgopdracht. Het eindklassement en 7.500 gulden werd gewonnen door Ralph Hendrikx, die als eerste eindigde in de twee voorafgaande rondes.
The third round of the YA Prize 1994-1995, for which a flexible exhibitions system for the Vleeshal in Middelburg had to be designed, was won by Marco Groenen and Arco Zweistra. Second places were occupied by ex aequo Carla van Hooff and Wim van Hornsveld. The three entrants were given a follow-up commission by the Stichting Beeldende Kunst Middelburg. The final vote and 7,500 guilders was won by Ralph Hendrikx, who ended first in the two preceding rounds.

Jonge Architecten Prijs (2)
Young Architects Prize (2)

Winfried van Zeeland won de JA Prijs 1996 met zijn ontwerp Bakens aan de Zaan. De jury, bestaande uit Ted van Galen, Erick de Lyon, Branimir Medic, Katrien Prak en D.P. Zwart, achtte zijn ontwerp voor het gebruik van de rivier de Zaan (Zaanstad) als publieke ruimte en bindend element hoog. Hij ontving een geldprijs. Daarnaast selecteerde de stichting JA Prijs en de gemeente Zaanstad de inzending van Philip Breeveld als het ontwerp dat voor realisatie in aanmerking komt.
Winfried van Zeeland won the JA Prijs 1996 with his design Beacons on the Zaan. The jury, consisting of Ted van Galen, Erick de Lyon, Branimir Medic, Katrien Prak and D.P. Zwart, esteemed highly his design for the use of the river de Zaan (Zaanstad) as public space and binding element. He received a cash prize. The foundation YA Prize and the municipality of Zaanstad also selected the entry by Philip Breeveld as the design eligible to be realised.

Sigma Coatings
Sigma Coatings

De Jaarprijs ging naar Bouw Beheer te Gemert voor de door dit bureau ontwikkelde onderhoudssystematieken. Het bedrijf won ook de categorieprijs systematieken. In de categorie beheer en exploitatie werd BDC ingenieurs en architecten uit Rijssen bekroond voor de renovatie van 125 vooroorlogse woningen. Atelier PRO kreeg een eervolle vermelding voor het onderzoek naar de toepassingsmogelijkheden van Nederlands hout ten behoeve van de bouw van het nieuwe scholencomplex voor Agrarisch Onderwijs te Leeuwarden.
The Annual prize went to Bouw Beheer in Gemert for the maintenance systems developed by this bureau. The company also won the category prize for systems. In the management and running category BDC engineers and architects from Rijssen were given a prize for the renovation of 125 prewar dwellings. Atelier PRO won an honourary mention for research into the application possibilities of Dutch wood for the building of the new school complex for Agricultural Education in Leeuwarden.

Welstandsprijs Drenthe
Welstandsprijs Drenthe

Twee ontwerpen van J. Rensen voor het Noorder Dierenpark in Emmen werden met deze prijs bekroond.
Two designs by J. Rensen for the Noorder Dierenpark in Emmen were awarded this prize.

Welstandsprijs Brabant
Welstandsprijs Brabant

De gemeente Terheijden is voor de kwaliteit van het gemeentelijk architectuurbeleid onderscheiden.
The municipality of Terheijden was chosen for the quality of the municipal architectural policy.

Architectuurprijs Midden-Brabant
Architecture prize Midden-Brabant

J. de Brouwer van Bedaux de Brouwer architecten heeft de tweejaarlijkse prijs gekregen voor de villa Van der Aa in Tilburg. Eervolle vermeldingen gingen naar Bonnema voor het kantoorgebouw Interpolis, Benthem Crouwel voor de parkeergarage Tivoli, Rijnvos & Voorwinde architecten voor de 22 woningen in de Voltstraat en V. Retel-Helmrich/ E. Schenkers voor de autowasstraat, alle in Tilburg. Ook het entreegebouw van De Efteling van T. van der Ven en H. Roossen kreeg een eervolle vermelding.
J. de Brouwer of Bedaux de Brouwer architects won the biannual prize for the villa Van der Aa in Tilburg. Honourable mentions went to Bonnema for the office building Interpolis, Benthem Crouwel for the Tivoli car park, Rijnvos & Voorwinde architects for the 22 dwellings in the Voltstraat and V. Retel-Helmrich/ E. Schenkers for the carwash street, all in Tilburg. The entrance building of De Efteling, by T. van der Ven and H. Roossen won an honourable mention.

Architectuurprijs Apeldoorn
Architecture prize Apeldoorn

Hans Been van Inbo Architecten in Woudenberg kreeg de prijs (een plaquette en 7.500 gulden) voor zijn ontwerp voor een dubbele eengezinswoning aan de Bosweg in Apeldoorn. De jury, onder voorzitterschap van de architecte Jeanne Dekkers, had waardering voor de harmonieuze gevelopbouw en -indeling en voor de simpele, evenwichtige, asymmetrische massawerking.
Hans Been of Inbo Architects in Woudenberg won the prize (a plaque and 7,500 guilders) for his design for a double house on the Bosweg in Apeldoorn. The jury, chaired by architect Jeanne Dekkers, esteemed the harmonious façade structure and layout and the simple, balanced, asymmetric mass effect.

Euregionale Ontwerpprijs
Euroregional Design prize

Voor de zesde maal werden de twee beste afstudeerprojecten van de architectuuropleidingen in de regio Maas-Rijn bekroond. De MECC/ BNA-prijs was voor een woonproject in Genk van Donald Nijssen van de Belgische Provinciale Hogeschool Limburg (PHL), Dorit Haubold (RWTH Aken) kreeg de prijs van de Architektenkammer Nordrhein-Westfalen voor haar Literaturhaus Köln. Deelnemende instituten zijn de RWTH Aken, Saint-Luc in Luik, PHL Diepenbeek en de Academie van Bouwkunst Maastricht.
For the sixth time, the two best graduation projects of the architecture courses in the Maas-Rhine region were awarded prizes. The MECC/BNA-prize went to a housing project in Genk by Donald Nijssen of the Belgian Provinciale Hogeschool Limburg (PHL), Dorit Haubold (RWTH Aachen) won the prize of the Architektenkammer Nordrhein-Westfalen for her Literaturhaus Köln. Participating institutions are the RWTH Aachen, Saint-Luc in Liège, PHL Diepenbeek and the Academie van Bouwkunst Maastricht.

Jaarprijs Winkelcentra
Annual prize Shopping Centres

Buro Van der Goes uit Hilversum heeft met de renovatie van het win-

kelcentrum 't Loo in de dorpskern van Heiloo de prijs van de Nederlandse Raad van Winkelcentra gewonnen.
With its renovation of the shopping centre 't Loo in the village centre of Heiloo Buro Van der Goes from Hilversum won the prize of the Dutch Council of Shopping Centres.

Novem Ontwerpprijs
Novem Design prize

Op de eerste dag van de BouwRAI kreeg Renz Pijnenborgh van Archi Service uit Den Bosch een prijs in de categorie Nieuwe ontwerpen utiliteitsbouw voor het Ecosolar sanitairgebouw van het vakantiepark Herperduin te Herpen (NBr).
On the first day of the BouwRAI Renz Pijnenborgh of the Archi Service from Den Bosch won a prize in the category new designs for utility building for the Ecosolar sanitation building of the holiday park Herperduin in Herpen (Noord Brabant).

Victor de Stuerspenning
Victor de Stuers medal

De gemeente Maastricht heeft de onderscheiding uitgereikt aan het deelproject Baanderthoeve 1a-f. Het ontwerp is van de architecten R. van Wylick en J. Raemaekers. Het project is een onderdeel van het Gravenhof met twaalf seniorenwoningen en zes wooneenheden.
The City of Maastricht awarded the prize to the partial project Baanderthoeve 1a-f. The design is by architects R. van Wylick and J. Raemaekers. The project is a component of the Gravenhof with twelve dwellings for the elderly and six housing units.

Forbo prijs voor interieurarchitecten
Forbo prize for interior architects

De nieuwe prijs voor studenten interieurarchitectuur werd voor de eerste keer gewonnen door Claire Aarts van de Hogeschool voor de Kunsten te Kampen. Zij ontving een stipendium van 10.000 gulden voor het ontwerp van een prototype van een ANWB-station aan het water. Met de prijs beoogt Forbo Krommenie ook de kwaliteit int het onderwijs te stimuleren. Daarom wordt de onderwijsinstelling van de winnende student beloond met 5.000 gulden.
The new prize for students of interior architecture was won for the first time by Claire Aarts of the Hogeschool voor de Kunsten in Kampen. She received a bursary of 10,000 guilders for the design of a prototype of an ANWB station on the water. With the prize Forbo Krommenie was also aiming to stimulate the quality of education. That is why the educational institution of the winning student was rewarded with 5,000 guilders.

Gouden Greep
Gouden Greep

De prijs voor hergebruik van gebouwen in Rotterdam was voor de ontwerpers Piet Bronder en Cees Schott die een villa, ontworpen door architect Stokla in 1938, omvormden tot het Chabot museum. De jury, bestaande uit G. ten Cate, H. Moscoviter en F. Meijer, vond dit op een zorgvuldige wijze gedaan. De prijs werd uitgereikt in het kader van de Rotterdamse Dag van de Architectuur die het thema 'Het tweede leven' had meegekregen.
The prize for recycling buildings in Rotterdam went to the designers Piet Bronder and Cees Schott who converted a villa designed by the architect Stokla in 1938, into the Chabot museum. The jury, consisting of G. ten Cate, H. Moscoviter and F. Meijer, found that this was done in a thoughtful way. The prize was awarded in the context of the Rotterdam Day of Architecture which had been given the theme 'The second life'.

Europan Nederland
Europan Netherlands

Het thema van de vierde Europanprijsvraag was 'Het bouwen van de stad op de stad, transformatie van stedelijke gebieden'. De eerste prijswinnaars voor Nederlandse locaties zijn: Madeleine Maaskant en Victor van Velzen voor het Indiëcomplex in Almelo, Pierre Boudry en Marjolijn Boudry uit België voor het Wateringse Veld in Den Haag, eveneens een eerste prijs voor dezelfde locatie NL Architects (Mark Linneman, Pieter Bannenberg en Kamiel Klaasse), Mikel van Gelderen, Jurjen Zeinstra en Ira Koers voor de locatie Baander-Zuid in Emmen en Floor Arons voor de locatie Montessorischool in Amsterdam-Osdorp. Hans van der Heijden en Rick Wessels werden prijswinnaars voor de locatie in Liverpool (Engeland) en Wim Bouwhuijzen, René Sangers en Alette Pakk voor de locatie Dietikon (Zwitserland).
The theme of the fourth Europan competition was 'Constructing the town upon the town, transformation of contemporary urban sites'. The first prizewinners for Dutch locations are: Madeleine Maaskant and Victor van Velzen for the Indiëcomplex in Almelo, Pierre Boudry and Marjolijn Boudry from Belgium for the Wateringse Veld in The Hague, and also a first prize for the same location NL Architects (Mark Linneman, Pieter Bannenberg and Kamiel Klaasse), Mikel van Gelderen, Jurjen Zeinstra and Ira Koers for the location of Baander-Zuid in Emmen and Floor Arons for the location Montessorischool in Amsterdam-Osdorp. Hans van der Heijden and Rick Wessels became prizewinners for the location in Liverpool (England) and Wim Bouwhuijzen, René Sangers and Alette Pakk for the location Dietikon (Switserland).

Heemschut Persprijs
Heemschut Press prize

Een artikel van de Amsterdamse historicus Richter Roegholt in Spiegel Historiael over negentiende-eeuwse wijken in Amsterdam werd bekroond met deze persprijs. Hij analyseert in het verhaal de omslag in het denken over deze wijken: van saai, slecht en rijp voor sloop tot waardevol en vol potenties.
An article by the Amsterdam historian Richter Roegholt in Spiegel Historiael on nineteenth century neighbourhoods in Amsterdam was awarded this press prize. In this story he analyzes the change in thinking about these neighbourhoods: from dull, bad and ripe for demolition to valuable and full of potential.

FGH Vastgoedprijs
FGH Vastgoed prize

De tweejaarlijkse prijs werd toegekend aan de gemeente Den Haag voor het complex stadhuis en bibliotheek, ontworpen door Richard Meier. De jury vond het complex niet alleen economisch en financieel geslaagd, maar het levert tevens een 'bijzonder aangename werkomgeving voor de Haagse ambtenaren op'. Ook de moeilijkheidsgraad van het project werd geprezen.
The biannual prize was awarded to the City of The Hague for the complex of city hall and library, designed by Richard Meier. The jury found the complex successful not just economically and financially, but also that it produced a 'particularly pleasant working environment for the civil servants of The Hague'. The degree of difficulty of the project was also praised.

Industrieel Erfgoedprijs
Industrial heritage prize

De Stichting Industrieel Erfgoed Rijnmond (SIER) gaf de prijs ter waarde van 10.000 gulden aan de Stichting De Bovenste Polder, beheerder van de voormalige steenfabriek in de uiterwaarden van Wageningen. In de fabriek komen ateliers en een tentoonstellingsruimte naar ontwerp van architect Pieter Roza. De Stichting Open Haven Museum in Amsterdam kreeg een eervolle vermelding voor de volharding waarmee gestreden is voor het behoud van de voormalige aankomst- en vertrekhal voor de eersteklaspassagiers van de KNSM. De hal staat op het schiereiland in het Oostelijk Havengebied.
The Industrial Heritage Rijnmond Foundation (SIER) awarded the prize valued at 10,000 to the De Bovenste Polder Foundation, in charge of the former stoneworks on the outskirts of Wageningen. There will be ateliers and an exhibition space in the factory, designed by architect Pieter Roza. The Foundation Open Harbour Museum in Amsterdam received an honourary mention for the persistence with which the preservation of the former arrivals and departures hall of the first class passengers of the KNSM was fought for. The hall is on the peninsula in the Eastern Harbour Area.

Afstudeerprijs
Graduation prize

A.H. van Apeldoorn kreeg de prijs van de Nederlandse Ingenieursvereniging (NIRIA) voor haar afstudeerwerkstuk 'Hal-museum voor moderne kunst'. Van Apeldoorn ontwierp een museum in een toekomstig stedelijk centrum in het gebied tussen Heerhugowaard, Alkmaar en Langedijk. De school van de winnares, de Hogeschool Haarlem, deelde in de vreugde en ontving de Bart de Steurpijs.
A.H. van Apeldoorn won the prize of the Nederlandse Ingenieursvereniging (NIRIA) for her graduation project 'Hall-museum for modern art'. Van Apeldoorn designed a museum in a future urban centre in the area between Heerhugowaard, Alkmaar and Langedijk. The winner's school, the Hogeschool Haarlem, shared the credit and received the Bart de Steur prize.

Job Dura prijs
Job Dura prize

Wethouder Hans Kombrink van Rotterdam kon de tweejaarlijkse prijs van 50.000 gulden in ontvangst nemen als eerbetoon aan de Rotterdamse inspanningen die tot de wederopbouw van de stad hebben geleid na de verwoestingen in de Tweede Wereldoorlog. De prijs is ingesteld door de familie Dura, oprichters van de Dura Bouwgroep.
Alderman Hans Kombrink of Rotterdam was granted the biannual prize of 50,000 guilders as a recognition of Rotterdam's efforts which led to the reconstruction of the city after the destruction of the Second World War. The prize was initiated by the Dura family, founders of the Dura Bouwgroep.

Prix de P...
Prix de P...

De Haagse prijs bedoeld om de schaduwzijde van het architectuurbeleid te belichten werd door de jury van Wils & Co, het Architectuur Platform Den Haag, uitgereikt aan de Haagse wethouder Noordanus voor het Rijswijkse Plein. Reden: het ontbreken van een totaalvisie voor de stedenbouwkundige opzet van plein en omgeving. Op het oude verkeersplein is een woningbouwproject van Jo Coenen in aanbouw en er staat een studentenwoontoren van Carel Weeber.
This prize from The Hague, intended to cast light on the dark side of architecture, was awarded by the jury of Wils & Co, the Architecture Platform The Hague, to alderman Noordanus of The Hague for the Rijswijkse Plein. Reason: the lack of a total vision for the town planning design of square and surroundings. A housing project by Jo Coenen is under construction on the old traffic roundabout and there is a student tower block by Carel Weeber.

Bouwkwaliteitsprijs
Building quality prize

De prijs, een initiatief van de gemeente Rotterdam, ging naar het project met drive-in woningen aan de Levie Vorstkade op de Kop van Zuid in Rotterdam in opdracht van Sfb Vastgoed ontworpen door de Architekten Cie. De jury roemde de sprekende architectuur en de mooie uitvoering.
The prize, an initiative of the City of Rotterdam, went to the project with drive-in dwellings on the Levie Vorstkade on the Kop van Zuid in Rotterdam commissioned by Sfb Vastgoed and designed by the Architekten Cie. The jury praised the eloquent architecture and the beautiful execution.

Architectuurprijs Boedapest
Architecture prize Budapest

Fred Dubbeling van Team 4 architecten in Groningen kreeg de prijs van de Hongaarse stad Boedapest voor zijn ontwerp van de Nederlandse ambassade in deze hoofdstad.
Fred Dubbeling of Team 4 architects in Groningen won the prize of the Hungarian city of Budapest for his design of the Dutch Embassy in this capital city.

Glulam Awards
Glulam Awards

Drie Nederlandse projecten zijn bekroond met de prijs uitgereikt door de European Glued Laminated Timber Industries: de Indoor Sporthal in Eindhoven (bureau Van den Pauwert), het verpleeghuis Polderburen in Almere-Stad (Hans Ruijssenaars) en het bedrijfspand Burgy in Leiden (Ronald Knappers).
Three Dutch projects have been given the prize awarded by the European Glued Laminated Timber Industries: the Indoor Sporthal in Eindhoven (bureau Van der Pauwert), the nursing home Polderburen in Almere-Stad (Hans Ruijssenaars) and the industrial building Burgy in Leiden (Ronald Knappers).

Tentoonstellingen
Exhibitions

De Beurs van Berlage getekend
Drawing Berlage's Exchange

Daniel Castor analyseerde de Koopmansbeurs van H.P. Berlage in reeksen ambachtelijke tekeningen die façades, constructie en ruimten in één beeld vangen.
Nederlands Architectuurinstituut, Rotterdam
24 februari – 12 mei 1996
Daniel Castor analysed the Exchange of H.P. Berlage in series of expert drawings which catch the façades, construction and space in a single image.
Netherlands Architecture Institute, Rotterdam
24 February – 12 May 1996

Das Haus und die Stadt
Das Haus und die Stadt

Ter gelegenheid van de start van de bouw van het overgangsblok op het KNSM/Java-eiland in Amsterdam naar ontwerp van Diener & Diener toonden deze architecten een overzicht van prijsvraag- en studieprojecten van de afgelopen vijf jaar.
Arcam, Amsterdam
3 februari – 23 maart 1996
To mark the start of construction on the transition block on the KNSM/Java island in Amsterdam designed by Diener & Diener, these architects exhibited a survey of competition and study projects of the last five years.
Arcam, Amsterdam
3 February – 23 March 1996

Bevrijden in beton
Liberation in concrete

Na de Tweede Wereldoorlog was de oorlogsschade in Nederland groot, nam de bevolking sterk in omvang toe en was bouwmateriaal schaars. Het antwoord was bouwen in standaard systeembouw van beton. In Groningen werd het gezicht van de naoorlogse woningbouw bepaald door systeembouw ontwikkeld door het architectenbureau Klein en aannemersbedrijf Rottinghuis.
Harmoniegebouw Rijksuniversiteit, Groningen
18 maart – 13 april 1996
After the Second World War there was great war damage in the Netherlands, the population was growing sharply and building material was scarce. The answer was to build in standard systems in concrete. In Groningen the image of postwar housing was determined by system building developed by the architectural bureau of Klein and contractor Rottinghuis.
Harmoniegebouw Rijksuniversiteit, Groningen
18 March – 13 April 1996

De schepping van de architect
The making of the architect

De geschiedenis van tweehonderd jaar bouwkunstonderwijs in Nederland, van de academische Beaux Arts tot het gebruik van de computer in het huidige onderwijs. Van grote betekenis voor de ontwikkeling van de beroepspraktijk is de manier waarop kennis en kunde worden overgedragen en de rol daarbij van markante docenten.
Nederlands Architectuurinstituut, Rotterdam
9 maart – 2 juni 1996
The history of two hundred years of architectural training in the Netherlands, from the academic Beaux Arts to the use of the computer in current training. The way in which knowledge and expertise is communciated and the role in this of outstanding teachers, is of great significance for the development of professional practice.
Netherlands Architecture Institute, Rotterdam
9 March – 2 June 1996

Zoeken naar architectuur
Looking for architecture

De beeldtaal van de architectuur onderzocht in veertien projecten van Bosch Haslett, Bruls, Claus en Kaan, Diederen & Schutgens, Ten Kate, Drexhage Kingma en Roorda, Marx & Steketee, Meyer en Van Schooten, MVRDV, Neutelings, NOX, Staal/Christensen, Venhoeven, Van Zuuk. Onix architecten verzorgde de inrichting.
Academie van Bouwkunst, Tilburg tot 31 maart 1996
The visual language of architecture studied in fourteen projects by Bosch Haslett, Bruls, Claus and Kaan, Diederen & Schutgens, Ten Kate, Drexhage Kingma and Roorda, Marx & Steketee, Meyer and Van Schooten, MVRDV, Neutelings, NOX, Staal/Christensen, Venhoeven, Van Zuuk. The layout was by Onix architects.
Academie van Bouwkunst, Tilburg
till 31 March 1996

Borek Sípek, totaalontwerper
Borek Sípek, total designer

Het ontwerp van Sípek voor het nieuwe museum met het Kruithuis als historisch hart werd getoond aan de hand van maquettes, tekeningen en fotomontages.
Kruithuis, Den Bosch
1 maart – 15 april 1996
Sípek's design for the new museum with the Kruithuis as historic centre was displayed using models, drawings and photo collages.
Kruithuis, Den Bosch
1 March – 15 April 1996

Luxor theater Rotterdam / Musicon Bremen – bouwen voor cultuur
Luxor theater Rotterdam / Musicon Bremen – building for culture

De resultaten van de meervoudige opdracht voor de nieuwbouw van het Rotterdamse theater op de Kop van Zuid. Ontwerpen van OMA (Rem Koolhaas), Borek Sípek, Kees Christiaanse, Herman Hertzberger, Jan Hoogstad en van de prijswinnaar Bolles + Wilson (Peter Wilson).
Nederlands Architectuurinstituut, Rotterdam
12 april – 2 juni 1996
The results of the multiple commission for the new building of the Rotterdam theatre on the Kop van Zuid. Designs by OMA (Rem Koolhaas), Borek Sípek, Kees Christiaanse, Herman Hertzberger, Jan Hoogstad and the prizewinner Bolles + Wilson (Peter Wilson).
Netherlands Architecture Institute, Rotterdam
12 April – 2 June 1996

Wegwijs op Schiphol
Finding the way in Schiphol

De benadering en uitvoering van bewegwijzering in bouwwerken, met name op Schiphol, stond centraal in de presentatie van bureau Mijksenaar.
Arcam, Amsterdam
30 maart – 19 mei 1966
The approach to and implementation of signposting in buildings, particularly Schiphol, was the core of the presentation by the Mijksenaar bureau.
Arcam, Amsterdam
30 March – 19 May 1966

De Appelaar
De Appelaar

Bouwkundestudenten van de TU Delft ontwikkelden alternatieve plannen voor het controversiële nieuwbouwproject met schouwburg en rechtbank in de Haarlemse binnenstad.
ABC, Architectuur en Bouwhistorisch Centrum, Haarlem
25 februari – 26 mei 1996
Architecture students of the TU Delft developed alternative plans for the controversial new building projects with theatre and courthouse in the Haarlem inner city.
ABC, Architectuur en Bouwhistorisch Centrum, Haarlem
25 February – 26 May 1996

W.M. Dudok, componist van architectuur
W.M. Dudok, composer of architecture

Het leven en werk van Willem Marinus Dudok (1884-1974), ondermeer gemeentearchitect te Hilversum, ter gelegenheid van het gereedkomen van de restauratie van het raadhuis in Hilversum rijk in beeld gebracht met tekeningen, maquettes, foto's, correspondentie, audiovisuele middelen en computeranimaties van woonwijken, openbare gebouwen, villa's, stedenbouwkundige ontwerpen, meubels en grafisch werk.
Raadhuis, Hilversum
19 april – 16 september 1996
A sumptuous view of the life and work of Willem Marinus Dudok (1884-1974), municipal architect in Hilversum among other things, on the occasion of the completion of the restoration of the town hall in Hilversum, using drawings, models, photos, correspondence, audiovisual means and computer animation of suburbs, public buildings, villas, urban designs, furniture and graphic work.
Townhall, Hilversum
19 April – 16 September 1996

Het huis van Bloemaert
Bloemaert's house

Tijdens opgravingen op de Mariaplaats in Utrecht kwamen de resten van het huis van de kunstenaar Abraham Bloemaert te voorschijn. Op dit terrein gaat architect Bob van Reeth een nieuwbouwplan realiseren. Drie verhalen: van de kunstenaar, de archeoloog en de architect.
Centraal Museum, Utrecht
3 maart – 29 april 1996
During excavations on the Mariaplaats in Utrecht the remains emerged of the house of the artist Abraham Bloemaert. Architect Bob van Reeth is to realise a new building on this site. Three stories: of the artist, the archaeologist and the architect.
Centraal Museum, Utrecht
3 March – 29 April 1996

De moderne jaren vijftig en zestig
The modernist fifties and sixties

Tegen de achtergrond van wederopbouw, woningnood, theoretische tegenstellingen, de ombouw van een agrarische naar een industriële/dienstverlenende maatschappij kwamen in Nederland waardevolle bouwwerken tot stand. Naast hoogtepunten van architecten als J.J.P. Oud, G. Rietveld, H.A. Maaskant en J.H. van den Broek en Bakema was er een ruime selectie van werken van minder bekende architecten die liet zien hoe wijdverspreid het modernisme in korte tijd raakte.
Nederlands Architectuurinstituut, Rotterdam
4 april – 22 juli 1996
Against the background of postwar reconstruction, housing shortages, theoretical conflicts, the conversion from an agrarian to an industrial/services society, valuable buildings were built in the Netherlands. Apart from highlights by architects like J.J.P. Oud, G. Rietveld, H.A. Maaskant and J.H. van den Broek and Bakema, there was a broad selection of works by lesser known architects which showed how widespread modernism became in a short period.
Netherlands Architecture Institute, Rotterdam
4 April – 22 July 1996

Nico Andriessen
Nico Andriessen

Nico Andriessen was van 1966 tot 1970 stadsarchitect van Haarlem. Hij ontwierp onder meer bruggen, scholen en viaducten. Met zijn woningbouw gaf hij een impuls aan de stadsvernieuwing, ondermeer in Den Helder. Een overzicht naar aanleiding van zijn overlijden.
ABC, Architectuur en Bouwhistorisch Centrum, Haarlem
21 april – 27 mei 1996
From 1966 to 1970 Nico Andriessen was city architect in Haarlem. He designed among other things bridges, schools and viaducts. With his housing he lent impetus to urban renewal, in Den Helder among other places. A retrospective on his death.
ABC, Architectuur en Bouwhistorisch Centrum, Haarlem
21 April – 27 May 1996

Mart van Schijndel
Mart van Schijndel

Thema's als ruimte, licht en donker, plasticiteit en handschrift vormden de rode draad in een presentatie van het werk van de Utrechtse architect en productontwerper. Daarna was de tentoonstelling te zien in het Utrechtse Architectuurcentrum AORTA door de architect zelf ingericht.
ABC, Architectuur en Bouwhistorisch Centrum, Haarlem
26 april – 23 juni 1996
Themes like space, light and dark, plasticity and signature were the thread running through a presentation of the work of the Utrecht architect and product designer. The exhibition was later to be seen in the Utrecht Architectuurcentrum AORTA, in a layout by the architect himself.
ABC, Architectuur en Bouwhistorisch Centrum, Haarlem
26 April – 23 June 1996

Vijf jaar Vedute
Five years of Vedute

De Stichting Vedute wil een bibliotheek opbouwen van ruimtelijke manuscripten. In de afgelopen vijf jaar werden 65 architecten, kunstenaars en vormgevers ertoe aangezet om binnen het formaat 44x32x7 cm hun persoonlijke opvattingen over ruimte in een driedimensionaal werk te verbeelden. Voor de expositie hebben onder andere Claus & Kaan, Dick van Gameren en Bjarne Mastenbroek, Kas Oosterhuis & Ilona Lenard en Don Murphy een nieuw manuscript gemaakt.
Arcam, Amsterdam
23 mei – 7 juli 1996
The Vedute Foundation wants to build up a library of spatial manuscripts. In the last five years 65 architects, artists and designers have been induced to give expression to their

personal ideas on space in a three-dimensional work, within the format of 44x32x7 cms. For the exhibition Claus & Kaan, Dick van Gameren and Bjarne Mastenbroek, Kas Oosterhuis & Ilona Lenard and Don Murphy among others made a new manuscript.
Arcam, Amsterdam
23 May – 7 July 1966

Stad binnen de stad
City within the city

Het Academisch Ziekenhuis Groningen is door middel van nieuwbouw en hergebruik ontwikkeld van een paviljoenstructuur tot een compact gebouw. Door een nieuw entreegebouw, een betere infrastructuur en groenvoorzieningen is het complex geordend en toegankelijk gemaakt.
CAS, Centrum voor Architectuur en Stedebouw, Groningen
13 mei – 15 juni 1996
By means of new building and renovation the Academic Hospital Groningen has been developed from a pavilion structure into a compact building. With a new entrance building, a better infrastructure and greenery the complex has been organised and made accessible.
CAS, Centrum voor Architectuur en Stedebouw, Groningen
13 May – 15 June 1996

Limburgs Museum
Limburgs Museum

Ontwerpen en maquettes van ADP, Alberts & Van Huut, de Architekten Cie., Buro Timmermans en EGM, vormen het resultaat van een meervoudige opdracht voor het nieuw te bouwen Limburgs museum in Venlo. De jury had een voorkeur voor het ontwerp van Frits van Dongen (de Architekten Cie.), maar het museumbestuur besloot in 1995 aan Jeanne Dekkers (EGM) de opdracht te verlenen.
Thermenmuseum, Heerlen
15 mei – 16 juni 1996
Designs and models by ADP, Alberts & Van Huut, de Architekten Cie., Buro Timmermans and EGM, are the result of a multiple commission for the new Limburgs museum to be built in Venlo. The jury preferred the design by Frits van Dongen (de Architekten Cie.), but the museum board decided in 1995 to commission Jeanne Dekkers (EGM).
Thermenmuseum, Heerlen
15 May – 16 June 1996

Wateringse Veld 2000
Wateringse Veld 2000

De rol van de beeldende kunst bij de stedenbouwkundige opzet van de nieuwe Haagse wijk Wateringse Veld werd belicht door onder andere De Ruimte, werkplaats voor architectuur en kunstenaars als Herman de Vries en Reinier Tweebeeke en de fotograaf Cary Markerink.
Stroom, Haags centrum voor beeldende kunst, Den Haag
29 juni – 17 augustus 1996
The role of the visual arts in the urban design for the new neighbourhood of The Hague, Wateringse Veld, was illuminated by De Ruimte, workshop for architects and artists like Herman de Vries and Reinier Tweebeeke and the photographer Cary Markerink.
Stroom, Haags centrum voor beeldende kunst, The Hague
29 June – 17 August 1996

Kunst rond het Plein
Art around the square

Aan en op het Mr. Visserplein in Amsterdam komen nieuwe gebouwen voor de Theaterschool (voltooid in 1996), de Nederlandse Film- en televisieacademie, de Academie voor beeldende vorming en de Interfaculteit culturele bedrijfsvoering. De toekomstige situatie werd in beeld gebracht.
Zuiderkerk, Amsterdam
20 juni – 14 september 1996
New buildings for the Theatre School (completed in 1996), the Dutch Movie and Television Academy, the Academy for Expressive Education en de Interfaculty Cultural Management, are to be built on and beside the Mr. Visserplein in Amsterdam. A vision of the future situation.
Zuiderkerk, Amsterdam
20 June – 14 September 1996

Cultuur en landschap
Culture and landscape

De Academie van Bouwkunst Groningen organiseerde twee workshops. De deelnemers aan de workshop van Gunnar Daan onderzochten ruimtelijke kansen voor de Waddenkust. Andere studenten onderzochten met Kees Nagelkerke mogelijkheden voor de verstedelijking van het Hunzedal.
CAS, Centrum voor Architectuur en Stedebouw, Groningen
1 juli – 26 juli 1996
The Academie van Bouwkunst Groningen organised two workshops. Participants in Gunnar Daan's workshop researched spatial possibilities for the Wadden coast. Other students researched with Kees Nagelkerke the possibilities for the urbanisation of the Hunzedal.
CAS, Centrum voor Architectuur en Stedebouw, Groningen
1 July – 26 July 1996

Nederlands interieur
Dutch interior

In vogelvlucht werd getoond hoe in Nederland tussen 1870 en nu de interieurarchitectuur zich heeft ontwikkeld. Tekeningen, foto's en meubels van onder andere H.P. Berlage, M. de Klerk, J.J.P. Oud, G. Rietveld, F.A. Eschauzier, W. den Boon en J. Coenen. Thematisch gerangschikte diareeksen completeerden het overzicht.
Nederlands Architectuurinstituut, Rotterdam
29 juni – 9 september 1996
A bird's eye view of how interior architecture developed in the Netherlands between 1870 and now. Drawings, photos and furniture by H.P. Berlage, M. De Klerk, J.J.P. Oud, G. Rietveld, F.A. Eschauzier, W. den Boon and Jo Coenen among others. The survey was completed by thematically arranged series of slides.
Netherlands Architecture Institute, Rotterdam
29 June – 9 September 1996

Schools of Architecture Worldwide
Schools of Architecture Worldwide

De genomineerde en andere inzendingen (totaal 440) van deelnemers aan een internationale studentenprijsvraag voor een denkbeeldige architectuuropleiding boden een panoramisch beeld van het niveau en de aard van tal van architectuuropleidingen in de wereld. Daaronder uiteraard ook de winnende inzending van Jeremy Avellino, Amy Chorey, Cindy Cizmarik, Christopher Golin en Richard Sanford van het Philadelphia College of Textiles and Science.
Nederlands Architectuurinstituut, Rotterdam
29 juni – 6 oktober 1996
Nominated and other entries (a total of 440) by participants in an international student competition for an imaginary architecture course, offered a panoramic view of the level and nature of numerous architectural courses in the world. Included, naturally, was the winning entry by Jeremy Avellino, Amy Chorey, Cindy Cizmarik, Christopher Golin and Richard Sanford of the Philadelphia College of Textiles and Science.
Netherlands Architecture Institute, Rotterdam
29 June – 6 October 1996

Sjoerd Schamhart
Sjoerd Schamhart

Zes projecten van deze Haagse architect, onder meer de visafslag van Scheveningen, het Algemeen Rijksarchief in Den Haag, het woningcomplex Couperusduin en het bejaardencentrum Abtswoude in Delft.
Nederlands Architectuurinstituut, Rotterdam
30 juni – 23 september 1996
Six projects by this architect from The Hague, including the fish disposal of Scheveningen, the Algemeen Rijksarchief in The Hague, the housing complex of Couperusduin and the centre for the elderly of Abtswoude in Delft.
Netherlands Architecture Institute, Rotterdam
30 June – 23 September 1996

De onaangepaste stad
The unadapted city

Bij wijze van manifest tegen een overvloed aan architectonische vormgeving heeft de Vlaamse architect Luc Deleu een stedenbouwkundig model uitgewerkt. In tien grafieken geeft hij, met het wonen als uitgangspunt, een schematische weergave van de behoefte aan voorzieningen in een stedelijk gebied.
Nederlands Architectuurinstituut, Rotterdam
30 juni – 16 september 1996
As a manifesto against an excess of architectural design the Flemish architect Luc Deleu developed a town planning model. In ten graphs he gives a schematic representation, with housing as starting point, of the needs with regard to facilities in an urban area.
Netherlands Architecture Institute, Rotterdam
30 June – 16 September 1996

RealSpace in QuickTimes
RealSpace in QuickTimes

De Nederlandse bijdrage aan de Triënnale in Milaan was een presentatie van Ole Bouman over architectuur en digitalisering. Ben van Berkel ontwierp de installatie, de beeldregie was van René van Raalte.
Nederlands Architectuurinstituut, Rotterdam
3 augustus- 7 oktober 1996
The Dutch contribution to the Triennale in Milan was a presentation by Ole Bouman on architecture and digitalisation. Ben van Berkel designed the installation, the image was guided by René van Raalte.
Netherlands Architecture Institute, Rotterdam
3 August- 7 October 1996

Erasmusbrug
Erasmus bridge

Drie tentoonstellingen in Rotterdam ter gelegenheid van de opening van de Erasmusbrug in drie musea. In het NAi lag het accent op ontwerp en constructie onder de titel 'Licht en techniek'. In de Kunsthal vond de tentoonstelling plaats 'Erasmusbrug. Inspiratiebron voor kunstenaars'. Het Maritiem Museum behandelde de bouw en de aanloop tot de bouw van de Erasmusbrug.
Nederlands Architectuurinstituut, Rotterdam
4 september – 7 oktober 1996
Kunsthal, Rotterdam
4 september – 18 november 1996
Maritiem Museum, Rotterdam
4 september – 16 december 1996
Three exhibitions in three museums in Rotterdam on the occasion of the opening of the Erasmus bridge. In the NAi the emphasis was on design and construction under the title 'Light and technology'. In the Kunsthal the exhibition was 'Erasmus bridge. Source of inspiration for artists.' The Maritime Museum focussed on building and preliminaries to the building of the Erasmus bridge.
Netherlands Architecture Institute, Rotterdam
4 September – 7 October 1996
Kunsthal, Rotterdam
4 September – 18 November 1996
Maritime Museum, Rotterdam
4 September – 16 December 1996

Bert Dirrix. Tekenen aan de stad
Bert Dirrix. Drawing on the city

Een getekend stripverhaal van Bert Dirrix waarin hij zijn visie verbeeldt op architectuur en stad, met name Tilburg, in de mobiele tentoonstellingsruimte, ontworpen door Joep van Lieshout.
CASTmobiel, Tilburg
20 september – 4 november 1996
A cartoon drawn by Bert Dirrix in which he expresses his vision of architecture and city, especially Tilburg, in the mobile exhibition space designed by Joep van Lieshout.
CASTmobiel, Tilburg
20 September – 4 November 1996

Masterplanned communities in Greater Los Angeles
Masterplanned communities in Greater Los Angeles

Foto's van Monica Nouwens van Mulholland Park, een exclusief ommuurd en geprivatiseerd woonpark waarvan de Greater Los Angeles area er vele kent. Alleen huiseigenaren, personeel en aangekondigde gasten worden toegelaten.
Nederlands Architectuurinstituut, Rotterdam
13 september – 6 november 1996
Photos by Monica Nouwens of Mulholland Park, an exclusive walled and privatised housing park, of which there are many in Greater Los Angeles. Only houseowners, staff and announced visitors are allowed in.
Netherlands Architecture Institute, Rotterdam
13 September – 6 November 1996

Europan 4 op locatie
Europan 4 on location

Het industriecomplex Indië te Almelo is één van de vijf Nederlandse locaties van Europan 4. De dertig inzendingen, inclusief de prijswinnaar, waren in het complex zelf te zien.
Industriehallen Ten Cate, Almelo
tot 26 september 1996
The Indië industrial complex in Almelo is one of the five Europan 4 locations. The thirty entries, including the prizewinner, could be seen in the complex itself.
Industrial halls Ten Cate, Almelo
till 26 September 1996

De ongebouwde theaters van Amsterdam
The unbuilt theatres of Amsterdam

Er zijn sinds 1850 meer dan vijfhonderd ontwerpen gemaakt voor theaters in de hoofdstad: dertig werden getoond. Van een oud ontwerp stammend uit 1853 van A.N. Godefroy voor een schouwburg op het Rembrandtplein tot een plan van Mart van Schijndel voor een zwarte doos in de Westergasfabriek.
Passage Muziektheater, Amsterdam

2 augustus – 22 september 1996
Since 1850 more than five hundred designs have been made for theatres in the capital: thirty were exhibited. From an old design dating from 1853 by A.N. Godefroy for a theatre on the Rembrandtplein, to a plan by Mart van Schijndel for a black box in the Westergasfabriek.
Passage Muziektheater, Amsterdam
2 August – 22 September 1996

Dichter bij de stad
Closer to the city

De bezoeker werd geconfronteerd met de complexiteit van het Amsterdamse stadsbeeld, de architectuur, de binnen- en buitenruimte en vooral met het detail, in deze jubileumtentoonstelling van het tienjarige architectuurcentrum.
Arcam, Amsterdam
14 september – 26 oktober 1996
The visitor was confronted by the complexity of the Amsterdam cityscape, the architecture, the inner and outer space and above all the details, in this tenth anniversary exhibition of the architecture museum.
Arcam, Amsterdam
14 September – 26 October 1996

De kleine Utopie
Little Utopia

Over het ontstaan van de nederzetting Nagele in de Noordoostpolder, vormgegeven door overtuigde modernisten. Stedenbouwkundige plannen, maquettes en negen stoelen, ontworpen door Nagele-architecten.
Museum Schokland, Ens (Noordoostpolder)
29 augustus – 30 oktober 1996
On the genesis of the settlement of Nagele in the Noordoostpolder, designed by convinced modernists. Urban designs, models and nine chairs, designed by Nagele architects.
Museum Schokland, Ens (Noordoostpolder)
29 August – 30 October 1996

Rudy Uytenhaak
Rudy Uytenhaak

Presentatie van het ontwerp voor een kantorencomplex op het Kennemerplein achter het NS-station in Haarlem. En een foto-impressie van het werk in aanbouw, gemaakt door de architect zelf.
ABC, Architectuur en Bouwhistorisch Centrum, Haarlem
15 september – 20 oktober
Presentation of the design for an office complex on the Kennemerplein behind the train station in Haarlem. And a photo impression of the work under construction, made by the architect himself.
ABC, Architectuur en Bouwhistorisch Centrum, Haarlem
15 September – 20 October

Ontwerpen voor Gispen
Designing for Gispen

Aan de hand van enkele hoogtepunten uit de Gispencollectie (stoelen, tafels, bureaus, lampen) werd de relatie tussen de firma Gispen en verschillende Nederlandse architecten en ontwerpers belicht. W.H. Gispen, de oprichter van de firma, maakte zelf tot 1949 tal van ontwerpen, zoals de bekende stalen buismeubels en diverse Giso-lampen. Daarnaast werden ontwerpen van anderen uitgevoerd, zoals het pianolampje van J.J.P. Oud, de telefooncel van L.C. van der Vlugt en stoelontwerpen van Gerrit en Wim Rietveld.
Nederlands Architectuurinstituut, Rotterdam
21 september – 17 november 1996
On the basis of a number of high points from the Gispen collection (chairs, tables, desks, lamps) light was shed on the relation between the firm of Gispen and various Dutch architects and designers. W.H. Gispen, founder of the company, made numerous designs himself until 1949, such as the famous steel tube furniture and various Giso lamps. Designs by others were also made, such as the piano lamp by J.J.P. Oud, the telephone box by L.C. van der Vlugt and chair designs by Gerrit and Wim Rietveld.
Netherlands Architecture Institute, Rotterdam
21 September – 17 November 1996

DWL revisited
DWL revisited

Het verleden en heden van één van de in onbruik geraakte bedrijfsgebieden die tot een woonwijk is omgevormd: het voormalige terrein van de Drink Water Leidingen te Rotterdam. De Rotterdamse resultaten werden vergeleken met andere soortgelijke gebieden als het Amsterdamse KNSM-eiland, het Slachthuisterrein in Den Haag en het gebied rond de De Pont Stichting in Tilburg.
Hal 4, Rotterdam
14 september – 22 september 1996
Past and present of one of the industrial areas which fell into disuse and was converted into a housing district: the former site of the Drink Water Leidingen in Rotterdam. The Rotterdam results were compared to similar areas such as the Amsterdam KNSM island, the abattoir site in The Hague and the area around the De Pont Foundation in Tilburg.
Hal 4, Rotterdam
14 September – 22 September 1996

Invullingen I
Infills I

Aorta startte hiermee een reeks tentoonstellingen over actuele onderwerpen in Utrecht en omgeving. Kleinschalige woningbouwprojecten in de historische binnenstad stonden centraal. Met ontwerpen van Marco Groenen, Robert van den Hout, architectenbureau Sluijmer en Van Leeuwen en architectenbureau Wouda.
Aorta, Utrecht
8 augustus – 22 september 1996
With this Aorta started a series of exhibitions on topical questions in Utrecht and environs. Central were small-scale housing projects in the historic inner city. With designs by Marco Groenen, Robert van den Hout, architectenbureau Sluijmer and Van Leeuwen and architectenbureau Wouda.
Aorta, Utrecht
8 August – 22 September 1996

De sprong over het IJ
The leap across the IJ

Jan Galman (1807-1891) maakte visionaire ontwerpen voor overbrugging van het IJ en uitbreiding van Amsterdam. Ook meer recente plannen, onder andere gemaakt door de Dienst Publieke Werken, werden getoond.
Gemeentearchief, Amsterdam
4 oktober – 2 december 1996
Jan Galman (1807-1891) made visionary designs for bridging the IJ and expanding Amsterdam. Other, more recent plans, made by the Department of Public Works among others, were also exhibited.
Gemeentearchief, Amsterdam
4 October – 2 December 1996

Europan 4
Europan 4

'Bouwen van de stad op de stad, transformatie van stedelijke gebieden' is het motto van de vierde Europanprijsvraag, waarvoor de gemeenten Den Haag, Almelo, Emmen, Utrecht en Amsterdam elk een locatie beschikbaar stelden. Een overzicht van de 245 inzendingen voor de Nederlandse locaties.
Nederlands Architectuurinstituut, Rotterdam
19 oktober – 2 december 1996
'Building the city on the city, transformation of urban areas' is the motto of the fourth Europan competition, for which the municipalities of The Hague, Almelo, Emmen, Utrecht and Amsterdam each made a location available. A survey of 245 entries for the Dutch locations.
Netherlands Architecture Institute, Rotterdam
19 October – 2 December 1996

Ben Loerakker – eerst structuur dan de vorm
Ben Loerakker – first structure then form

Ontwerpen begint voor Loerakker (65) van 'de architectengroep' met het zoeken naar een heldere structuur en constructie waarop vervolgens de vorm geënt wordt, overigens met veel aandacht voor het comfort en de praktische eisen van de gebruikers. Hij heeft een omvangrijk oeuvre op zijn naam staan met veel woningbouw, waarin zich op voorbeeldige wijze de ontwikkeling van de architectuur in Nederland in de afgelopen dertig jaar weerspiegelt.
Nederlands Architectuurinstituut, Rotterdam
29 september – 9 december 1996
For Loerakker (65) of the 'architects' group' designing begins with looking for a clear structure and construction to which the form is attuned, with much attention to comfort and the practical demands of the users. He has a large oeuvre to his name with much housing, in which the development of architecture in the Netherlands over the last thirty years is reflected in exemplary fashion.
Netherlands Architecture Institute, Rotterdam
29 September – 9 December 1996

Europa in Dialoog: Frankrijk
European Dialogue: France

De eerste presentatie in een reeks over de verschillen en overeenkomsten in de architectonische ontwikkelingen in de Europese landen. Werk van vier Franse architectenbureaus: Odile Decq & Benoit Cornette, Françoise-Helen Jourda & Gilles Perraudin, Dominique Perrault, Francis Soler.
Nederlands Architectuurinstituut, Rotterdam
17 oktober – 25 november 1996
The first presentation in a series on the differences and similarities in architctural developments in European countries. Work by four French architectural bureaus: Odile Decq & Benoit Cornette, Françoise-Helen Jourda & Gilles Perraudin, Dominique Perrault, Francis Soler.
Netherlands Architecture Institute, Rotterdam
17 October – 25 November 1996

Plek voor iedereen
A place for everyone

Een selectie van 25 projecten uit de inzendingen voor de Omgevingsarchitectuurprijs. Bij elkaar geven de ontwerpen de stand van zaken weer ten aanzien van de inrichting van de publieke ruimten in Nederland.
Stadskantoor, Almere
12 november – 1 december 1996
A selection of 25 projects from the entries for the Environment Architecture prize. Together the designs reflect the state of affairs with regard to the design of public spaces in the Netherlands.
Stadskantoor, Almere
12 November – 1 December 1996

CON-TEX-TURE
CON-TEX-TURE

Winka Dubbeldam manifesteert zich als architect in Nederland en in New York, USA. Zij voegde een aantal van haar digitale projecten bij elkaar en printte ze in compacte lagen uit als een architecturale filmstrip.
Kunsthal, Rotterdam
29 augustus – 18 november 1996
Winka Dubbeldam is active as architect in the Netherlands and in New York. She compiled a number of her digital projects and printed them out in compact layers as an architecural film strip.
Kunsthal, Rotterdam
29 August – 18 November 1996

In het spoor van de Avant-Garde
In the footsteps of the Avant-Garde

Moderne kunst, architectuur en stedenbouw in Heerlen van 1927 tot 1962. Een periode die overeenkomt met de ambtsperiode van burgemeester Van Grunsven, die de culturele ontwikkeling van de mijnstad als een essentiële taak zag. Modellen, foto's en documentatie van beroemde gebouwen als het glaspaleis en het stadhuis van architect Peutz.
Stadsgalerij, Heerlen
2 november 1996 – 6 januari 1997
Modern art, architecture and urbanism in Heerlen from 1927 to 1962. A period which coincided with the term in office of Mayor Van Grunsven, who saw the cultural development of the mining town as a fundamental task. Models, photos and documentation of famous buildings like the glass palace and the town hall by architect Peutz.
Stadsgalerij, Heerlen
2 November 1996 – 6 January 1997

Frederick Kiesler 1890-1965
Frederick Kiesler 1890-1965

De nadruk lag in deze tentoonstelling op Kieslers architectuurprojecten, theaterdecors met bewegende delen en tentoonstellingsontwerpen. Als vanzelfsprekend kwam hierbij ook zijn betrokkenheid bij vormgeving, film, dans en muziek aan de orde.
Witte de With, Rotterdam
23 november 1996 – 12 januari 1997
In this exhibition the emphasis was on Kiesler's architecture projects, theatre decors with moving parts and exhibition designs. Naturally, his involvement with design, film, dance and music was also treated here.
Witte de With, Rotterdam
23 November 1996 – 12 January 1997

De Blauwe Draad
De Blauwe Draad

De Stichting Jonge Architecten Prijs koos in 1996 de rivier de Zaan als onderwerp. Uitgangspunt was een door de projectgroep Zaanoevers ontwikkelde visie waarop deelnemers konden reageren met een ontwerp voor drie locaties. De 75 ingezonden plannen werden getoond onder de titel 'De Blauwe Draad'.
Grand-Café Batavia, Wormer
16 november – 2 december 1996
The Foundation Young Architects Prize chose the river Zaan as theme in 1996. The starting point was the vision developed by the Zaanoevers project group to which participants could react with a design for three locations. The 75 plans submitted

were exhibited under the title 'De Blauwe Draad'.
Grand-Café Batavia, Wormer
16 November – 2 December 1996

Verborgen kerkschatten
Hidden church treasures

Een presentatie van de meest sprekende resultaten van de ideeënprijsvraag, uitgeschreven door het bisdom Rotterdam. De opgave was een grensverleggend plan te maken voor een ruimte die geschikt is voor de christelijke eredienst in het derde millennium.
Schielandhuis, Rotterdam
16 november 1996 – 3 maart 1997
A presentation of the most appealing results of the ideas competition, set by the Diocese of Rotterdam. The task was a pioneering plan to make a space which would be suitable for the Christian service in the third millenium.
Schielandhuis, Rotterdam
16 November 1996 – 3 March 1997

Tussen zee en stad – acht pieren voor Thessaloniki
Between sea and city – eight piers for Thessaloniki

Ter gelegenheid van het feit dat de Griekse stad in 1997 culturele hoofdstad van Europa is zijn acht architecten van verschillende generaties uit verschillende landen uitgenodigd een pier te ontwerpen. Het is de bedoeling dat de pieren echt worden gebouwd, ondermeer om dienst te doen als halteplaatsen voor openbaar vervoer per boot. Ontwerpen van Aldo en Hannie van Eyck, Finn Geipel/Lab F AC, Mario Botta, Alvaro Siza, Coop Himmelb(l)au, Enric Miralles, Rem Koolhaas/OMA, Giancarlo De Carlo.
Nederlands Architectuurinstituut, Rotterdam
18 december 1996 – 17 februari 1997
On the occasion of the Greek city being European Cultural capital in 1997, eight architects of different generations and countries were invited to design a pier. It is the intention to really build the piers, to serve as stops for public transport by boat along the coastlines, among other things. Designs by Aldo and Hannie van Eyck, Finn Geipel/Lab F AC, Mario Botta, Alvaro Siza, Coop Himmelb(l)au, Enric Miralles, Rem Koolhaas/OMA, Giancarlo De Carlo.
Netherlands Architecture Institute, Rotterdam
18 December 1996 – 17 February 1997

Nederland naar school. Twee eeuwen bouwen voor een veranderend onderwijs
The Netherlands at school. Two centuries of building for changing education

Overzicht van de architectuur van schoolgebouwen in de afgelopen twee eeuwen in Nederland geënt op veranderingen in het onderwijs en in het schoolleven, ondermeer door vernieuwingsbewegingen. Met de tentoonstelling werd het feit gemarkeerd dat de rijksoverheid haar taken en verantwoordelijkheden op het gebied van scholenbouw na twee eeuwen overdraagt aan de lagere overheden en de schoolbesturen.
Nederlands Architectuurinstituut, Rotterdam
13 december 1996 – 13 april 1997
A survey of the architecture of school buildings in the last two centuries in the Netherlands focussing on the changes in education and in school life, by reforming movements among other things. The exhibition marks the fact that after two centuries the government is handing over its responsibilities in the area of school building to the lower authorities and the school boards.
Netherlands Architecture Institute, Rotterdam
13 December 1996 – 13 April 1997

Coolsingelziekenhuis van W.N. Rose
Coolsingel hospital by W.N. Rose

Presentatie van de vierde maquette in de Carel Weeber-Collectie: het Coolsingelziekenhuis in 1838 door Rose ontworpen en in 1851 in gebruik genomen. De Carel Weeber-Collectie is een hommage aan het werk van de sectie architectuur van de Rotterdamse Kunststichting onder het voorzitterschap van Weeber in de periode van 1973 tot 1987.
Nederlands Architectuurinstituut, Rotterdam
14 december 1996 – 3 februari 1997
Presentation of the fourth model in the Carel Weeber Collection: the Coolsingel hospital designed by Rose in 1838 and put into use in 1851. The Carel Weeber Collection is a homage to the work of the architecture section of the Rotterdam Art Council chaired by Weeber in the period 1973 to 1987.
Netherlands Architecture Institute, Rotterdam
14 December 1996 – 3 February 1997

Leidsche Rijn, Galecop, Zenderpark
Leidsche Rijn, Galecop, Zenderpark

De plannen voor de nieuwe woonwijken Leidsche Rijn (Utrecht/Vleuten), Galecop (Nieuwegein) en Zenderpark (IJsselstein). Leidsche Rijn met ondermeer 30.000 woningen is de meest omvangrijke locatie in Nederland.
Aorta, Utrecht
10 december 1996 – 8 januari 1997
The plans for the new suburbs of Leidsche Rijn (Utrecht/Vleuten), Galecop (Nieuwegein) and Zenderpark (IJsselstein). Leidsche Rijn, with 30,000 dwellings among other things, is the largest location in the Netherlands.
Aorta, Utrecht
10 December 1996 – 8 January 1997

Museumpark villa's
Museumpark villas

Op initiatief van het Chabotmuseum is in samenwerking met de Stichting Wiederhall historisch onderzoek gedaan naar de stedenbouwkundige ontwikkeling van het Museumparkgebied en naar de bouw en geschiedenis van de zes witte villa's. Er was onder andere een selectie te zien uit het archief van G.W. Baas, de initiator van de villa waarin het museum gehuisvest is, ontworpen door architect L. Stokla.
Chabot Museum, Rotterdam
15 november 1996 – 19 januari 1997
Based on an initiative by the Chabot museum, in collaboration with the Foundation Wiederhall, historical research has been carried out into the town planning development of the Museumpark area and into the building and history of the six white villas. Among other things, a selection could be seen from the archive of G.W. Baas, initiator of the villa which houses the museum, designed by architect L. Stokla.
Chabot Museum, Rotterdam
15 November 1996 – 19 January 1997

De collectie Van Doesburg
The Van Doesburg collection

Het NAi mocht de belangrijke architectuurcollectie van Theo van Doesburg, de schenking Van Moorsel, in ontvangst nemen. Een selectie daaruit werd getoond.
Nederlands Architectuurinstituut, Rotterdam
14 december 1996 – 28 februari 1997
The NAi receievd the important architecture collection of Theo van Doesburg, the Van Moorsel bequest. A selection was exhibited.
Netherlands Architecture Institute, Rotterdam
14 December 1996 – 28 February 1997

Zuidas, van Schiphol tot Arena
South axis, from Schiphol to Arena

Ideeën, plannen en ontwikkelingen aan de hand van 45 maquettes, artists impressions, tekeningen en foto's van het gebied tussen Schiphol en het stadion (voor FC Ajax) annex evenementenpaleis Arena in het Centrumgebied Zuid-Oost Amsterdam.
Arcam, Amsterdam
20 december 1996 – 8 februari 1997
Ideas, plans and developments, in 45 models, artists impressions, drawings and photos of the area between Schiphol and the Arena stadium (for FC Ajax) cum multifunctional venue in the Centre area of Southeast Amsterdam.
Arcam, Amsterdam
20 December 1996 – 8 February 1997

De fiscus onder dak
Shelter for tax

De ontwikkelingen in de huisvesting van de belastingdienst, van tiendschuren, tol- en accijnshuisjes tot hedendaagse monumentale kantoorgebouwen, werden in beeld gebracht. Aanleiding vormde de in gebruikneming van een deel van de Wilhelminahof op de Kop van Zuid, het nieuwe centrale belastinggebouw in Rotterdam ontworpen door Cees Dam.
Belastingmuseum, Rotterdam
12 oktober 1996 – 14 april 1997
Developments in the accomodation for the tax service, from tithe booths, toll gates and custom sheds to present-day monumental office buildings, were pictured. The occasion was the occupation of a part of the Wilhelminahof on the Kop van Zuid, the new central tax office in Rotterdam designed by Cees Dam.
Tax Museum, Rotterdam
12 October 1996 – 14 April 1997

Literatuur
Literature

A star is born
Helene Damen, Rem Koolhaas, Bart Lootsma e.a.
Thoth/Gemeente Groningen, Bussum/Groningen 1996
(Nederlandse en Engelse tekst)

Aan de dijk gezet
Dijkwoningen vroeger, nu en in de toekomst
Marijke Beek, Marinus Kooiman
Uitgeverij 010, Rotterdam 1996

Alessandro & Francesco Mendini, Philippe Starck, Michele De Lucchi, Coop Himmelb(l)au in Groningen
Marijke Martin, Cor Wagenaar, Annette Welkamp (redactie)
Groninger Museum, Groningen 1996
(Nederlandse en Engelse tekst)

Amsterdam in detail
Maarten Kloos (redactie)
Architectura & Natura, Amsterdam 1996
(Engelse tekst)

Architecture and Landscape
The design experiment of the great European gardens and landscapes
Wouter Reh, Clemens Steenbergen
Thoth, Bussum 1996
(Engelse tekst)

Architectuur als discipline
Jeroen Schilt, Bart Goldhoorn (redactie)
NAi Uitgevers, Rotterdam 1996

Architectuur en stedebouw in Zuid-Holland 1850-1945
(Monumenten Inventarisatie Project; 15)
C. Scheffer, A.F.J. Niemeijer
Waanders/Rijksdienst voor de Monumentenzorg, Zwolle/Zeist 1996

Architectuur en stedebouw in Amersfoort 1850-1940
(Monumenten Inventarisatie Project)
M.A. Cramer
Waanders/Rijksdienst voor de Monumentenzorg, Zwolle/Zeist 1996

Architectuur en stedebouw in Assen 1850-1940
(Monumenten Inventarisatie Project)
J.T. Battjes, J.B.T. Kruiger
Waanders/Rijksdienst voor de Monumentenzorg, Zwolle/Zeist 1996

Architectuur en stedebouw in Middelbrug 1850-1950
(Monumenten Inventarisatie Project)
Hans Sinke

Waanders/Rijksdienst voor de Monumentenzorg, Zwolle/Zeist 1996

Architectuur en stedebouw in de provincie Utrecht 1840-1940
(Monumenten Inventarisatie Project; 16)
Roland Blijdenstijn, Marinus Kooiman
Waanders/Rijksdienst voor de Monumentenzorg, Zwolle/Zeist 1996

Architectuur in Nederland – Jaarboek 1995-1996
Architecture in the Netherlands – Yearbook 1995-1996
Ruud Brouwers (hoofdredacteur editor)
NAi Uitgevers, Rotterdam 1996
(Nederlandse en Engelse tekst)

Architectuuragenda 1997
Michel de Klerk
Vladimir Stissi (redactie)
NAi Uitgevers, Rotterdam 1996
(Nederlandse en Engelse tekst)

Ben Loerakker, architect
Eerst structuur, dan de vorm
Jeroen Schilt
NAi Uitgevers, Rotterdam 1996

Between sea and city – eight piers for Thessaloniki
Sabine Lebesque (redactie)
NAi Uitgevers, Rotterdam 1996
(Engelse tekst)

Bouwen aan detentie
Wytze Patijn (et.al.)
Uitgeverij 010, Rotterdam 1996

Brabantse monumenten leven
Theo Hoogbergen (tekst); Olaf Smit (foto's)
Stichting Zuidelijk Historisch Contact, Tilburg 1996

Céramique Maastricht
J.B.M. Vercauteren (redactie)
Uitgeverij 010, Rotterdam 1996

Collectie Gispen
Meubels, lampen en archivalia in het NAi, 1916-1980
Barbara Laan (redactie)
NAi Uitgevers, Rotterdam 1996

Colonizing the void
Adriaan Geuze, West 8 Landscape Architects
NAi Uitgevers, Rotterdam 1996
(Engelse tekst)

De brug
Geschiedenis, architectuur en kunst
The Erasmus Bridge
History, architecture and art
Hans Webbers, Olof Koekebakker, Geert Bekaert (et.al.)
NAi Uitgevers, Rotterdam 1996
(Nederlandse en Engelse tekst)

De inrichting van de Beurs van Berlage
Geschiedenis en behoud
Marjan Boot (redactie)
Waanders, Zwolle 1996

De moderne jaren vijftig en zestig
De verspreiding van een eigentijdse architectuur over Nederland
Hans Ibelings
NAi Uitgevers, Rotterdam 1996
(Nederlandse en Engelse tekst)

De onaangepaste stad
Werkdocumenten NAi 1996
Luc Deleu
NAi Uitgevers, Rotterdam 1996
(Nederlandse en Engelse tekst)

De Randstad bestaat niet
De onmacht tot grootstedelijk beleid
Niek de Boer
NAi Uitgevers, Rotterdam 1996

De sprong over het IJ
Visionaire ontwerpen van Jan Galman (1807-1891)
Ludger Smit (redactie)
Thoth/Gemeentearchief, Bussum/Amsterdam 1996

De Waagstraat
Het stadshart van Groningen terug naar nu
Nicolette Pinkster (redactie)
Gemeente Groningen, Groningen 1996

Doorbroken barrières
Architect F.W. van Gendt (1831-1900) en de negentiende eeuwse stadsuitbreidingen
Isja Finaly
Thoth, Bussum 1996

'Een up-to-date modern gebouw'
Het Nedinsco-complex te Venlo 1921-1945
Frans Hermans
Gemeentearchief, Venlo 1996

Een zeer aangenaam verblijf
Het dienstbodenhuis van J. Duiker op het sanatorium Zonnestraal
A space of their own
The servants' house by J. Duiker at Zonnestraal sanatorium
Aimee de Back, Sabine Berndsen, Camiel Berns
Uitgeverij 010, Rotterdam 1996
(Nederlandse en Engelse tekst)

Europan 4
Het bouwen van de stad op de stad. Transformatie van stedelijke gebieden
Emmie Vos, Anne Hoogewoning (redactie)
NAi Uitgevers, Rotterdam 1996
(Nederlandse en Engelse tekst)

European Dialogue: France
Decq & Cornette, Soler, Jourda & Perraudin, Perrault
Francis Rambert (inleiding)
NAi Uitgevers, Rotterdam 1996
(Engelse tekst)

Gevels & Architectuur
Facades in glas en aluminium
J. Renckens
VMRG, Nieuwegein 1996

Gids voor moderne architectuur in Rotterdam

Guide to modern architecture in Rotterdam
Paul Groenendijk, Piet Vollaard
Uitgeverij 010, Rotterdam 1996
(Nederlandse en Engelse tekst)

Gids voor moderne architectuur in Amsterdam
Guide to modern architecture in Amsterdam
Paul Groenendijk, Piet Vollaard
Uitgeverij 010, Rotterdam 1996
(Nederlandse en Engelse tekst)

Het Haags Gemeentemuseum van H.P. Berlage
Pieter Singelenberg
Haags Gemeentemuseum, Den Haag 1996

Ir. F.J.L. Ghijsels
Architect in Indonesia (1910-1929)
H. Akihary
Seram Press, Utrecht 1996
(Engelse tekst)

Jan Hoogstad architect
Rob Dettingmeijer (tekst); Faz Keuzenkamp (foto's)
Uitgeverij 010, Rotterdam 1996
(Nederlandse en Engelse tekst. Deel uit de monografieënreeks)

Jo Coenen en de Vaillantlaan
Een nieuwe visie op stedebouw en stadsvernieuwing
Albert Ravestein (redactie)
NAi Uitgevers, Rotterdam 1996

Kaleidoskoop
Overwegingen voor het komende millennium
Gieneke Pieterse (coördinatie)
D.B.S.G. Stylos, Delft 1996

Landschapsarchitectuur en stedebouw in Nederland 93-95
Harry Harsema (redactie)
Toth, Bussum 1996
(Nederlandse en Engelse tekst)

Mecanoo architecten
Kees Somer (tekst); Daria Scagliola, Stijn Brakkee (foto's)
Uitgeverij 010, Rotterdam 1996
(Nederlandse en Engelse tekst. Deel uit de monografieënreeks)

Monumentenzorg
Dynamiek in behoud
Nico Nelissen (eindredactie)
Sdu uitgevers/Rijksdienst voor de Monumentenzorg, Den Haag/Zeist 1996
(CRM-reeks, deel 5)

Mutaties
De principes van Willem Jan Neutelings, Alex Wall, MVRDV, Matthias Sauerbruch, Rients Dijkstra, Christian Rapp
Fascinaties nr. 4
Bernard Colenbrander (redactie)
NAi Uitgevers, Rotterdam 1996

Nederland naar school
Twee eeuwen bouwen voor een veranderend onderwijs
Ton Verstegen (redactie)
NAi Uitgevers, Rotterdam 1996

Nederland Waterland
Een nieuw leven voor gedempte grachten, vaarten, havens en beken
Marie-Louise de Vries
Sdu Uitgevers/Rijksdienst voor de Monumentenzorg, Den Haag/Zeist 1996
(CRM-reeks, deel 6)

Nederlandse architecten 2
Dutch Architects 2
Uitgeverij BIS, Amsterdam 1996

RealSpace in QuickTimes
Architectuur en digitalisering
Ole Bouman
NAi Uitgevers, Rotterdam 1996

Rotterdammers over de brug
Karen Auer (tekst)
G.B. 't Hooft, Rotterdam 1996

Rudy Uytenhaak, architect
Ton Verstegen (tekst); Rene de Wit (foto's)
Uitgeverij 010, Rotterdam 1996
(Nederlandse en Engelse tekst. Deel uit de monografieënreeks)

S.J. van Embden
Joosje van Geest
Uitgeverij 010, Rotterdam 1996

Schiphol architecture: innovative design
Maarten Kloos, Brigitte de Maar
Architectura & Natura, Amsterdam 1996
(Engelse tekst)

Schools of Architecture
Bart Goldhoorn (redactie)
NAi Uitgevers, Rotterdam 1996
(Engelse tekst)

Sjoerd Schamhart, architect in Den Haag
Hans van Dijk, Maarten Kloos (inleiding)
Uitgeverij 010, Rotterdam 1996

Sjoerd Soeters
Hans Ibelings (tekst); Wout Berger (foto's)
Uitgeverij 010, Rotterdam 1996
(Nederlandse en Engelse tekst. Deel uit de monografieënreeks)

Stadbouwkunst: de stedelijke ruimte als architectonische opgave
Rob Krier in Den Haag: De Resident
Vincent van Rossum
NAi Uitgevers, Rotterdam 1996

Stadsvorm Tilburg, stadsontwerp en beeldkwaliteit
De vorm van de stad als object van onderzoek en ontwerp
Kees Doevendans, Jan Luiten, Reinder Rutgers
Technische Universiteit Eindhoven/Gemeente Tilburg, Eindhoven/Tilburg 1996

Strategie voor stedelijkheid
Een studie over het thema stedebouwkundige kwaliteit en opdrachtgever
G.B. Urhahn, M. Bobic
Toth, Bussum 1996

The New Movement in the Netherlands 1924-1936
Jan Molema
Uitgeverij 010, Rotterdam 1996
(Engelse tekst)

Townhall Hilversum
W.M. Dudok
Herman van Bergeijk, Paul Meurs
V+K Publishing, Bussum 1995

Tuinkunst
Nederlands Jaarboek voor de geschiedenis van Tuin- en Landschapsarchitectuur
Erik de Jong (redactie)
Architectura & Natura, Amsterdam 1996

Tweede Kamer: Van doolhof naar eenheid
P.E. Spijkerman (eindredactie)
Sdu Uitgevers, Den Haag 1996

Van neorenaissance tot postmodernisme
Honderdvijfentwintig jaar Nederlandse interieurs
From neo-renaissance to Postmodernism
A hundred and twenty-five years of Dutch interiors
Ellinoor Bergvelt, Frans van Burkom, Karin Gaillard (redactie)
Uitgeverij 010, Rotterdam 1996
(Nederlandse en Engelse tekst)

Van Burgerweeshuis tot Garden Court
Ontstaan, betekenis, verval en de enerverende renovatie van een modern monument
Bert Struijk
BeAver, Ede 1996

W.M. Dudok
Componist van architectuur
Herman van Bergeijk
V+K Publishing, Bussum 1996

Wederopbouw Rotterdam 1940/1965
Ewout Dorman
Uitgeverij 010, Rotterdam 1996
(CD-ROM)

Willem Marinus Dudok, A Dutch Modernist
A Bio-Bibliography
Donald Langmead
Greenwood Press, Westport 1996
(Engelse tekst)

Wim Rietveld
Industrieel ontwerper
Ed van Hinte
Uitgeverij 010, Rotterdam 1996

Winka Dubbeldam architect
Michael Speaks (tekst)
Uitgeverij 010, Rotterdam 1996
(Engelse tekst)

Woningbouw in Nederland
Voorbeeldige architectuur van de jaren negentig
Housing in the Netherlands
Exemplary Architecture of the Nineties
Arjen Oosterman
NAi Uitgevers, Rotterdam 1996
(Nederlandse en Engelse tekst)

Colofon Colophon

Samenstelling Edited by
Ruud Brouwers hoofdredacteur
editor
Hans van Dijk
Hans Ibelings
Ton Verstegen

Vertaling Translation
Michael O'Loughlin

Tekstredactie Text Editing
Ton Verstegen

Beeldredactie Visual Materials
Cassandra Wilkins

Productie Production
Marianne Lahr

Uitgever Publisher
Simon Franke

Teksten Texts
Ruud Brouwers
Annelies van den Houten
Bernard Hulsman
Ton Verstegen

Fotografie Photography
Arthur Blonk
Michel Boesveld
Anne Bousema
Herman van Doorn
DROS Amsterdam
De Efteling
F&O Studio
Tjeerd Frederikse
Gijs Haak
Bastiaan Ingen Housz
Fas Keuzenkamp
Rik Klein Gotink
KOKP Kartografie
Luuk Kramer
Jannes Linders
Multi Vastgoed
Jeroen Musch
Robert Oerlemans
Jeroen van Putten
Christian Richters
Rien van Rijthoven
Peter de Ruig
Wim Ruigrok
Daria Scagliola & Stijn Brakkee
John Stoel
Raoul Suermondt
Ger van der Vlugt
Sybolt Voeten
Hans Werlemann
René de Wit
Kim Zwarts

Vormgeving Design
Herman de Vries, Gijs Sierman

Druk en lithografie
Printing and Lithography
Vita Nova Breda

Bindwerk Binding
Hexspoor, Boxtel

© NAi Uitgevers, Rotterdam, 1997
Alle rechten voorbehouden. Niets uit deze uitgave mag worden verveelvoudigd, opgeslagen in een geautomatiseerd gegevensbestand, of openbaar gemaakt, in enige vorm of op enige wijze, hetzij elektronisch, mechanisch, door fotokopieën, opnamen, of enige andere manier, zonder voorafgaande schriftelijke toestemming van de uitgever. Voor zover het maken van kopieën uit deze uitgave is toegestaan op grond van artikel 16B Auteurswet 1912j° het Besluit van 20 juni 1974, Stb. 351, zoals gewijzigd bij Besluit van 23 augustus 1985, Stb. 471 en artikel 17 Auteurswet 1912, dient men de daarvoor wettelijk verschuldigde vergoeding te voldoen aan de Stichting Reprorecht (Postbus 882, 1180 AW Amstelveen). Voor het overnemen van gedeelte(n) uit deze uitgave in bloemlezingen, readers en andere compilatiewerken (artikel 16 Auteurswet 1912) dient men zich tot de uitgever te wenden.

© NAi Publishers, Rotterdam, 1997
All rights reserved. No part of this publication may be reproduced, stored in a retrieval system, or transmitted in any form or by any means, electronic, mechanical, photocopying, recording or otherwise, without the prior written permission of the publisher.

Van werken van beeldende kunstenaars, aangesloten bij een CISAC-organisatie, zijn de publicatierechten geregeld met Beeldrecht te Amsterdam. © 1997, c/o Beeldrecht Amsterdam

For works of visual artists affiliated with a CISAC-organization the copyrights have been settled with Beeldrecht in Amsterdam. © 1997, c/o Beeldrecht Amsterdam

Available in North, South and Central America through D.A.P./Distributed Art Publishers 636 Broadway, 12th floor, New York, NY 10012, Tel. 212 473-5119 Fax 212 673-2887

Printed and Bound in the Netherlands

ISBN 90-5662-040-1